# Im Himalaya ist vieles anders

Pit Schubert

# Im Himalaya ist vieles anders

Bergverlag Rother

# Vorwort

Als man in Europa vor wenigen Hundert Jahren die höheren Alpenberge noch als etwas Gefährliches, als etwas eher Abschreckendes ansah, hatte man in Asien den Himalaya, die Wohnstatt bzw. die Heimat des Schnees – so die sinngemäße Übersetzung – längst als etwas Bewundernswertes erkannt.

Ein Sprichwort aus einer uralten Sanskritschrift bringt dies auf den Punkt und wird auch heute noch oft zitiert: »Wie der Tau vor der Morgensonne zerfließt, so vergeht alles Gemeine beim Anblick dieser ewigen, reinen Heimat des Schnees«.

Inzwischen haben auch in der westlichen Welt die Berge des Himalaya längst das Interesse der Menschen geweckt. Der Himalaya ist das höchste Gebirge der Welt. Hier finden sich neun der insgesamt vierzehn Achttausender, darunter auch der höchste, der Mount Everest, den die Tibeter ehrfurchtsvoll Chomolungma – »die Göttinmutter des Erdreichs« nennen. Die übrigen fünf Achttausender befinden sich im Karakorum.

Alle Achttausender wurden erst in den 1950er- bis Anfang der 1960er-Jahre erstmals bestiegen. Dabei ist die bewegte Besteigungsgeschichte der hohen Gipfel nur ein kleiner Teil dessen, was die Vielfalt an Wissenswertem um und über dieses großartige Gebirge ausmacht. Wir begegnen hier einer uns völlig fremden Kultur mit verschiedensten, aus westlicher Sicht mitunter exotisch anmutenden Riten und Gebräuchen sowie unterschiedlichsten Religionen, sei es der Buddhismus, der Hinduismus, die Bön-Religion oder der Jainismus.

Wohl nirgends auf der Welt findet man derart viel Interessantes und Bewundernswertes wie im Himalaya. Ein indisches Zitat lautet: »Tausend Leben reichen nicht aus, um all das Schöne, Interessante und Exotische der Himalaya-Region zu sehen.«

Einen abwechslungsreichen Querschnitt dessen, was den Himalaya ausmacht, was ihn anders macht, habe ich versucht, in diesem Buch zusammenzutragen.

Pit Schubert

*Während der Erstbegehung der annähernd 5000 Meter hohen Südflanke der Annapurna IV (7525 m). Weitere Versuche, auch den Gipfel der Annapurna II (7937 m) von Süden auf der anfänglich gleichen Route zu erreichen, sind bisher gescheitert.*

# Inhalt

*Die naive Malerei eines Sherpas, dargestellt werden meist alle Aspekte des Daseins, der Religion und des täglichen Lebens.*

# Der Local Bus – immer eine Attraktion

*Das sollte man lesen können – links geht es nach Kathmandu, rechts nach Lhasa.*

Ein Local Bus ist ein Bus, mit dem nur die Locals – die Einheimischen – fahren. Mit solch einem Local Bus muss man gefahren sein, um zu wissen, was sich hinter dem Begriff verbirgt.

Ein Local Bus kann hoffnungslos überfüllt sein, meist auch noch auf dem Dach, und somit völlig überladen sein. Deshalb ist die Karosserie meist stark verzogen, und zwar nach links, weil in Nepal (ebenso wie in Indien) Linksverkehr herrscht. Dieses Verziehen geschieht mit der Zeit deshalb, weil die Straßen wesentlich schmäler und seitlich meist stärker gewölbt sind als in der westlichen Welt. Und insbesondere deshalb, weil der Bus bei jedem entgegenkommenden Fahrzeug – weil die Straßen meist zu schmal sind – mit der linken Seite auf den unbefestigten Randstreifen ausweichen muss. Und schließlich vor allem auch deshalb, weil die zu befördernde Menge an Fahrgästen meist erheblich größer ist als von den Autokostrukteuren vorgesehen. Für Fremde ist der Anblick solcher überfüllten Autobusse immer ungewohnt und durchaus erheiternd.

*Wenn man unbedingt mit will, ist Schwindelfreiheit nicht selten gefragt.*

### Wie in einer Sardinenbüchse

Sollte man im Innern eines solchen Busses einen Platz ergattert haben – nicht nur auf dem Dach oder auf der hinteren Leiter, die da hinaufführt – dann kann man sich schon glücklich preisen. Dass auf den gegenüber europäischen Abmessungen wesentlich schmäleren Sitzen in der Regel zwei Fahrgäste sitzen, ist normal. Dass auch der Gang mit Fahrgästen vollgestopft ist, ist auch normal. Ein Local Bus, der nicht hoffnungslos überfüllt ist, ist dagegen meist nicht normal.

Ich konnte mich einmal gerade noch als allerletzter Fahrgast in einen Local Bushineinzwängen, nachdem schon so viele zugestiegen waren, dass man allen Ernstes hätte meinen können, ein Teil müsste auf der anderen Seite wohl wieder ausgestiegen sein. Die Tür musste von außen zugedrückt werden. Ich spürte dies deutlich im Rücken. Ein Schließen von innen wäre nicht möglich gewesen. Auf der inneren Trittstufe fand ich nur Platz für einen Fuß, für den zweiten erst, nachdem der Businhalt während einer Viertelstunde Fahrt halbwegs zusammengerüttelt worden war.

Gelegentlich sitzen auch zwei Mann auf dem Fahrersitz. Wenn dann auch noch beide am Lenkrad drehen – was nicht so selten vorkommt – ist dies für unsereins recht ungewohnt, aber durchaus auch erheiternd, weil man nicht weiß, ob beide auch einen Führerschein besitzen und vor allem, wer von beiden denn nun wirklich fährt.

In einem Nachtbus – beispielsweise von Kathmandu nach Pokhara oder nach Dehli oder in umgekehrter Richtung – macht sich bei allen Fahrgästen bald eine Müdigkeit bemerkbar. Von dieser übermannt, legt jeder seinen Kopf mit der Zeit dem Nachbarn auf die Schulter. Kein einheimischer Fahrgast nimmt dies übel. So bleibt auch dem ausländischen Fahrgast schließlich nichts anderes übrig, als dies ebenfalls großzügig zu dulden.

*Wie man mitkommt, ist weniger wichtig – Hauptsache man kommt mit.*

## Notdurft

Erwachsene setzen ihre Kleinkinder, wenn keine Sitzplätze mehr vorhanden sind, dem nächstbesten Fahrgast auf den Schoß. Da ich Kinder gern habe, ertrug ich es auch mit Fassung, dass ich nach einer halben Stunde eine feuchte Wärme auf meinen Oberschenkeln spürte. Beim nächsten Mal war ich darauf gefasst und wunderte mich nur, dass es eine ganze Stunde dauerte, bevor ich die Feuchtigkeit spüren durfte.

Die etwas größeren Kinder pinkeln einfachheitshalber hinten in den Bus. Es wäre viel zu umständlich, den Bus jedes Mal anhalten zu lassen, wenn ein Kind pinkeln muss. Führt die Straße bergab, folgt die Pinkelei dem Gesetz der Schwerkraft und läuft nach vorn. Kommt nicht bald eine Gegensteigung, erreicht die Pinkelei den heißen Motor. Der ist aufgrund der Überladung inzwischen derart heißgelaufen, dass er förmlich nach Kühlung lechzt. Die Schilderung der Gerüche möchte ich dem Leser ersparen. Man glaubt gar nicht, was ein Mensch – auch ein Europäer – in einem Bus alles ertragen kann, wenn die einzige Alternative lautet, über eine längere Strecke zu Fuß gehen zu müssen.

Doch Menschen sind nicht das einzige Lebendgut, das in einem Local Bus befördert wird. Auch Tiere werden so transportiert, sofern sie durch die Tür oder das Fenster hineinpassen. Hühner, Enten und sogar Schafe und Ziegen erlebte ich in diesen Bussen. Keine Frage, die Tiere sind immer der Liebling aller Fahrgäste. Sie bekommen allerdings beim Anfahren wegen des wackelnden Bodens – den sie schließlich nicht gewohnt sind – schreckliche Angst. Sie zittern am ganzen Körper. Die Angst der Tiere sucht sich dann bald einen Ausweg in Form eines kräftigen Urinstrahls.

*Auf vielen Passstraßen wie hier am Soji La (3530 m) gibt es Staub, Staub und noch einmal Staub.*

*Bei den Entfernungen im Himalaya ist ein Fahrzeug immer ratsam – welche Art Fahrzeug ist dagegen unwichtig.*

*Ein Träger aus dem hintersten Dolpo, der zum ersten Mal ein Flugzeug sah, während er ein Auto noch nie (!) gesehen hatte.*

Das Erstaunliche ist, dass dies alle Einheimischen mit auffallender Gelassenheit ertragen. Wenn sich ein Europäer in den Local Bus verirrt hat, dann sind die Einheimischen besonders freundlich. Empfindliche Touristen mögen Local Busse besser meiden und einen Touristenbus nehmen.

## Vieles ist anders als bei uns

Lastkraftwagen haben über dem Fahrerhaus meist einen stabilen Holzkasten für Mitreisende, wenn deren Anzahl fünf übersteigt. So viele haben gewöhnlich in dem kleinen Fahrerhaus neben dem Fahrer noch Platz. Der Holzkasten ist meist mit Matratzen und Decken etwas gepolstert. Weniger erfahrene Trekker wählen gern diesen aussichtsreichen Platz. In der Regel aber nur einmal. Denn die Vorteile der hohen Aussicht können die Folgen bei Weitem nicht wettmachen. Am Ende der Fahrt entsteigt man dem Holzkasten gewöhnlich halb seekrank, mit einer dicken Staubschicht bedeckt und mit zahlreichen Flohstichen.

*Drei Mann arbeiten und zehn Mann schauen zu – nicht anders als bei uns.*

Längst nicht alle Einheimischen im Himalaya haben schon einmal ein Auto gesehen. Viele leben etliche Tagesmärsche abseits jeglicher Straße, so zum Beispiel die Bewohner ganz West-Nepals, das Terrai ausgenommen. Als wir – es ist über dreißig Jahre her – vom Dhaulagiri VII (7246 m), dem westlichsten Ausläufer der Dhaulagiri-Kette, zurückkamen, hatten wir Trägerinnen und Träger aus dem Dorf Gorchakane angeheuert. Dies liegt sieben Tagesmärsche von der nächsten Straße entfernt, hinter einigen Pässen.

Als wir schließlich die Fahrstraße, etwa eine Fahrstunde von Pokhara entfernt, erreicht hatten, herrschte freudige Erregung. Bei uns, weil wir uns nach sechs Wochen bald wieder in der Zivilisation wähnten, und bei den Trägern, weil die meisten zum ersten Mal in ihrem Leben ein Auto sehen sollten. Als nach einer Stunde endlich ein leerer Bus daherkam, waren die Freude bei uns und das Staunen bei unseren Trägerinnen und Trägern groß. Wir heuerten den Bus an. Er fuhr wirklich nicht schnell. Für die Strecke bis Pokhara – gerade einmal zwanzig Kilometer – brauchten wir eine Stunde. Die Straßenverhältnisse und der desolate Zustand des Busses hätten jede höhere Geschwindigkeit zu riskant werden lassen.

Als der Bus anfuhr, hielten sich die meisten Trägerinnen und Träger die Augen zu, später die Hände abwechselnd vor Mund und Bauch. Es kam, was kommen musste. Sie vertrugen das Schaukeln nicht, und das letzte Essen suchte sich den Weg zurück. Der Fahrer hielt an und schickte alle Magenverstimmten auf das Autodach. Dort schaukelte es noch mehr, was die Mägen noch mehr rebellieren ließ. Wir hätten gern alle Fenster geschlossen, wenn der Bus noch genügend gehabt hätte.

## Schwarzfahren

Das Busdach ist ein beliebter Platz für Schwarzfahrer. Wenn der Bus bedingt durch dörfliches Treiben etwas langsamer durch eine Ortschaft fährt, klettern Schwarzfahrer über die hintere Leiter gern auf das Dach. Die finden auch noch einen Platz, wenn schon keiner mehr vorhanden ist. Und das Schwarzfahren wird – wenn überhaupt – nicht besonders streng geahndet. Die auf dem Dach Mitreisenden tun so, als ginge sie das nichts an, weil sie selbst oft genug auf diese Weise Kosten gespart haben. Weder hat der Schwarzfahrer ein schlechtes Gewissen, noch ahndet der Hilfsfahrer, der sogenannte »Second driver«, das Vergehen streng. Der Schwarzfahrer lächelt verlegen, und der Hilfsfahrer wackelt nach Ausflüchten des Schwarzfahrers wiegend mit dem Kopf, was in Nepal nicht »Nein«, sondern »Ja« bedeutet. Meist einigen sich beide auch nach der Fahrt. Dies – und das ist das Besondere – immer mit ausgesprochener Höflichkeit. Auch eine abweisende Handbewegung vom Fahrer oder Hilfsfahrer während einer schnellen Fahrt durch einen Ort, dass man niemanden mehr mitnehmen kann, weil das Fahrzeug bereits überladen ist, wird schmunzelnd akzeptiert.

## Es liegt am Untergrund

Reifen mit Profil sind im Himalaya größtenteils unbekannt. Deshalb liegt eine Bekannte von mir auf dem christlichen Friedhof in Srinagar begraben. Ich habe das Grab Jahre später gesucht und gefunden. Passiert ist es am Soji La (3530 m), zwischen Kaschmir und Ladakh, der als einer der gefährlichsten Pässe gilt. Sie war mit einem Sherpa in einem Pick-up unterwegs. Über den Soji La ist seinerzeit schon Sven Hedin (1865–1952) gezogen, wenn auch nicht auf der heute üblichen Militärstraße, sondern auf dem alten Karawanenweg unterhalb.

Passiert ist der Unfall, weil der Straßenrand genau in dem Moment weggebrochen ist, währendessen ein Fahrzeug entgegenkam. Der Pick–up kugelte den Hang hinunter. Sherpa und Fahrer wurden hinausgeschleudert und überlebten schwer verletzt.

Man wundert sich als Fremder immer wieder, warum alle Fahrer respektvollen Abstand vom Straßenrand halten, wenn es jenseits steil hinab geht. Es liegt nicht an der Fahrkunst und nicht am Schneid. Fahren können die alle. Es ist die Ungewissheit, ob der meist unbefestigte Untergrund der Belastung standhält. Dies abzuschätzen ist nicht leicht. Ich erlebte, wie Fahrer und Beifahrer zweier sich begegnender Fahrzeuge ausgestiegen sind und länger diskutierten, ob der Untergrund das Gewicht des außen befindlichen Fahrzeugs würde tragen können. Denn dann muss die für ein Fahrzeug schon nicht übermäßige Straßenbreite bis auf die letzten Zentimeter belastet werden. Die Außenspiegel sind meist abmontiert.

Wirklich sicher befestigte Straßen gibt es zwar hier und da, doch selten dort, wo es eng wird und einseitig steil bergab geht. Nur wenn die Straßenabschnitte in den Fels gesprengt sind, ist dies trotz des spektakulären Eindrucks etwas weniger gefährlich, weil der Untergrund – Fels nämlich – fest ist.

*Zu nahe an einem Fluss parken ist gefährlich – dies vor allem während des Monsuns.*

*Profil ist weniger wichtig – Hauptsache die Luft hält.*

*Der berühmte Soji La, über den schon Sven Hedin gezogen ist, damals allerdings auf der unteren Trasse.*

# 16 killed as bus plunges into river

*Seven missing, 40, including four Israelis, one Austrian, injured*

Himalayan News Service

At least 16 people were killed and 40, including five foreigners, injured when a bus they were travelling in skidded off the road and plunged into the Modi river near Patichaur of Parbat district this morning.

Seven people are also said to be missing in the accident. The ill-fated bus with registration number Ba 1 Kha 4292 belonged to Sajha Yatayat and was headed for Kathmandu from Beni Bazaar, the district headquarters of Baglung.

According to Parbat CDO Hom Prasad Adhikari, 10 critically injured passengers have been airlifted to Kathmandu. Bus conductor Hari Upreti said 28 of the injured have been admitted to the Parbat hospital and nine have been taken to Pokhara hospital. There have been conflicting reports on the cause of the accident. According to Upreti, the bus skidded off the road after a front tyre developed a puncture. However, a hurt passenger Nawaraj Gautam said the brakes had failed.

While three foreigners have been airlifted to Kathmandu and admitted in the Birendra Army Hospital and Norvic Hospital, two are still undergoing treatment in Pokhara.

The foreigners have been identified

Rescuers at the site where the bus headed for Kathmandu from Beni Bazaar, the district headquarters of Baglung, skidded off the road and plunged into the Modi river near Patichaur of Parbat district on Monday.

*Ein Zeitungsausschnitt aus Kathmandu.*

## Die wildesten Straßen ...

... gibt es im indischen Himalaya, in den Bundesstaaten Himachal Pradesh und Uttaranchal, insbesondere in Kinnaur, Spiti und Lahaul. Die Straßen sind eigentlich nicht für Busse geeignet, da sie zu schmal und die Kurven derart eng sind, dass auch kleinere Busse nicht selten mehrfach zurücksetzen müssen. Passt ein Bus mit der üblichen Zuladung auf dem Dach nicht unter einem überhängenden Fels hindurch, muss der Bus abgeladen, das Gepäck hinterhergetragen und schließlich wieder auf dem Dach verstaut werden.

*Das sollte man lesen können!*

Einer der wildesten Pässe dürfte im Sommer 2003 der Kunzum La (4410 Meter) gewesen sein, der von Spiti in Richtung Rothang La führt. Dort waren einige Kehren derart eng, dass ein Bus auch mit mehrmaligem Rücksetzen nicht vorwärts um die Kurve kam. Der Bus musste in der Kehre hin- und hermanövrieren, um schließlich rückwärts (!) bis zur nächsten Kehre aufwärts und von dieser wieder vorwärts fahren zu können.* Dabei im Bus sitzend nichts tun zu können, wird auch den abgebrühtesten Trekkern etwas unangenehm. Unser Busfahrer hat dieses Bravourstück ohne sichtliche Erregung gemeistert.

Allein am Kunzum La kommt es jährlich zu ein bis zwei Dutzend Toten. Im Sommer 2003 – der Pass ist nur wenige Monate befahrbar – gab es 23 Tote. Der Fahrer eines Busses hatte den Gang nicht mehr einlegen können. Für europäisches Empfinden schalten die Fahrer immer etwas zu spät.

** Bei der Eisenbahn in den Anden Südamerikas ist dies an steilen Hängen ebenso der Fall; nur die hat vorn und hinten eine Lok und vor allem Schienen.*

Vor geraumer Zeit drang die Nachricht eines Busunfalls in Himachal Pradesh bis in europäische Medien. Ein für 32 Passagiere zugelassener Bus, in und auf dem sich über 80 Personen befanden, stürzte in eine Schlucht. Wie durch ein Wunder gab es nur 30 (!) Tote.

Nirgends im ganzen Himalaya findet man so viele zu Herzen gehende Hinweise an den Straßen wie im indischen Teil des Himalaya. Diese sind an die Felsen der ausgesetzten Straßen gemalt. Einige Beispiele:

| |
|---|
| Do not mix drinking and driving |
| Drive slower – live longer |
| Drive slowly – not to heaven |
| Live is short – make it not shorter |
| After whisky driving risky |
| Better late than never |
| Speed thrills – but often kills |
| If you are married – divorce speed |

Die allermeisten Schilder sind allerdings in Hindi abgefasst, sodass sie für Europäer gewöhnlich nicht zu deuten sind.

Es gibt auch Fahrer, die schalten den Motor ab, wenn es bergab geht, und lassen den Wagen hinunterrollen, um auf diese Weise Kraftstoff zu sparen. Die Gefahren sind entweder nicht bekannt oder werden nicht ernst genommen. So muss der Reiseleiter die Höhe des Bakshishs von der Verwendung des Motors als Bremse abhängig machen und in der Nähe des Fahrers sitzen, um dies kontrollieren zu können.

## Besondere Eigenarten im Verkehr

Zur Ausgesetztheit der Straßen kommt noch hinzu, dass die Fahrer, die natürlich die Angst der Fremden auf solchen Straßen spüren, meist noch etwas kühner fahren, um ihre Überlegenheit zu demonstrieren.

*Vor längeren Fahrten, insbesondere über Pässe, wird der Segen der Götter herabgefleht.*

Wenn man im indischen Teil des Himalaya unterwegs ist, kann man mit etwas Glück einen Sikh als Busfahrer haben. Die Sikhs sind am typischen Turban zu erkennen. Alle Sikhs gelten als sehr zuverlässig und seriös.

Die Verkehrstüchtigkeit der Fahrzeuge lässt meist zu wünschen übrig. Jedem TÜV-Beamten würden die Haare zu Berg stehen. Das Lenkrad hat meist bis zu einer Viertelumdrehung Spiel. Dies fällt dem geschulten Auge immer dann auf, wenn der Fahrer auf gerader Strecke ständig am Lenkrad dreht, um das Fahrzeug auf Kurs zu halten. Ein leichter Schlingerkurs ist deutlich erkennbar. Um die Teilnehmer zu beruhigen, es sei kein Alkohol im Spiel, kann man eine treffende Bemerkung machen: Man habe immerhin den zweitbesten Fahrer der Agentur, und zwar nur deshalb den zweitbesten – weil der beste aufgrund eines schuldhaft verursachten Busunfalls im Krankenhaus liegt.

Hinter jeder Straßenecke kann ein Fahrzeug hervorgeschossen kommen, und zwar mitten auf der Straße, denn kein Fahrer will ständig mit seinen linken Rädern auf dem unbefestigten Teil der Straße fahren. Bei einer Fahrt aus dem Sutlej-Tal hinauf nach Kafnoo ist uns dies einmal passiert. Hinter einer Kurve schoss ein Lkw hervor. Sowohl unser Busfahrer als auch der Fahrer des Lkws konnten gerade noch rechtzeitig bremsen. Bei einem Zusammenstoß hätte unser Bus die schlechteren Karten gehabt. Der Lkw war voll beladen und fuhr bergab und dies auf der Bergseite, wir dagegen bergauf und auf der Talseite. Wir wären wie ein Ball zurückgeworfen worden und den Hang hinuntergekugelt. Ich schaute hinab ins Tal. Bis zum Talgrund waren es wenigstens 600 Höhenmeter. Keiner in unserem Bus hätte dies überlebt. Eigenartigerweise hat keiner der Trekkingteilnehmer die Gefahr erkannt. Nur der Fahrer und der Hilfsfahrer, die ich anschließend ansprach, ließen erkennen, dass auch sie mitbekommen hatten, wie ernst die Situation gewesen ist.

*Es wird zugestiegen, bis niemand mehr rein- oder draufpasst – und dann wird weiter zugestiegen.*

## Etwas Statistik

Die Zahl an Busunfällen dürfte wohl nirgendwo so hoch sein wie im Himalaya. Pro Woche ereignen sich allein in Nepal etwa drei, von denen man als Trekker in der Regel

*Passiert auf der Straße von Pokhara nach Kathmandu – glücklicherweise kein Bus. Der Lkw hatte die Kurve nicht gekriegt, der Fahrer kam ums Leben, der Beifahrer wurde herausgeschleudert und konnte, wenn auch schwer verletzt, so schießlich doch überleben.*

Der Local Bus ist meist vollgestopft – nur Touristenbusse machen in dieser Hinsicht eine Ausnahme.

Der Bus-Unfall im Kumle Khola – wie da irgendjemand überleben konnte.

nichts erfährt. Während der ersten Septemberhälfte 2004 gab es innerhalb von gerade einmal zwölf Tagen fünf Busunfälle mit 42 Toten und 174 Verletzten; von letzteren wurden 56 in kritischem Zustand ins Krankenhaus eingeliefert. Bleibt zu bemerken, dass die wenigen Krankenhäuser einen ganzen Fahrtag und noch wesentlich weiter entfernt sein können. Ein Krankenhaus nach halbwegs europäischem Standard gibt es jeweils nur in Kathmandu und in Pokhara.

Ein Bus stürzte gute 25 Meter in den Chor Khola (Khola = Fluss), weil die Lenkung versagt hatte. Ein Bus im Lumbini-Distrikt wurde samt einem folgenden Lkw von mehreren herabstürzenden, tonnenschweren Felsblöcken regelrecht von der Straße gewischt. Ein weiterer Bus bekam auf der berühmten Straße von Kathmandu nach Pokhara, die inzwischen recht gut ausgebaut ist, direkt vor der Brücke über den Kumle Khola die Kurve nicht. Die Straße führt bergab, und der Bus war offensichtlich zu schnell, auf jeden Fall – wie ich mich überzeugen konnte – mit abgefahrenen Reifen unterwegs. Der Bus durchbrach das windige Brückengeländer und stürzte zwölf Meter tief in das glücklicherweise wenig Wasser führende Flussbett. Dies allerdings mit dem Dach zuunterst, das komplett eingedrückt war. Es gab nur (!) 18 Tote. Zwei weitere Busse sind aufgrund der feuchten Straße von der Fahrbahn abgekommen und den Hang hinuntergekugelt. Ein Bus an einer Kurve bei Parawadanda, der andere beim Überholen, nicht weit entfernt von Manahari.

◄ *Das berühmte Gangotri im Bhagirathi-Tal, etwa eineinhalb Tage unterhalb des Gangotri-Gletschers.*

*Das nicht weniger berühmte Kedernath im oberen Tal des Mandakini-Ganga.*

Die meisten Busse waren überfüllt. Der Fahrer und der Hilfsfahrer kamen meist mit um. Beim Unfall an der Brücke über den Kumle Khola konnte sich der Hilfsfahrer, weil er zufällig an der offnenen Tür stand, durch einen kühnen Sprung retten. Vielleicht wurde er auch hinausgeschleudert. Der Fahrer verlor sein Leben. Der ganze Bus war oberhalb des unteren Fensterbereichs komplett eingedrückt.

Zuvor war ein Bus bei Kusma in den Modi Khola gestürzt. Sieben Personen sind hinausgeschleudert und fortgespült worden (»seven missing«), möglicherweise saßen sie auf dem Dach, es gab 40 Verletzte, darunter auch ein Österreicher und vier Israelis. Inzwischen bieten renommierte Bus- und Versicherungsunternehmer wenigstens in Kathmandu eine bescheidene Insassenversicherung an.

Auch auf den Straßen zu den heiligen Orten im Garhwal Himal, wo die Zuflüsse des Ganges entspringen, also auf den Straßen nach Badrinath, Gangotri, Kedernath und Yamunotri, findet man meist hoffnungslos überfüllte Busse. Schließlich sind dort jährlich Tausende von gläubigen Hindus als Pilger unterwegs. Kommt es zu einem Unfall – und das nicht so selten – kontrolliert die Polizei die nächsten Tage die maximal zugelassene Anzahl an Fahrgästen etwas genauer. Doch das Kontrollieren lässt mit der Zeit wieder nach, bis schließlich alles wieder beim alten ist – bis zum nächsten Unfall.

## Früher und heute

Heute führen Straßen zu den Pilgerorten an den Quellen des Ganges. Die drei bedeutendsten sind Badrinath, Kedernath und

*Ein Hindu steigt bedächtig ins heilige Wasser, das aus dem »Gaumukh«, dem berühmten »Kuhmaul« am Gangotri-Gletscher, herausfließt und bestenfalls 3 °C aufweist.*

*Ein Local Bus, der nur wenige Leute befördert, ist immer eine besondere Ausnahme.*

Gangotri. Bevor die Straßen gebaut wurden – nach Kedernath muss man auch heute noch etwa sechs Stunden lang zu Fuß aufsteigen – mussten die Pilger den ganzen Weg wochenlang zu Fuß nehmen. Entweder den Weg durch das Tal des Alaknanda nach Badrinath (3096 m) oder den durch das Tal das Mandakini nach Kedernath (3584 m) oder schließlich den durch das Tal des Bhagirathi nach Gangotri (3049 m). Gangotri ist der Ausgangspunkt zum »Gaumukh« = »Kuhmaul«, wo der reißende Bhagirathi aus dem für alle Hindus berühmten Gletschertor des Gangotri-Gletschers hervorquillt. Nach dem Glauben der Hindus »aus dem Maul der heiligen Kuh«. Alle gläubigen Hindus wünschen sich, einmal im Leben ein reinigendes Bad an wenigstens einer der Gangesquellen nehmen zu können.

*Ein zweirädriges Familienfahrzeug ist keine (!) Zirkusnummer – wenn weniger draufsitzen, dann hat dies offensichtlich nur den Grund, dass man so schneller ist.*

Früher – als es noch keine Straßen gab – ließen sich die betuchten Pilger in Sänften zu den Quellen tragen. Dies konnte jeweils etliche Wochen dauern. Will man heute nach Kedernath, ist dies zum Teil immer noch so, wenn auch wesentlich kürzer. Die Straße endet in Gaurikund (1981 m). Ab hier heißt es weiter auf Schusters Rappen, runde 1600 Meter Aufstieg, etwa fünf Stunden lang. Oder man lässt sich – auch heute noch – in einer Sänfte hinauftragen. Findige Inder betreiben hier ein lukratives Geschäft. Sie bieten bequem ausgestattete Sänften aus Holz an, in denen der Betuchte, ausreichend warm verpackt, sanft wiegend nach Kedernath hinaufgetragen wird. Als Träger verdingen sich meist West-Nepali, die über die nicht allzu weit entfernte Grenze kommen und das Tragen von Lasten gewohnt sind. Vier Nepali tragen eine Sänfte plus betuchtem Hindu. Dies in einem allen Respekt abverlangenden Tempo und in einem absoluten Gleichschritt, der so mancher militärischen Wachablösung zum Vorbild gereichen könnte.

## Einfach weggespült

Als der Autor im Sommer 2004 in Kinnaur war und wir das Sutlej-Tal aufwärts fuhren, hatte man uns schon gewarnt. Es könne plötzlich zu einer Überschwemmung kommen, da durch ein Erdrutsch in einem der Nebenflüsse des Sutlej weit oben ein natürlicher Damm entstanden sei, hinter dem sich ein mehrere Kilometer langer See aufgestaut habe. Keiner wüsste, wie lange der Damm noch standhält. Während der Fahrt wurde unser Bus schließlich von zwei Polizisten gestoppt und ein amtliches Papier in Englisch verlesen. Der Wortlaut begann mit dem Hinweis auf den unsicheren Damm und endete damit, dass es bei einem Dammbruch etwa drei Stunden dauern würde, bis die Flut hier einträfe. Es folgte der Hinweis, dass in diesem Fall Sirenen zu hören seien und alle sofort den Bus zu verlassen und den Hang hinauf zu laufen hätten. Wie dies an all jenen Stellen zu geschehen hätte, wo die Straße in den Fels gesprengt ist, blieb ungeklärt.

Dass Gefahren dieser Art nicht ganz so abwegig sind wie sich dies vielleicht anhören mag, zeigte der Sommer 1997. Da ist ein solcher durch Erdrutsch entstandener Damm, hinter dem sich ein riesiger See gebildet hatte, gebrochen. Von der Ortschaft Wangtu im Sutlej-Tal, von der etwa sechzig Häuser wenig oberhalb des Ufers lagen, wurden diese allesamt mehr oder weniger weggespült. Mit Mann und Maus. Auch vom Polizeicheckposten, ebenso vom Tempel sowie auch von der Brücke über den Sutlej war nichts übrig geblieben. Nur die Insel in Flussmitte, wo die Brücke Fuß fasste, war noch erhalten. Jedoch alles auf der Insel, auch einige kleinere Häuser, waren weggerissen worden. Es gab über 180 Tote, einschließlich eines Dutzends Polizisten. Insgesamt kamen damals im Sutlej-Tal weit über 500 Menschen zu Tode. Ganze Straßenabschnitte waren weggerissen worden, existierten nicht mehr.

*Getragen werden ist nicht billig – aber angenehm.*

## Segen der Götter

Dass sogar manchen Einheimischen auf bestimmten nicht besonders sicheren Straßenabschnitten nicht immer ganz wohl ist, kann man daran erkennen, dass sie aussteigen und den Fahrer mit dem Fahrzeug seinem Schicksal überlassen. Dass auch der Fahrer nicht immer ganz sicher ist, ist daran erkenntlich, dass er – wenn er Buddhist ist – an gefährlichen Stellen nach links und rechts den Kopf neigt, das berühmte »Ki ki, so so – la giallo« murmelt und den Segen der Götter herabfleht. Ist die gefährliche Stelle passiert, steigen alle wieder ein. Ob mein jeweiliger Fahrer ein Dankgebet verrichtet hat, konnte ich bisher nicht feststellen, weil ich immer ausgestiegen bin.

*Manche Strecken sind kühn in den Fels gesprengt, aber dann immer recht stabil.*

Autoreparaturen sind an der Tagesordnung.

Hindus und Sikhs führen in der Regel einen kleinen Altar auf dem Armaturenbrett mit. Bevor der Motor am Morgen angelassen wird, werden vom Fahrer und Hilfsfahrer Räucherstäbchen auf dem Altar angezündet und ein Gebet für eine unfallfreie Fahrt verrichtet. Hindus und Sikhs murmeln ihre Gebete auch an buddhistischen Stupas, auf die man unterwegs gelegentlich trifft, insbesondere an Pässen. Hauptsache ein Gebet an einem heiligen Ort zum Wohlgelingen der Fahrt.

Hat man mit dem Buss die Passhöhe erreicht, zum Beispiel am Kunzum La (4410 m), wird man feststellen, dass sich dort im Innern eines Schreins eine Darstellung der Göttin »Kunzum Lhamo« und die eines »Mahakalas« befindet, des Beschützers der buddhistischen Lehre. Alle Fahrer, nicht nur Buddhisten, durchaus auch Hindus und Sikhs, halten an, verrichten ein Gebet davor und opfern Münzen und Geldscheine und hoffen so auf ein gutes Gelingen der restlichen Reise.

## Segen für die Fahrzeuge

Während des Dashain-Festes, das in Nepal Ende Oktober oder Anfang November stattfindet, wird der Göttersegen für die Fahrzeuge herabgefleht. Es geht um den Segen der Göttin Nava Durga. Man schlachtet ein Tier vor dem Auto, meist ein Huhn, und verziert die Kühlerhaube mit deren Därmen. Je größer das Objekt, für das der Segen erfleht wird, und je voluminöser der Geldbeutel, desto größer das Opfertier.

Wenn ein neues Flugzeug der Royal Nepal Airline Corporation oder einer anderen Fluggesellschaft in Dienst gestellt wird, macht man dies genauso. Nur mit einem größeren Tier. Man treibt einen Wasserbüffel auf das Flugfeld, postiert ihn vor der neuen Maschine und schlägt ihm mit einem riesigen Kukiri, einem nepalischen Krummschwert, den Kopf herunter. Mit dem Blut wird das Cockpit von außen bespritzt und die Därme werden als Girlanden im Cockpit aufgehängt.

Während des Dashain-Festes wird durch die Opferung eines Tieres vor der Kühlerhaube der Segen der Götter herabgefleht.

*Hauptsache das Fahrzeug fährt – auf jeden anderen Komfort kann leicht verzichtet werden.*

## Kommunikation

Jeder Bus- und Lkw-Fahrer hat einen Hilfsfahrer, einen »Second driver«, bei sich. Wenn es eng wird oder wenn rückwärts gefahren werden muss, steigt der Hilfsfahrer aus und hilft dem Fahrer mit einer so einfachen wie wirkungsvollen Kommunikationsmethode. Er klopft mit der Hand an die Karosserie, was aufgrund deren Resonanz im ganzen Bus und damit auch für den Fahrer deutlich zu vernehmen ist. Wenn die Klopfzeichen in dauernder Folge ertönen, heißt dies, dass der Wagen noch weiterfahren kann. Ertönt dagegen nur ein Klopfzeichen und dann nichts mehr, heißt dies Stop. Man sollte sich als Trekker nicht erdreisten, diese Art der Kommunikation aus Gründen der Hilfsbereitschaft übernehmen zu wollen. Denn der Europäer reagiert im entscheidenden Moment, wenn es also gefährlich wird, genau umgekehrt. Um die Gefahr anzuzeigen, klopft man reflexbedingt schnell hintereinander, damit der Fahrer stoppt, was für den Fahrer in Nepal aber Weiterfahren bedeutet.

## Vieles nicht wie bei uns

Denjenigen, die in Indien und Nepal selbst fahren wollen, sei die wichtigste Regel anheim gestellt: Fahre links, weil hier Linksverkehr herrscht – und: das größere, das schnellere Fahrzeug hat immer Vorfahrt!

Über Nacht sollte man eigene Autofahrten nach Möglichkeit unterlassen. Dies aus zweierlei Gründen. Liegengebliebene Au-

*Nur gut, dass wirklich alle Fahrzeuge mit mindestens zweifacher Sicherheit ausgelegt sind.*

*Da versperrte ein herabgestürzter Felsblock die Straße vor Kodari – es dürfte einige Tage gedauert haben, bis die Straße soweit wieder hergerichtet war, dass sie von Fahrzeugen befahren werden konnte.*

*In Kathmandu gibt es gelegentlich recht seltsame Verkehrsteilnehmer.*

*Wer auch immer mitfahren will, jeder findet irgendeinen Platz.*

tos sind natürlich nicht beleuchtet und auch nicht durch Warnschilder in ausreichender Entfernung gekennzeichnet. Alles, was man zur Kennzeichnung tut, ist das Errichten einiger winziger Steinmänner oder einer kleinen Steinmauer; dies aber gerade einmal drei oder vier Meter vor und hinter dem Fahrzeug. Zum anderen fahren die allermeisten Fahrzeuge nachts, auch längere Strecken, immer ohne (!) Licht. Man will schließlich Sprit sparen und die Batterie sowie die Glühbirnen weniger strapazieren. Nur ab und zu zeigt der Fahrzeuglenker mit der Lichthupe seine Position an.

Wenn sich zwei Fahrzeuge nähern, blinken beide Fahrer öfters. Dies bis sie dann schließlich im Dunkeln (!) und ohne weiteres Blinken aneinander vorbei fahren.

Diese Fahrweise bei Nacht ist – wenn auch nicht ganz ungefährlich – doch relativ schnell erlernbar. Der Mensch ist durchaus adaptionsfähig. Als wir vor über vier Jahrzehnten eine Expedition zur Annapurna I (8078 m) unternahmen, fuhren wir mit zwei Lkws von München durch den Balkan, die Türkei, den Iran, durch Afghanistan, das damals noch ein friedliches Königreich war, durch Pakistan und schließlich durch Nordindien bis nach Nepal. Wir waren vier Wochen unterwegs. Ab der Türkei wurden wir mit dieser Besonderheit konfrontiert. Nach kurzer Zeit hatten wir uns daran gewöhnt und machten es genauso. Auch diejenigen, die gar keinen Lkw-Führerschein hatten.

## Straße einfach weg

Schon während, insbesondere aber nach dem Sommermonsun, können im Himalaya ganze Straßenabschnitte verschüttet sein. Bis eine Räummaschine kommt, bis diese schließlich ihre Arbeit aufnimmt und die Straße wieder befahrbar ist, können Tage, nicht selten auch ein, zwei Wochen vergehen. Wenn der Sommermonsun sehr intensiv war, kann der eine oder andere Straßenabschnitt auch weggerissen sein. Wichtig ist dann nur, dass jeweils hinter dem weggerissenen Abschnitt andere Autos eingeschlossen sind. Dann braucht man das Gepäck nur über den verschütteten bzw. fehlenden Straßenabschnitt zu tragen und kann mit dem nächsten Fahrzeug weiterfahren. Der Kraftstoff für die eingeschlossenen Fahrzeuge wird von den Einheimischen hinübergetragen. Auch das Gepäck wird so transportiert. Dies natürlich zu einem angemessenen Preis. So ist der Monsun für die Anrainer neben dem Wachstum, das er den Pflanzen beschert, auch in dieser Hinsicht ein Segen. Alle Einheimischen sind hilfsbereit und – der Not entsprechend erfinderisch.

## Geisterfahrer

Wenn man auf der Rückreise von einem Himalaya-Trip nach Delhi kommt und weiter nach Agra will, um das weltberühmte Taj Mahal zu sehen, kann man die Eisenbahn nehmen oder ein Auto oder den Local Bus. Nimmt man die Eisenbahn, dann empfiehlt sich nur die 1. Klasse, da nur diese klimatisiert ist (allerdings ist die Klimaanlage meist so kalt eingestellt, dass man einen Pullover braucht). Fährt man mit dem Auto oder Local Bus, dann wird man bald seinen Augen nicht trauen. Auf der Autobahn kommen einem immer wieder Geisterfahrer entgegen, allerdings so viele wie wohl sonst nirgends auf der Welt. Ich habe einmal von Agra nach Delhi – also nur auf einer Strecke von rund 240 Kilometern – elf (!) Geisterfahrer gezählt und wollte natürlich von unserem Fahrer wissen, warum so viele.

Er klärte mich auf. Wenn dem Fahrer das Erreichen der richtigen Auffahrt auf die Autobahn zu umständlich ist, weil er erst unter der Autobahn hindurch oder über diese hinweg und so einen winzigen Umweg nehmen müsste, nimmt er ganz einfach die nähere – die falsche Auffahrt. Damit es nicht zu einem Zusammenstoß kommt, schaltet der Geisterfahrer die Warnblinkanlage ein, lässt diese die ganze Zeit blinken und betätigt ständig die Lichthupe, damit er rechtzeitig bemerkt wird. Ich wollte dies nicht glauben. Es dürfte aber wohl so sein, denn die Vielzahl der Geisterfahrer lässt sich mit einem Blackout wie bei uns nicht erklären.

*Das berühmte Taj Mahal, gute drei Autostunden südlich von Delhi.*

Auch auf dem Rückweg vom Kumaon-Valley habe ich dies auf der Autobahn nördlich von Delhi erlebt. Ich war gespannt, wie viele Kilometer es dauern würde, bis der erste Geisterfahrer auftaucht. Gerade einmal 4,2 Kilometer. Die Autobahn ist nicht allzu lang, knappe 90 Kilometer. Insgesamt begegneten uns sieben (!) Geisterfahrer.

Je näher man an Delhi herankommt, desto mehr nimmt der Verkehr zu – und die Zahl der Geisterfahrer schließlich ab. Offensichtlich ist es denen dann doch zu gefährlich.

*Straßenschilder sind nutzlos, wenn der Autofahrer zwar fahren, aber weder lesen noch die Schilder sonst wie interpretieren kann.*

# Ist der Mount Everest wirklich der höchste Berg der Erde?

*Der Mount Everest von Norden, vom Kloster Rongbuk (Tibet) gesehen, erstbestiegen von der nepalischen Seite durch den Neuseeländer Edmund Hillary und den Sherpa Tensing Norgay 1953 im Rahmen einer britischen Expedition.*

Auf jeden Fall ist der Mount Everest neben dem Matterhorn der wohl bekannteste Berg der Erde. Im Zentralhimalaya, im östlichen Teil Nepals, an der nepalisch-tibetischen Grenze gelegen, gilt er als der höchste Berg der Erde. Die angegebene Höhe, auf die man sich schließlich geeinigt hat, beträgt 8848 Meter. Der K2, der sich weiter nordwestlich, an der pakistanisch-chinesischen Grenze befindet, gilt als der zweithöchste Berg der Erde, wenn auch auf der einfachsten Route als der erheblich schwierigere. Angegebene Höhe 8611 Meter.

## K2 höher als der Mount Everest?

Am 8. März 1987 ließ ein gewisser Prof. George Wallerstein, Astronom an der Universität von Washington, die Bergsteigerwelt gewaltig aufhorchen. Er erklärte, dass der K2

gemäß seinen Berechnungen »wahrscheinlich um ganze 36 feet« (ca. 11 Meter) höher sei als der Mount Everest. Daraus machte die Tagespresse ebenso wie die Alpinpresse sofort eine vollendete Tatsache und berichtete eifrig: »Der K2 ist höher als der Mount Everest – der Mount Everest ist entthront«.

Man kann sich leicht vorstellen, dass diese Aussage unter allen Bergsteigern einschlug wie eine Bombe. Kein Alpinredakteur wollte sich diese Sensation mit der Möglichkeit entsprechender Kommentare entgehen lassen. Die Alpinzeitschriften waren voll dieses Themas. Dies führte zwangsläufig – wie man sich leicht vorstellen kann – zu einer völligen Verunsicherung aller Bergsteiger, insbesondere all jener, die bis dahin auf einem der beiden Gipfel gestanden hatten. Die Bergsteigerwelt war ratlos. Als noch bekannt wurde, dass Wallerstein für seine Untersuchung modernste Messgeräte benutzt habe, einschließlich Satellitenunterstützung, war die Verwirrung komplett. Die wildesten Spekulationen kursierten. Vielleicht gibt es sogar noch mehr Achttausender als nur die vierzehn bis dahin bekannten. Oder sogar weniger. Entweder müsste Reinhold Messner noch einmal losziehen, um auch den oder gar die allerletzten Achttausender zu besteigen, oder er wäre auf einigen umsonst gewesen. Und nicht nur er. Manch anderer – 1987 bereits auch andere, gemeint sind Frauen – ebenso. Die Bergsteigerwelt war – kurz und bündig zusammengefasst – aus dem Häuschen.

*Der K2 – rechts der Abruzzen-Sporn, über den die Erstbesteigung durch Italiener unter Ardito Desio 1954 gelang.*

*Das inzwischen teils wieder aufgebaute Kloster Rongbuk, nachdem es von den Roten Garden zerstört worden war.*

Das Verteilen der Traglasten kostet immer viel Zeit.

## Genaue Messungen

Acht Monate später, im November 1987, widerlegte der Geologieprofessor Ardito Desio von der Universität Mailand, der auch Leiter der italienischen Expedition war, der 1954 die Erstbesteigung des K2 gelang, die auf Berechnungen basierende Vermutung Wallersteins. Desio gab bekannt, dass der Mount Everest nach seinen neuerlichen Messungen nicht, wie bis dahin ermittelt, 8848 Meter hoch sei, sondern 24 Meter höher, also 8872 Meter über den Meeresspiegel aufrage. Desios Messungen machten einen seriösen Eindruck, gab Desio doch immerhin auch die zugehörige Fehlertoleranz an, nämlich ±20 Meter. Schließlich sind alle Messungen, sowohl die im täglichen Leben wie auch die an einem Berg, mit Fehlern behaftet, weil – um es vereinfacht auszudrücken – niemand so genau hinsehen und ablesen kann.

Um Wallersteins Aussage zu widerlegen, hat Desio auch den K2 neu vermessen. So ist auch der K2 etwas höher als bisher ermittelt, und zwar um 5 Meter mit einer Fehlertoleranz von ±7 Metern. Somit war der Mount Everest schließlich wieder der höchste Berg und der K2 nach wie vor erheblich niedriger.

Desio und sein acht Wissenschaftler umfas-

Auf dem Weg zum Mount Everest trifft man auf sechs Tschorten, in denen sich die Asche von sechs Sherpas befindet, die im Khumbu-Eisfall ums Leben kamen.

**Wie kam der Mount Everest zu seinem Namen?**

Der Name »Mount Everest« geht auf den Briten George Everest zurück, der von 1823 bis 1843 den Survey of India, die britisch-indische Landesvermessung, leitete. Bei den Vermessungsarbeiten hatte man dem späteren Mount Everest zunächst die Bezeichnung »Peak XV« gegeben, weil der Berg als fünfzehnter von etlichen anderen Gipfelpunkten vermessen wurde. Erst Jahre später, als noch weitere Gipfel vermessen waren, erkannte man, dass der Peak XV der höchste ist. Erst vier Jahre nach dieser Erkenntnis, gab man dem Peak XV den Namen »Mount Everest« zu Ehren des Leiters des Survey of India, als dieser bereits im Ruhestand und nach England zurückgekehrt war. George Everest hat den Mount Everest nie gesehen.

Bei den Nepali heißt der Mount Everest »Sagarmatha«, was so viel bedeutet wie »Göttinmutter des Erdreichs« oder »Göttinmutter der Welt«. Die Tibeter und die Sherpas, letztere sind vor ca. 400 Jahren aus dem Osten Tibets nach Nepal eingewandert, nennen den Mount Everest »Chomolungma«, was »Göttinmutter der Erde« heißt.

Vor der Entdeckung des Mount Everest nahm die westliche Welt an, dass der höchste Berge der Erde in Südamerika sein müsste, da man damals mehr von Südamerika wusste als vom Himalaya.

**Wie kam der K2 zu seinem Namen?**

Die Geschichte um die Namensgebung des K2 geht ebenfalls auf den Survey of India zurück. Der britische Vermessungsoffizier Colonel Thomas George Montgomery registrierte 1856 die höchsten Berge des Karakorum, nummerierte diese ebenfalls kurzerhand durch, und zwar mit »K1«, »K2«, »K3« usw. Das »K« stand für Karakorum, was soviel heißt wie »Schwarzes Geröll«. Die Bezeichnung »Karakorum« stammt vom Karakorum-Pass (ca. 5570 m), der mit schwarzem Geröll bedeckt ist. Der Name »Mount Godwin-Austen« für den K2 nach dem britischen Expeditionsleiter und Vermessungsoffizier Godwin-Austen, der 1861 das Gebiet um den K2 erstmals näher erforschte, konnte sich nicht durchsetzen. Lediglich der »Godwin-Austen-Gletscher« erinnert heute noch an den britischen Forscher.

Bei den Einheimischen hieß der K2 immer »Chogo Ri« (Ri = Berg), was soviel heißt wie »großer Berg«. Dieser Name, heute »Chogori«, wird von den Einheimischen seit einigen Jahren besonders favorisiert (ähnlich dem einheimischen Namen »Denali« für den Mount McKinley in Alaska). – Bleibt zu erwähnen, dass Oskar Eckenstein bereits 1902 gemeinsam mit den Wiener Bergsteigern Heinrich Pfannl und Viktor Wessely einen Besteigungsversuch unternahm und immerhin eine Höhe von über 6000 Metern erreichte.

Der Survey of India existiert auch heute noch. Landvermesser sind ständig unterwegs, um das Land topographisch genauer zu erfassen. Bessere indische Landkarten tragen heutzutage den Hinweis »Approved by Survey of India«.

**Die Deutschen hinten dran**

Der Münchner Naturforscher Hermann von Schlagintweit (1826–1882) hielt 1856 den Gaurisankar (7145 m) für den Mount Everest. So ist in Meyers Konversationslexikon von 1876 zu lesen: »Gaurisankar (auch Mount Everest) erreicht eine Höhe von 8837 Meter.« Ein Irrtum, dem man im deutschen Sprachraum mindestens bis 1904 erlag. Stellenweise erheblich länger.

Von Toni Hiebeler ist bekannt, dass er (Jahrgang 1930) in Vorarlberg ein Schulbuch besaß, das diesen Fehler noch aufwies und bis in die 1940er-Jahre verwendet wurde.

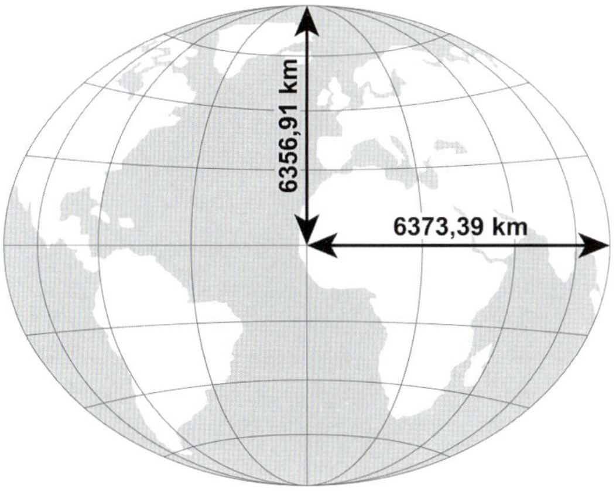


*◄ Die Erde hat keine reine Kugelgestalt, am Äquator hat sie einen größeren Radius als an den Polen.*

sendes Forscherteam benutzten computergesteuerte Radiowellenempfänger. In Verbindung mit US-Navstar-Satelliten konnte die exakte Lage der Radiowellenempfänger – nämlich deren Längen- und Breitengrad sowie die Höhe – bestimmt werden. Von diesen Punkten, deren Koordinaten so exakt festgestellt worden sind wie bis dahin nie zuvor zur Höhenmessung eines Berges, wurde der jeweilige Gipfel mit einem Präzisionstheodoliten angepeilt und die Höhe schließlich mit – laut Tagespresse »simpler« – Geometrie berechnet.

## Doch so simpel, …

… wie dies die Tagespresse hinstellte, ist eine solche geometrische Berechnung wahrlich nicht. Es bedarf schon einiger Rechenkunststücke, denn der Gipfel befindet sich ja nicht in der Höhe, wo wir ihn mit den Augen sehen, unterstützt durch einen Theodoliten, sondern etwas darüber (!). Über größere Entfernung muss die Brechung des Lichtes durch die mit der Höhe kontinuierlich unterschiedlich dichte Luft mitberücksichtigt werden. Denn ein Lichtstrahl wird bekanntlich gebrochen, trifft er auf ein Medium anderer Dichte. Bestes Beispiel ist der Stock, den man ins Wasser hält. Wir sehen ihn im Wasser abgeknickt. Da die Dichte der Luft nach oben kontinuierlich abnimmt, ist es nicht wie beim »abgeknickten« Stock im Wasser, sondern die Lichtbrechung stellt sich als Kurve dar.

Doch damit noch nicht genug. Wenn die Lufttemperatur mit zunehmender Höhe über das gewöhnliche Maß von 0,667 °C pro hundert Meter noch etwas mehr oder weniger abnimmt, dann nimmt deren Luftdichte über das gewöhnliche Maß wieder etwas zu bzw. ab, wenn auch nur in geringem Maß. Bei genauen Höhenberechnungen von Gipfeln – also bei Messungen über größere Distanz – muss auch dies schließlich berücksichtigt werden.

## »Simple« Rechnung?

Wie sieht nun die Berechnung der Höhe eines Berges aus, von der die Tagespresse behauptete, dass es nur eine »simple« sei?

Auf jeden Fall noch etwas komplizierter als bereits angedeutet. Zunächst muss man sich darüber klar sein, das die Erde keine (!) Kugelgestalt hat, sondern in etwa die Form eines Rotationsellipsoids. Da sich die Erde dreht, entstehen Fliehkräfte, die am Äquator größer sind als an den Polen; die Umfangsgeschwindigkeit am Äquator beträgt 465 Meter pro Sekunde (= 1674 km/h). Da das Innere der Erde nicht fest ist, sondern aufgrund des plastischen Erdmagmas verformbar, ist die Kugelgestalt unserer Erde rund um den Äquator etwas ausgebeult, im Gegensatz zum Bereich der Pole, wo die Kugelgestalt etwas abgeflacht ist. So beträgt der Erdradius am Äquator 6373,39 Kilometer, an den Polen nur 6356,91 Kilometer; das sind 16,48 Kilometer weniger. Der Wasserspiegel, von dessen Niveau man die Höhe eines Gipfels angibt, ist also am Äquator weiter vom Erdmittelpunkt entfernt als im Bereich der eisbedeckten Pole.

Vom Indischen Ozean aus kann man auch mit dem besten Fernrohr den Mount Everest nicht anpeilen. Abgesehen davon, dass ja

*Da viele Träger meist weder lesen noch schreiben können, müssen sie bei der Auszahlung ihres Lohnes ihren Fingerabdruck hinterlassen.*

*Der Mount Everest von der nepalischen Seite, vom Kala Patar (5545 m) gesehen, links unterhalb der Bildmitte der Khumbu-Eisfall.*

*Der Auf- und Abstieg durch den Khumbu-Eisfall ist durchaus gefahrenträchtig, weil dieser immer in Bewegung ist Im Abstieg muss oft eine andere Routenführung genommen werden.*

*Aufstieg über den Ostgrat zur Annapurna I (8078 m), nach den Messungen Desios dürften auch die Annapurna und schließlich alle anderen Achttausender einige Meter höher sein als bisher ermittelt; vielleicht gibt es gar einen fünfzehnten Achttausender.*

auch der Meeresspiegel am Golf von Bengalen ein anderes Niveau – gemessen vom Erdmittelpunkt – aufweist als der theoretische Meerespiegel dort, wo der Mount Everest thront. Das ist Luftlinie immerhin 750 Kilometer nördlicher als der Golf von Bengalen. Auch kein anderer Achttausender lässt sich von einer Meeresküste anpeilen.

## Auch noch die Gezeiten

Bei Gipfelhöhenmessungen muss noch der Stand der Gezeiten berücksichtigt werden. Man verlässt sich deshalb besser gleich auf das theoretische Meeresniveau, auf das man sich – erst erstaunlich spät, nämlich 1984 – international geeinigt hat. Zur Ermittlung dieses theoretischen Meeresniveaus dient das sogenannte Standard-Erdellipsoid. Dieses gibt die theoretische Meereshöhe für jeden beliebigen Punkt der Erde an, auch für solche Punkte, wo es gar kein Meer gibt. Gemeinsam mit der exakt ermittelten Lage der Radiowellenempfänger am Fuße des zu vermessenden Berges hat man nun einen ebenso exakt über dem Meeresniveau definierten Punkt, von wo man den Gipfel anpeilen kann.

Um nun die »simplen« geometrischen Berechnungen anstellen zu können, fehlt noch eine genaue Karte, möglichst Satellitenbilder, aufgenommen exakt über dem Gebiet zwischen dem Gipfel und den Punkten, wo sich die Radiowellenempfänger befinden. Nur so lässt sich die horizontale Entfernung zwischen den Radiowellenempfängern und dem Lot des zu vermessenden Gipfels exakt ermitteln.

## Die Lichtbrechung darf nicht vernachlässigt werden

In die anzustellenden Berechnungen muss die besagte Lichtbrechung in den unterschiedlich dichten Luftschichten im Bereich zwischen Theodolit und Gipfel einbezogen werden. Die durchschnittliche Abnahme der Luftdichte aufgrund der Temperaturabnahme mit zunehmender Höhe ist bekannt (0,667 °C pro hundert Meter, siehe oben). In den entsprechend ermittelten Werten ist die durchschnittliche Abnahme der Dichte bereits berücksichtigt. Da die durchschnittliche Temperaturabnahme gewöhnlich aber von der Praxis abweicht, kann eine wie oben angestellte Berechnung nur eine allererste Näherung an den zu ermittelnden Wert sein. Man muss sich deshalb noch die augenblicklich herrschenden Lufttemperaturdaten zwischen dem Theodolit-Standort und dem Gipfel beschaffen. Die Temperatur in der Umgebung des Theodoliten kann man messen, die Temperatur in den höheren Luftschichten von den Wetterstationen erfragen, die diese von Wetterballonen und Flugzeugen stündlich mitgeteilt bekommen. Darauf basierend

*► Zwischenlager in der 1400 Meter hohen Lhotse-Flanke zwischen Westbecken (Western Cwm) und Südcol.*

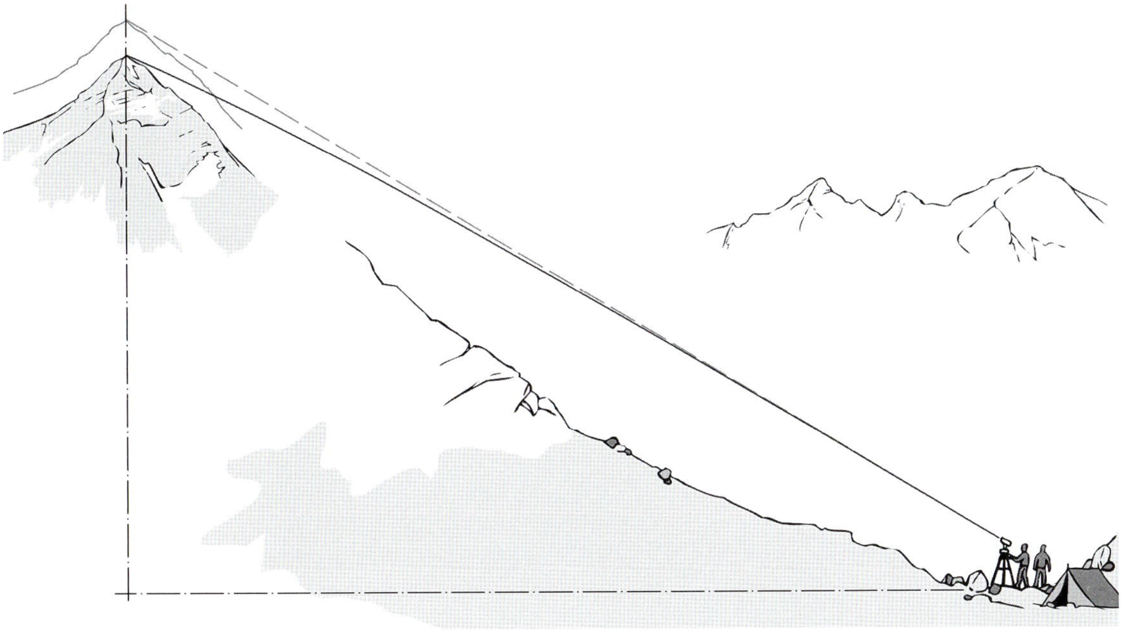

*In etwa so erfolgt die Sichtverbindung vom Fuß zum Gipfel eines Berges über eine größere Entfernung – der Gipfel ist höher als man ihn sieht.*

kann schlussendlich die »simple« Berechnung beginnen.

Die Messprozedur wird gewöhnlich gleichzeitig von wenigstens zwei Basisstellen am Berg mit je einem Theodolit durchgeführt. Der Mittelwert wird zu Grunde gelegt. Da alle Messungen schließlich mit Fehlern behaftet sind (siehe oben), bleibt noch die Berechnung der Fehlertoleranz. Bis schlussendlich die Höhenberechnung eines Achttausenders steht, bedarf es schon etwas mehr als nur »simpler« Geometrie.

## Alles beim alten

Nach den Berechnungen von Desio ist also der K2 im November 1987 wieder nur der zweithöchste Berg der Erde mit einer noch größeren Differenz zum Mount Everest als zuvor, und zwar von exakten 256 Metern. Und so war der Mount Everest wieder der höchste Berg der Erde, und er ist es auch heute noch. Alle Bergsteiger, die bis dahin auf seinem Gipfel gestanden hatten, konnten wieder ruhig schlafen. Auch die Gemüter aller

*Der Eisfall auf der nepalischen Seite, das erste Hindernis nach dem Aufbruch vom Basislager. Inzwischen richten die Sherpas den Durchstieg durch den Eisfall jedes Jahr her und halten ihn auch ständig begehbar, sodass sich die fremden Bergsteiger darum nicht mehr kümmern müssen – allerdings muss jeder, der durch den Eisfall will, einen nicht gerade unerheblichen Betrag dafür berappen.*

Kein Manistein gleicht dem anderen, dafür sorgen Handarbeit und die naturgegebe vielfältige Gesteinsstruktur.

anderen daran Interessierten hatten sich bald wieder beruhigt. Es blieb ja schließlich alles beim Alten.

Die Tagespresse kümmerte sich überhaupt nicht um die neuerliche Höhenmessung Desios, denn es gab ja im Grunde genommen nichts Neues zu berichten. Und so haben sich die neuen Höhenangaben beider Gipfel bis heute nicht (!) durchsetzen können. Auch in der alpinen Fachpresse nicht. Fragt man heute nach den Höhen von Mount Everest und K2, erhält man die altbekannten Angaben. Desio ist Ende 2001 im Alter von 104 (!) Jahren gestorben, ohne erleben zu dürfen, dass seine von ihm ermittelten Höhenangaben Eingang in die Fachliteratur gefunden hätten.

## Die alpine Fachpresse und Wallerstein

Die wenigen Fachjournalisten immerhin berichteten über Desios Richtigstellung der von Wallerstein gemachten Höhenangaben. Sie griffen das Thema wieder dankbar auf. Dankbar sicher deshalb, weil die Journalisten immer wieder vor einem entscheidenden Problem stehen: Sie müssen so und so viele Seiten termingerecht, meist in recht kurz bemessener Zeit, füllen; dass dabei das fachgerechte Recherchieren häufig auf der Strecke bleibt, ist eine leider so bekannte wie bedauerliche Tatsache. So ist auch die Falschmeldung einer angesehenen deutschen Alpinzeitschrift zu erklären, in der berichtet wurde, »dass Ardito Desios Hypothese, der K2 sei höher als der Mount Everest, sich nach seinen eigenen Messungen nicht bewahrheitet hat« (!). Und dies, obwohl das gleiche Blatt Monate zuvor von den »sensationellen Höhenmessungen« Wallersteins berichtet hat. Papier ist – wie hinreichend bekannt – geduldig.

Wallerstein, nach der Fehlinterpretation seiner Messungen und Berechnungen befragt, räumte ein, »dass seine Messungen ungenau gewesen sein könnten«. Und weiter: »Meine Messungen konnten nur mit Second-hand-Receivern durchgeführt werden, während Desio modernste Geräte verwendet hat.« So einfach ist heute ein Dementi. Wallerstein fügte noch hinzu, »dass damit bewiesen sei, dass in diesem Geschäft kein Platz für Amateure ist«. Wie hatte er doch wenigstens in diesem Punkt Recht.

Bleibt abschließend zu bemerken, dass Desio im Rahmen seiner Messungen festgestellt hat, dass sich der Himalaya und der Karakorum jährlich um 18 Zentimeter erhöhen. Die indische Platte schiebt sich bekannterweise unter die eurasische, sodass erstere folglich jährlich um etwa fünf Zentimeter kürzer wird.

Lager am Südcol (7986 m), das überlicherweise höchste Lager am Everest.

► Der berühmte »Hillary-Step« am Südostgrat des Mount Everest.

*Robert Allenbach 1978 am Gipfel des Mount Everest. Erreichte Höhe wie allgemein bekannt 8848 Meter – letztlich aber wohl doch 24 Meter höher.*

**Ardito Desio (1897–2001)**

Als Geologie-Professor an der Universität von Mailand und Leiter des Geologischen Instituts machte sich Ardito Desio als Bergsteiger und Forscher einen Namen. Er entdeckte in den dreißiger Jahren Öl in Libyen und suchte nach Gold in Äthiopien. Er war in allen Kontinenten unterwegs. So erreichte er 1962 als erster Italiener den Südpol. Seine Leidenschaft aber galt dem Bergsteigen.

Sein größter Erfolg war ihm als Leiter der italienischen Expedition 1954 zum K2 beschieden. Dieser gelang die Erstbesteigung des zweithöchsten Berges der Erde, nachdem Riccardo Cassin ein Jahr zuvor als Leiter einer Erkundungsexpedition wertvolles Wissen über die geplante Anstiegsroute, die über den Abruzzen-Sporn, mitgebracht hatte.

Die Expedition wurde von Misstönen begleitet. Desio soll die Vorbereitungen und die Expedition mit eiserner Hand geleitet haben. Cassin war als der erfahrenste italienische Extrembergsteiger jener Zeit mit seinem auf der Erkundungsexpedition angeeigneten Wissen als bergsteigerischer Leiter prädestiniert. Doch er wurde ausgebootet, weil ein ärztliches Attest bescheinigte, dass Cassin höhenuntauglich (!) gewesen sei, was bei dessen alpinen Leistungen recht befremdlich klingt. Cassin hätte als bergsteigerischer Leiter den Gipfel gar nicht angehen wollen, und dass er fürs Basislager ausreichend höhentauglich war, hatte er ja während der Erkundungsexpedition bewiesen. Für Cassin war es die Enttäuschung seines Lebens.

Auch für Walter Bonatti, den Hoffnungsträger unter den jüngeren italienischen Bergsteigern seiner Zeit, wurde es eine nicht minder große Enttäuschung. Er durfte zwar an der Expedition teilnehmen, doch von der Gipfelseilschaft im Stich gelassen, musste er mit einem Hunza-Träger in 8130 m Höhe, wohin sie Sauerstoffflaschen für die Gipfelseilschaft geschleppt hatten, ein Freibiwak beziehen, das beide soviel Kraft kostete, den Hunza-Träger auch Erfrierungen, dass sie am nächsten Tag nur noch den Abstieg antreten konnten, während Compagnoni und Lacedelli mit dem Sauerstoff in Richtung Gipfel stiegen. Im Stich gelassen nach Ansicht Bonattis, weil sie bei hereinbrechender Dunkelheit das Zelt, das Compagnoni und Lacedelli an anderer als an der vereinbarten Stelle errichtet hatten, nicht finden konnten. Auf die Rufe hätten Compagnoni und Lacedelli barsch zurückgerufen, Bonatti und der Hunza-Träger sollten die Sauerstoffflaschen deponieren und absteigen. Daraufhin hätten Compagnoni und Lacedelli ihre Lampen ausgeschaltet und nicht mehr geantwortet. Es wurde später gar behauptet, Bonatti hätte vom Sauerstoff genommen. Dies widerlegte Bonatti damit, dass Compagnoni und Lacedelli die Sauerstoffflaschen, die nach ihren Angaben bereits nach zehn Stunden leer gewesen seien, am Gipfel, also nach zwölf Stunden, immer noch trugen, was die Gipfelfotos belegten. Als Erklärung dafür gaben die beiden an, sie hätten aufgrund der kalten Finger – Lacedelli hatte einen Handschuh verloren – das Ablegen der Geräte nicht mehr zuwege gebracht.

Enttäuscht nach Europa zurückgekehrt, fühlte Bonatti seitdem anderen Menschen gegenüber ein Misstrauen. Dies führte dazu, dass er sich ein Jahr später allein (!) an den damals noch undurchstiegenen SW-Pfeiler des Petit Dru wagte. Der Versuch sollte wohl zeigen, dass er zu außergewöhnlichen Leistungen fähig ist, die sich mit der Besteigung des K2 messen lassen. Dass er höhentauglich sei, hatte er ja bewiesen. Bonatti erreichte den Gipfel am sechsten Tag. Seitdem trägt der Pfeiler seinen Namen: »Bonatti-Pfeiler«.

Zurück zum K2. Von Desio wurde eine völlig andere Version verbreitet. Danach haben Compagnoni und Lacedelli die Stimmen von Bonatti und dem Hunza-Träger zwar gehört, aber geglaubt, diese seien bei der hereinbrechenden Dunkelheit abgestiegen.

Bonatti hat daraufhin sein Bergführerpatent voller Entrüstung zurückgegeben und sich aus dem italienischen Bergführerverein, dem auch Compagnoni und Lacedelli angehörten, verabschiedet.

Erst zum 50-Jahr-Jubiläum der Erstbesteigung des K2, als Desio bereits das Zeitliche gesegnet hatte, kam etwas Licht ins Dunkel der ganzen Angelegenheit. Erst da gab Lacedelli zu, dass er mit der »offiziellen« Version Desios nicht in allen Punkten übereinstimmt. Das jährliche Trientiner Bergfilmfestival stand 2004 ganz im Zeichen der Feier »50 Jahre Erstbesteigung des K2«. Alle noch lebenden Expeditionsteilnehmer waren eingeladen. Bonatti ist der Einladung nicht gefolgt.

Erst 2008 hat sich der CAI (Club Alpino Italiano) von der Desio-Version distanziert. Eine späte Rehabilitation Bonattis. Immerhin erst 54 Jahre nach den Ereignissen.

# Die Geschichte der Nanda Devi

► *Die Brücke über den Rishi-Ganga ist nicht sonderlich stabil, sie muss jährlich erneuert werden.*

Hinweis vorab – Die Bilder zu diesem Beitrag stammen von einer Zwei-Mann-Expedition auf den Trisul (7120 m), teils mit Blick auf die Nanda Devi, siehe am Ende des Kapitels, S. 35.

Hinter dem Begriff »Nanda Devi« verbirgt sich dreierlei. Zunächst einmal ist Nanda Devi die »Göttin Nanda«, die »selig machende Göttin«. Sie ist die Schutzpatronin des Garhwal Himal, eines der Quellgebiete des Ganges. Hier befindet sich Badrinath, das wohl berühmteste Hindu-Heiligtum im Himalaya (neben den anderen drei, Kedernath, Gangotri und Yamunotri). Im Bereich aller vier sind die Quellflüsse des berühmten Ganges.

Der Garhwal Himal ist für jeden gläubigen Hindu der Inbegriff aller Pilgerziele. Er ist Teil des indischen Himalaya, der sich nordwestlich an Nepal anschließt.

Dann ist Nanda Devi auch ein Berg im heutigen Nanda-Devi-Nationalpark, der bis 1974 der höchste Berg des indischen Anteils am Himalaya war. Das Massiv besteht aus zwei etwa drei Kilometer voneinander entfernten Gipfeln, verbunden durch einen teils über 7000 Meter hohen Firngrat. Beide Gipfel liegen deutlich über der Siebentausend-Meter-Marke. Der Westgipfel ist der Hauptgipfel mit einer Höhe von 7816 Metern, der Ostgipfel weist 7434 Meter auf.

Bleibt zu bemerken, dass Indien erst seit 1974 zu den wenigen Ländern zählt, die einen Achttausender haben. Es ist der Kanchenjunga, abgekürzt Kantsch (8598 m), der dritthöchste Berg der Erde. Dies deshalb, weil Indien 1974 das bis dahin selbstständige, von einem buddhistischen König regierte Sikkim nach einer wie auch immer von Indien beeinflussten Volksabstimmung dem indischen Bundesstaat einverleibt hat. Allerdings muss sich Indien den Kantsch mit Nepal teilen, weil sich der Gipfel direkt an der Grenze befindet.

*Das Tragen von Lasten, auch für Expeditionen, ist für Einheimische gang und gäbe.*

*Die Nanda Devi mit ihrer Höhe von 7816 Metern war bis 1974 der höchste Gipfel Indiens, rechts der Ostgipfel mit einer Höhe von 7437 Metern.*

Und schließlich ist Nanda Devi auch der Name einer Amerikanerin. Wie kommt eine Amerikanerin zum Namen einer indischen Gottheit und eines indischen Berges? – Dazu später mehr.

## Die erste Besteigung der Nanda Devi …

… erfolgte 1936 durch eine britisch-amerikanische Expedition. Vom höchsten Lager (7200 m) starteten am 29. August Noel Odell und William Tilman und erreichten den höchsten Punkt des Hauptgipfels. Dieser britisch-amerikanischen Expedition gehörte auch Adams Carter an, von dem nachfolgend noch die Rede sein wird. Auch Charles Houston zählte zur Expeditionsmannschaft, der erste Mediziner, der sich intensiv mit den physiologischen Problemen des Menschen in größeren Höhen auseinandergesetzt hat. Somit gilt Housten inzwischen als der erste Höhenmediziner weltweit.

Die Expedition hatte zunächst Pech, weil ein Träger beim Überschreiten der Rishi-Ganga-Schlucht ausrutschte und seine Last verlor, die in den reißenden Fluss stürzte; der Träger konnte glücklicherweise überleben. In der verlorenen Last befanden sich alle (!) Steigeisen, sodass alle Expeditionsteilnehmer im Eis allein auf ihre damals üblichen Tricouni-Beschläge angewiesen waren. Dies sprach sich nach der Expedition schnell herum. Seitdem wird beim Herrichten von Expeditionslasten nicht mehr der gesamte Bestand eines Postens in einer Last verstaut.

Nach der Erstbesteigung der Nanda Devi war diese bis 1950 der höchste von Menschen erreichte Gipfel der Erde. Sage und schreibe 14 Jahre lang. Erst mit der Besteigung des ersten Achttausenders, der Annapurna I (8078 m), durch die Franzosen Maurice Herzog und Louis Lachenal, die zuvor am Dhaulagiri I (8167 m) mit einem Versuch gescheitert waren, wurde ihr dieser Rang abgelaufen.

Die erste Besteigung des niedrigeren Ostgipfels der Nanda Devi gelang einer polnischen Expedition 1939, den Teilnehmern Bujak und Larner, kurz vor Ausbruch des Zweiten Weltkrieges.

## Zunächst zum Mount Everest

Um die Ereignisse der Expedition 1976 an der Nanda Devi und deren Echo in der Presse nachvollziehen zu können, müssen wir zunächst einen Sprung zum Mount Everest unternehmen.

*Gute 1000 Meter über der Rishi-Ganga-Schlucht.*

Bis 1963 war der Mount Everest gerade erst dreimal bestiegen worden (wenn die chinesische Besteigung von 1960 hinzugerechnet wird, deren Erfolg anfangs weltweit angezweifelt wurde). Wie bekannt ist, gelang die Erstbesteigung einer britischen Expedition unter John Hunt. Der Neuseeländer Edmund Hillary und der Sherpa Tensing Norgay erreichten am 29. Mai 1953 den Gipfel.

Drei Jahre später folgten vier Schweizer auf der gleichen Route. Im Jahre 1960 dann ein Tibeter und zwei Chinesen von der tibetischen Seite, von Norden.

In der Vormonsunzeit 1963 sollte es dann eine Art Paukenschlag am Everest geben. Eine starke US-amerikanische Expedition un-

*Mount Everest – der Aufstieg von William Unsoeld und Thomas Hornbein erfolgte von links, der Abstieg nach rechts über den Südsattel. Es war die erste Überschreitung des Mount Everest.*

Das Lager (3240 m) vor (!) dem eigentlichen Basislager.

► Der Zustieg zum eigentlichen Basislager (4500 m) war, obwohl noch relativ weit unten, nicht ganz harmlos.

ter Leitung von Norman Dyhrenfurth hatte sich ein hohes Ziel gesteckt. Es sollte die vierte Besteigung werden, die dritte auf der bis dahin für Expeditionen üblichen Route über den Südsattel (7986 m). Gleichzeitig sollte durch eine zweite Seilschaft die erste Überschreitung des Mount Everest mit Aufstieg über den Westgrat und Abstieg auf der Normalroute erfolgen. Alles lief planmäßig. William Unsoeld und Thomas Hornbein gelang dieses zur damaligen Zeit Epoche machende alpinistische Husarenstück, womit am Everest Geschichte geschrieben wurde.

William Unsoelds Erfolg am Everest war längst nicht sein einziger in den Bergen der Welt, wenn auch der größte. Unsoeld gelang 1960 die erste Besteigung des Masherbrum (7821 m) im Karakorum. So konnte man William Unsoeld als einen der erfahrensten Himalaya-Bergsteiger seiner Zeit bezeichnen.

Nanda Devi Unsoeld.

## Beruf und Hobby

William Unsoeld war Doktor der Theologie und Dozent für vergleichende Religionswissenschaft am Evergreen State College in Washington. Eine glückliche Symbiose von Beruf und Hobby als Bergsteiger, insbesondere als solcher im Himalaya. Unsoeld war ein Mann mit großer Begeisterungsfähigkeit, enormem Tatendrang und Durchhaltevermögen, gepaart mit einem beachtlichen Schuss Romantik. Er war 1948 das erste Mal im Garhwal, sah die Nanda Devi und war von der Schönheit dieses Berges so sehr fasziniert, dass er sich vornahm, sollte er einmal eine Tochter haben, dieser den Namen »Nanda Devi« zu geben.

Mitte April am Berg – für diesen Teil des Himalaya eigentlich einen Monat zu früh.

Und dies wurde wahr. William Unsoeld wurde sechs Jahre später Vater einer Tochter und gab ihr diesen exotischen Namen. Unsoeld war US-Amerikaner, und in den US-Staaten sind exotische Namen nicht so ungewöhnlich wie sonst wo auf der Welt.

Nanda Devi Unsoeld konnte sich mit zunehmendem Erwachsenwerden für das Bergsteigen und Klettern begeistern. Ihr Vater wies sie mit der Zeit in alle notwendigen Fertigkeiten ein, und sie galt bald als erfahrene Seilpartnerin ihres Vaters. So reifte schließlich auch der Plan heran, dass sie – die Nanda Devi – gemeinsam mit ihrem Vater im Rahmen einer Expedition zur Nanda Devi, »ihrem Berg«, wollte und diesen nicht nur sehen, sondern auch zu besteigen beabsichtigte. Dies war 1976. Sie war damals zweiundzwanzig Jahre alt und von ihrem einmal gefassten Plan begeistert. Es wurde eine amerikanisch-indische Expedition. William Unsoeld und Adams Carter waren die Expeditionsleiter, zwei Freunde, die sich seit Jahrzehnten kannten, und dies nicht nur vom Berg her. Carter hatte schon der Expedition

1936 angehört, der die Erstbesteigung der Nanda Devi gelungen war.

Insgesamt waren es 13 Teilnehmer, davon zwei indische Bergsteiger von der IMF (Indian Mountaineering Foundation). Geplant war eine Besteigung des Hauptgipfels über die noch unbezwungene, 2500 Meter hohe Nordwestflanke, von der man anhand der Fotos annehmen musste, dass es nicht gerade ein leichtes Stück Arbeit werden dürfte. Während des Anmarsches und des Aufbaus der Lagerkette stellte sich für alle heraus, dass Devi, wie Unsoelds Tochter im Familien- und Freundeskreis genannt wurde, den Tatendrang, die Zähigkeit sowie das Durchsetzungs- und auch das Durchhaltevermögen ihres Vaters geerbt hatte.

## Zunächst erfolgreich

Nanda Devi Unsoeld war eine bildhübsche, junge Frau. Sie hatte kräftiges, strohblondes Haar, das sie in zwei dicken, langen Zöpfen trug. Sie wurde von den beiden indischen Teilnehmern und der übrigen indischen Begleitmannschaft sowie von den einheimischen Trägern wie eine Göttin verehrt. Sie war für sie die Verkörperung ihrer Göttin »Nanda Devi«. Warum? – Für die Inder, die alle schwarzhaarig sind, gelten alle blonden Menschen als von göttlicher Abstammung. Und schließlich trug sie auch noch den Namen ihrer Berggöttin.

Das Basislager konnte ungefähr in der geplanten Zeit errichtet werden. Aufgrund der Schwierigkeiten im oberen Teil der Route mussten insgesamt sechs Hochlager errichtet werden, davon zwei als Zwischenlager. Mehrere Hundert Meter Fixseil waren notwendig, um einen gesicherten Aufstieg und den Materialtransport bis ins höchste Lager auf 7300 Meter Höhe zu ermöglichen, wo dann die größten Schwierigkeiten überwunden waren. Es war John Roskelley, der diesen schwierigsten Teil des Aufstiegs, den Pfeiler zwischen Lager III und IV – und zwar 450 Höhenmeter teils bis zum Grad VI/A2, dies teils in über 7000 Meter Höhe – im Vorstieg meisterte. Auch die Fixseile brachte er an. Die Besteigung gelang am 1. September. Am frühen Nachmittag standen drei Teilnehmer, der bereits genannte John Roskelley gemeinsam mit Louis Reichardt und Jim States, auf dem Gipfel und kehrten noch am gleichen Tag ins höchste Lager zurück. Große Freude. Es war gerade einmal die sechste Besteigung der Nanda Devi.

*Lager I beim Aufstieg zum Trisul – der markante Zapfen über dem höchsten Punkt des Zeltes ist der Changabang (6864 m).*

## Dann die Tragik

Nanda Devi Unsoeld war in der zweiten Mannschaft mit Peter Lev und Andreas Harvard, die den Gipfel angehen wollten. Im höchsten Lager fühlte sich Devi zunächst etwas lethargisch. Mit der Zeit bekam sie auch leichte gesundheitliche Probleme, die sie zunächst nicht ernst nahm – vielleicht auch nicht ernst nehmen wollte. Nur wer schon einmal im höchsten Lager eines hohen Berges war und die vielen Schwierigkeiten kennt, die es zu überwinden gilt, um das Ausgangslager zu einem Gipfelangriff zu erreichen, kann nachempfinden, dass man bei kleinen Unpässlichkeiten nicht gleich aufgeben will. Doch soll diesem Verhalten hier keineswegs das Wort geredet werden.

*Links die Nanda Devi – über die rechte Flanke erfolgte der Aufstieg der amerikanisch–indischen Expedition mit Nanda Devi und William Unsoeld.*

*Die erste Skibesteigung des Trisul verlangte viel Tragarbeit – im Hintergrund der Ostgipfel der Nanda Devi.*

*Nur zu zweit am Berg – Traglasten jeweils mit einem Mordsgewicht.*

Zunächst glaubten alle – auch Devi – dass sie sich bald erholen würde. Alle legten einen Ruhetag ein, denn der Aufstieg hatte Kraft gekostet. Schließlich mussten 250 Meter mit Seilklemmen und Steigschlingen am Fixseil an größtenteils senkrechtem Fels aufgestiegen werden. Am nächsten Tag unternahm Peter Lev allein einen Versuch in Richtung Gipfel, musste aber bald wegen schlechten Wetters aufgeben. Devi wollte noch warten und mit ihrem Vater, der am nächsten Tag heraufkommen wollte, einen Gipfelversuch unternehmen. Sie versuchte am nächsten Tag, sich mit einem kurzen Aufstieg zu testen, gab aber nach zehn Metern auf. Ihr Vater traf abends im Lager ein. Nun waren sie zu viert und planten für den nächsten Tag einen Gipfelversuch.

Doch der war aufgrund wieder auftretenden Schneefalls und starkem Wind nicht möglich. Alle blieben im Lager und brachten den Tag mit Essen und Trinken herum. Devi hatte Durchfall wie an den Tagen zuvor. Alle beobachteten sie, glaubten aber keine besorgniserregenden Anzeichen zu erkennen, die zu einem Abstieg hätten mahnen müssen. Die mit Funkverbindung zum Expeditionsarzt durchgegebenen Symptome diagnostizierte dieser als Darmerkrankung, die sich zum Schlechteren entwickeln könnte und empfahl den Abstieg (er hatte schon zuvor von einem Aufstieg abgeraten). Ihr Vater aber glaubte nur an eine Magenverstimmung. Wegen des schlechten Wetters war an diesem Tag aber an einen Abstieg nicht zu denken. Auch am nächsten Tag war das Wetter schlecht. Inzwischen war es der fünfte Tag im höchsten Lager, wo Devi am Vormittag – eben noch voll ansprechbar und sich deutlich äußernd – nach vorn überkippte und im nächsten Augenblick starb.

## Die Göttin an ihrem Berg

»Tragisches Ende einer großen Bergbegeisterung«, wie Toni Hiebeler später in der Zeitschrift ALPINISMUS berichtete. Das steile Gelände ließ einen Abtransport des Leichnams nicht zu. So wurde Devi an Ort und Stelle, eingewickelt in ihren Schlafsack, dem Berg zur ewigen Ruhe überlassen. Ein Schatten legte sich auf die Expedition, die abgebrochen wurde. Der Rückzug gestaltete sich aufgrund des Neuschnees noch dramatisch. In einer schwierigen Querung mittels Fixseil verlor Unsoeld den Halt, konnte sich aber am Seil fangen. Doch sein Rucksack ging verloren, in dem sich die letzten Erinnerungen an seine Tochter befanden.

Alle waren fassungslos. Die beiden indischen Expeditionsteilnehmer, die Mannschaft im Basislager und die einheimischen Träger, die man für den Rückmarsch vom Tal heraufgeholt hatte, wollten es nicht für möglich halten. Ihre Göttin sollte nicht mehr leben? Keiner wollte es wahrhaben.

Fünf Jahre später errichtete eine indische Expedition im Basislager angesichts des Hauptgipfels eine Gedenktafel mit den Worten: »Nanda Devi Unsoeld war eine wahrhaftige Manifestation der Göttin Nanda Devi und ist nun für alle Zeiten auf ihrem Gipfel«.

*► Das Basislager (4700 m) – ab hier erfolgte der Aufstieg mit Ski.*

## Was machte die Presse daraus?

Die indische Öffentlichkeit nahm großen Anteil am tragischen Verlauf der Expedition. So blieb Unsoeld und seinem Team nichts anderes übrig, als in Delhi eine Pressekonferenz zu veranstalten. Dadurch geriet der tragische Expeditionsverlauf über Reuters auch im Westen an die Öffentlichkeit.

In der Süddeutschen Zeitung vom 23.09.1976 berichtete ein Korrespondent über den Tod der Nanda Devi Unsoeld. Er glaubte, sich mit der Schuldfrage beschäftigen zu müssen, »deren Beantwortung keinem Gericht zuzumuten ist«. Er verstieg sich zu der Bemerkung: »Für ihn (William Unsoeld) ist jeder Schritt in Richtung Gipfel ein Schritt zur Gottheit ... Bergsteigen ist schon immer mystisch genug«. Welchen alpinistischen Sachverstand der völlig unbedarfte Korrespondent besaß, geht auch aus folgendem Text hervor: »Die kleine Nanda Devi musste kraxeln«, denn sie war »eine lei-denschaftliche Kraxlerin«. Dazu sei angemerkt, dass Unsoelds Tochter eine etwas größere Statur besaß als ihr Vater. Nicht anders die weiteren Kenntnisse des Korrespondenten. Er wusste zwar von Unsoelds Everest-Besteigung, doch brachte er Formulierungs- und inhaltliche Fehler in die Publikation, die schlicht gesagt peinlich wirkten.

In ähnlich unqualifizierter Weise glaubte eine selbsternannte »Bergwanderexpertin« in die gleiche Kerbe schlagen zu müssen. Die Journalistin, die in den siebziger Jahren auf der alpinistisch-publizistischen Bildfläche so plötzlich auftauchte wie sie wenig später wieder verschwand, schrieb in einem Beitrag mit dem Titel »Sind Bergsteiger bessere Menschen?« in der Zeitschrift ALPINISMUS: »Es gibt sogar Zeitgenossen, für die Bergsteigen eine Spielart von Religion, von fanatischem Götzendienst ist, wie bei Dr. William Unsoeld.«

Dem oben zitierten Toni Hiebeler ist es zu danken, dass die Publikation der Journalistin zurechtgerückt wurde. Er informierte Dyhrenfurth, der – siehe oben – Leiter der amerikanischen Everest-Expedition gewesen war, während der Unsoeld und Hornbein die Überschreitung des Mount Everest gelungen war. Dyhrenfurth schrieb an die Journalistin, die keinerlei Ahnung hatte, wer Unsoeld war und was dieser als Bergsteiger geleistet hatte und bekam von ihr zur Antwort: »Meine Quelle für die Unsoeld-Passage war die Süddeutsche Zeitung vom 23.09.1976.«

*Mit Ski im Aufstieg unterhalb des Trisul-Gipfels.*

## Tragisches Ende

Die Tragik der Familie Unsoeld sollte noch nicht beendet sein. William Unsoeld kam 1979, drei Jahre nach dem Tod seiner Tochter Nanda Devi, in einem Schneesturm während des Abstiegs vom Mount Rainier (USA) durch eine Lawine ums Leben.

Hinweis: Die Bilder zu diesem Beitrag wurden – ausgenommen das vom Mount Everest – von Martin Biock und Lothar Büttner 1975 während der ersten Skibesteigung des Trisul (7120 m) aufgenommen. Der als »leichtester« Siebentausender bezeichnete Trisul befindet sich etwa 20 Kilometer südwestlich der Nanda Devi (7816 m).

*Rechts im Bild die Nanda Devi mit dem Haupt- und dem Ostgipfel.*

# Nicht jeder Trekker ist ein Arzt

Auf Expeditionen ist gewöhnlich ein Arzt dabei. Da ein Arzt nach Möglichkeit der einheimischen Bevölkerung immer hilft, glauben manche Einheimische, dass alle Fremden einen Arzt bei sich haben müssen. Auf Trekkingtouren aber fehlt manchmal ein Arzt.

## Ersatzarzt?

Von den Einheimischen wird, wenn ein Arzt fehlt, einfach der Reiseleiter als Arzt angesehen. Für die Einheimischen ist der »Bara Sahb« (großer Sahib = Expeditionsleiter, Trekkingleiter) der, der alles kann. Sherpas, Träger, Pferde-, Yak- und Mulitreiber sowie die einheimische Bevölkerung kommen mit ihren Wehwehchen und Krankheiten und erwarten Hilfe. Doch oft sind die Möglichkeiten recht beschränkt. In weniger ernsten Fällen helfen Salben und Heftpflaster, ein Verband oder die Verabreichung von hoffentlich richtig ausgewählten Medikamenten.

Doch nicht selten steht man auch mit leeren Händen da, dann nämlich, wenn man des laienhaften Wissens oder der fehlenden Medikamente wegen nicht helfen kann. Vor allem, wenn Kinder einem ihre Wehwehchen zeigen. Wer einmal erlebt hat, wie Kinder ein noch kleineres Kind, das verdreckte, eitrige Wunden hat, einem hilfesuchend vor die Füße legen, wer einmal in die Augen solcher Kinder gesehen hat, der wird sicher das nächste Mal viele Salben und Wundpflaster mit in den Himalaya nehmen. Dies auch, wenn er wegen des Gewichtslimits nicht weiß, wie er alles unterbringen soll.

*Wenn ein Trekkingarzt die Medizinkiste öffnet, gibt es immer viele Zuschauer.*

## Kein Vertrauen

Als wir Ende der 1960er-Jahre von der Annapurna I zurückkamen, brachte eine junge Mutter ihr Kleinkind zu unserem Doktor. Der diagnostizierte Mittelohrvereiterung und empfahl, das Kind in das nur zwei Tagesmärsche entfernte Hospital nach Pokhara zu bringen. In Nepal gab es damals, vor mehr als vierzig Jahren, nur in den beiden größten Städten Krankenhäuser, und zwar in Kathmandu und in Pokhara. So waren für dieses Kind alle Voraussetzungen günstig: eine richtige Diagnose und der Weg zur Behandlung nicht viele Tagesmärsche.

Die Mutter holte jedoch zunächst den Rat des Dorfschamanen ein, und der meinte, die Zeit sei jetzt nicht günstig zum Reisen. Die Mutter hatte offensichtlich mehr Vertrauen zum Dorfschamanen als zu unserem Doktor. Wer hätte ihr dies verübeln wollen? Den Dorfschamanen kannte sie Zeit ihres Lebens, unseren Doktor hatte sie gerade zum ersten Mal gesehen. Wir waren damals gerade einmal die dritte Expedition, die jemals durch dieses Dorf gezogen ist. Trekkings gab es in dieser Gegend noch nicht. So kam das Kind wahrscheinlich nicht in ärztliche Behandlung.

Ob es die Mittelohrvereiterung überstanden hat? – Wir haben es nie erfahren.

## Eine Diagnose …

… zu stellen ist für einen Nichtmediziner nicht immer ganz leicht. Die einheimische Landbevölkerung spricht kein Englisch. Es muss also immer zuerst gedolmetscht werden, beispielsweise vom Newari – in Nepal gibt es angeblich 14 verschiedene Sprachen – in das Sherpa-Tibetische und von diesem ins Englische. Dabei kann schon so viel missverstanden werden, dass es nahezu ans Wunderbare grenzt, wenn die Diagnose durch einen medizinischen Laien wie einen Reiseleiter richtig ausfällt. Auch manchem Arzt geht es nicht besser. So hatte unser Expeditionsarzt einmal eine junge Nepali untersucht. Es sei etwas mit den Augen nicht in Ordnung. Nach gründlicher Untersuchung konnte der Arzt nichts Krankhaftes an den Augen feststellen. Also wurde zurückgedolmetscht: Der Arzt kann nichts finden. Daraufhin langes Gerede zwischen Sherpas und Patientin und dann großes Gelächter: »Nein, nicht sie hat es mit den Augen, sondern ihre Mutter zu Haus«. Nur – die hatte sich nicht getraut, zum Arzt zu kommen.

Wir hatten auch Träger aus dem Tibetischen Flüchtlingslager bei Hyengja. Da bei den Tibetern damals die Männer noch Zöpfe trugen, wusste man im ersten Augenblick oft nicht, ob man einer Frau oder einem Mann gegenübersteht. So ist dies auch unserem besagten Expeditionsarzt einmal ergangen. Er fragte die Sherpas, ob der Patient ein Mann oder eine Frau sei. Schallendes Gelächter war die Antwort. Bleibt zu erwähnen, dass unser Arzt immerhin Gynäkologe war.

## Nur ein Finger

Als wir Ende der sechziger Jahre auf der erwähnten Expedition zur Annapurna I im letzten Dorf das Lager aufschlugen, hatte unser Arzt auch anfänglich Schwierigkeiten mit der Diagnose. Man stelle sich vor: Bei Dunkelheit, auf einer Metallkiste sitzend, einzige Beleuchtung eine rußende Petroleumfunzel und das ganze Dorf hautnah um sich. Eine junge Nepali zeigte ihm ihren Daumen. Der war kohlraben-schwarz, das vorderste Glied dick angeschwollen und etwas Hartes schaute vorn heraus. Die junge Frau deutete mit der andere Hand und einem Holzstückchen an, dass ihr etwas unter den Fingernagel geraten sei. Unser Arzt meinte: »Nur ein Finger – das haben wir gleich.« Er verpasste ihr

*Je höher hinauf, desto wichtiger ist ein Arzt.*

*◄ Lepra – da endet die Kunst jedes Trekkingarztes.*

*Da hatte sogar unser Expeditionsarzt leichte Schwierigkeiten – dies war ein Mann, nicht etwa eine Frau.*

*Auf dem Weg zur Annapurna I von Süden kommt man am berühmten Machapuchare (6997 m) vorbei, dessen Gipfel bisher im Rahmen einer einzigen Expedition nicht (!) erreicht wurde und der als »heiliger« Berg nicht mehr bestiegen werden darf.*

eine schmerzstillende Spritze und wollte mit einer Zange das harte Etwas, das er für das Holzstückchen hielt, herausziehen. Das aber ging nicht. Auch mit Gewalt nicht. Als er sich die Lampe näher herangerückt hatte und mit einer kräftigeren Zange an dem harten Etwas zog, musste er feststellen, dass das vermeintliche Holzstückchen der ausgefranste Knochen war, der aus dem offenen Daumen herausschaute. Die junge Frau hatte damit ihre tägliche Arbeit getan. Unser Doktor verpasste ihr eine kräftigere Spritze, schnitt den Daumen unter der Petroleumfunzel auf und entfernte den Knochen.

## Medizinische Laien

Solange mit einem Verband und Tabletten zu helfen ist, kann der medizinische Laie nicht allzu viel falsch machen. Schwieriger wird es, wenn er sich veranlasst sieht, zum Messer greifen zu müssen. Nicht nur, dass er dann in seinem Wissen und Können maßlos überfordert ist, auch das Umfeld ist nicht einmal für einen kleinen Eingriff geeignet. Ein Zelt als Operationsraum, eine Blechkiste als Operationstisch sind schon absolut erstklassige Ausstattung. Bei dem üblicherweise vorhandenen staub- und bakterienreichen Umfeld würden jedem nicht trekkingerprobten Mediziner die Haare zu Berge stehen.

Unter solchen Bedingungen habe ich einmal einem Pferdetreiber, der uns mit seinen Lasttieren bei einer dreiwöchigen Zanskar-Durchquerung begleitete, ein tief sitzendes Geschwür im Gesicht auf Höhe des Unterkiefers aufgeschnitten. Trotz mehrfacher Behandlung mit Salben hatte es sich nicht öffnen wollen. Der Eiterherd saß zu tief. Eine Blutvergiftung zeichnete sich bereits ab. Ein Arzt war nicht dabei. Was hätte ich tun sollen? Den Pferdetreiber seinem Schicksal überlassen? Oder den Versuch mit einer Rasierklinge wagen? Etwas anderes stand als Operationsbesteck nicht zu Verfügung. Ich wagte den Versuch.

Nach dem Abendessen, das wir nach Landessitte auf dem Zeltboden eingenommen hatten, drehte ich die Plastikdecke um und suchte mir eine Stelle, wo die wenigsten Löcher waren, damit nicht Blut und Eiter auf die andere Seite laufen konnten, was uns beim nächsten Frühstück an die abendliche Operation hätten erinnern können. Denn es gibt doch immer wieder den einen oder anderen Trekkingteilnehmer, der nicht die für derlei Fälle nötige psychische Härte besitzt.

## Lange fackeln nicht erlaubt

Der Pferdetreiber lag vor mir auf der Plastikdecke auf dem Rücken, die geschwollene Kieferseite mir entgegenhaltend. Ich kniete über ihm, mit der Rasierklinge zwischen Zeigefinger und Daumen. So hatte ich es zwanzig Jahre zuvor bei einem Arzt erlebt, der mir auf der Stripsenjochhütte im Wilden Kaiser ein eher harmloses Geschwür am Oberschenkel aufgeschnitten hat.

*► In der Not werden Kranke auch über lange Strecken auf dem Rücken getragen – warum? Weil es keine andere Möglichkeit gibt, einen Kranken zu transportieren.*

*► Bild rechte Seite: Die berühmte Phuktal Gompa im Zanskar, die wie ein Schwalbennest an der Felswand, teils gar in einer Höhle klebt. Auf dem Weg dorthin tritt man um eine Felskante und hat urplötzlich den herrlichen Blick auf die Gompa vor sich.*

*Der Eingang in die »Hängestadt« der Phuktal Gompa.*

*Mit Heftpflaster und rotem Tesaband verklebte ich dem Pferdetreiber das ganze Kinn – und hoffte …*

Die Augen meines Patienten verrieten volles Vertrauen in meine Kunst. Wenn der gewusst hätte, wie unsicher ich war. Mein letzter Erste-Hilfe-Kurs lag mindestens ein Jahrzehnt zurück. Und in einem Erste-Hilfe-Kurs lernt man das Schneiden auch nicht und schon gar nicht mit einer Rasierklinge und erst recht nicht im Gesicht und absolut nicht unter Umständen wie im Himalaya.

Wie auch immer – lange fackeln durfte ich nicht. Sonst hätte der Pferdetreiber meine Unsicherheit bemerkt. Also gab ich mehrfach Kodanspray auf den Unterkiefer, nahm Maß, führte einen gezielten Schnitt, und schon schossen Blut und Eiter hervor und verteilten sich auf der Plastikdecke. Da kein Teilnehmer meiner Trekkinggruppe von meinem Können überzeugt gewesen sein dürfte, hatte man mich allein gelassen. Man wollte wohl wenigstens rein äußerlich nichts mit meinem Pfusch zu tun haben. Deshalb ist davon auch kein Foto entstanden. Unmittelbar nach dem Schnitt hatte der Schmerz nachgelassen, wie ich erfuhr, als ich meinen Patienten nach »Duksha« (= Schmerzen) fragte. Wenigstens ein augenblicklicher Erfolg. Mit Heftpflaster zog ich den Schnitt notdürftig zusammen und verklebte den ganzen Unterkiefer mit Leukoplast und Tesaband. Das hielt natürlich nicht lang, da der Pferdetreiber genauso zwischen den Pferden herumsprang wie zuvor. Sauber ist da nach unserem Verständnis überhaupt nichts, von steril kann nicht die Rede sein. Ich gab ihm eine kräftige Dosis Antibiotika und hoffte.

Als wir nach drei Wochen das Ende des Trekkings in Darchen erreicht hatten, war die Wunde noch nicht ganz geschlossen. Wir verabschiedeten uns voneinander. Ich reichte ihm beide Hände, die er – sich verbeugend – an seine Stirn führte, wie es die Asiaten bei großer Dankbarkeit tun. Obwohl er kein Englisch verstand und ich außer einigen Brocken kein Ladakhi, verstanden wir uns. Meine Bemühungen ihm zu helfen, hatte uns einander nähergebracht.

## Ein Stein fiel mir vom Herzen

Drei Jahre später kam ich wieder ins Zanskar. In Karcha Gompa, wo der Pferdetreiber zu Hause war, fragte ich nach ihm. Er sei unterwegs, sagte man mir. Sein Gesicht besitze zwar nicht mehr ganz die symmetrische Form wie früher, wobei der Berichterstatter sein Gesicht einseitig verzog. Doch sonst ginge es ihm recht gut. Er hatte es also überlebt. Ein Stein fiel mir vom Herzen, der mich die drei Jahre immer wieder gedrückt hatte, wenn ich an den Pferdetreiber dachte. Bei Einheimischen, die nur selten oder gar noch nie Medikamente verabreicht bekommen haben, wirken solche wesentlich stärker als

*Im Zanskar ist man meistens mit Pferden unterwegs, die immer den Großteil der Lasten tragen.*

◀ *Ob die drei Kleinen schon jemals einen Arzt gesehen haben?*

bei uns arzneimittelverseuchten Zivilisationsmenschen. Sicher lag es daran. An meiner Behandlung sicherlich nicht.

Ein halbes Jahr später musste ich einem Sherpa in Nepal ebenfalls ein Geschwür aufschneiden, das sich auch nicht öffnen wollte. Es befand sich am unteren Ende der Wirbelsäule, wenig seitlich davon. Mit einem gezielten Kreuzschnitt war es offen, und mit einer Pinzette holte ich den Eiterpfropf heraus. Auch der Sherpa überlebte den Eingriff.

## Wie im Mittelalter

Ulrich Gruber, der sich als Biologe bereits zu Beginn der 1960er-Jahre in Nepal eineinhalb Jahre aufgehalten hat, dies zu einer Zeit, als Trekkingreisen in Nepal noch völlig unbekannt waren, erlebte einmal Ähnliches. Er übernachtete in einem Haus in der Nähe des Klosters Bigu, nordwestlich von Jiri. Man kann in jedem Haus übernachten. Man fragt nach einer Schlafstelle und bekommt sie und meist auch etwas Essen angeboten, wofür man einen Obolus zu entrichten hat. Es ist wie bei uns in früheren Jahrhunderten.

Abends tauchte eine Nonne auf, die Gruber um Hilfe für ihren Bruder bat. Der hätte eine fürchterlich zerfetzte Hand. Sein Gewehr habe nicht funktioniert. Wenn Gruber ihm nicht helfe, müsste der Bruder sicher sterben. Gruber wollte helfen, doch das ging nicht so leicht. Der Bruder mit der verletzten Hand war einen halben Tagesmarsch entfernt. Gruber machte sich auf den Weg und fand den glücklosen Jäger.

Was war passiert? Der Verletzte hatte versucht, mit einem uralten Schießprügel einen Leoparden zu erlegen, der die Gegend seit Jahren unsicher machte. Zum Glück hatte der Leopard wohl genauso viel Angst wie der glücklose Jäger. Denn der Schuss ging nach hinten los, und der Leopard suchte das Weite. Dem Jäger aber hatte es die rechte Hand zerfetzt. Als Gruber den schwarzen Stofffetzen von der Hand wickelte, baumelte der Daumen mit anderen Fleischfetzen von dem herab, was einmal die Hand gewesen war. Alle offenen Stellen waren schmutzig, sie verbreiteten einen fauligen Gestank. Wie der Nepali dies bis dahin hatte überleben können, blieb Gruber ein Rätsel.

Zunächst reinigte er die Wunde mit Alkohol, den Biologen für Konservierungszwecke immer mitführen. Der Verletzte gab nur einen Japser von sich. Dabei muss es ihm höllische Schmerzen bereitet haben. Im Ertragen von Schmerzen sind die Nepali großartig. Europäer würden ohnmächtig zusammenbrechen und mit Blaulicht ins Hospital gebracht werden. Der Nepali erträgt solche Schmerzen ohne wesentliche Erregung. Ulrich Gruber verpasste dem Verletzten eine schmerzstillende Spritze und entfernte den Daumen samt den Fleischfetzen. Dann verabreichte er ihm Antibiotika und empfahl, nach Kathmandu ins Hospital zu gehen. Das war zwölf Tagesmärsche entfernt. Da Gruber von der Abneigung der Nepali gegenüber allem Unbekannten wie einem Hospital wusste, machte er es drastisch: »Sonst musst du sterben«, womit er sicher nicht so Unrecht gehabt haben dürfte.

## Typisch

Ein halbes Jahr später war Ulrich Gruber auf dem Rückweg und fragte nach dem Patienten. Man holte ihn. Als der eintraf, konnte Gruber feststellen, dass es seinem Patienten inzwischen bestens ging. Der zeigte strahlend seine

*Praktische Kleidung – die Hose reicht bis zur Brust, wärmt und kann noch einige Jahre getragen werden – und der Schlitz ist so prakisch wie die ganze Hose.*

*Links Ulrich Gruber, rechts sein Sherpa.*

*In den Katalogen der Trekkinganbieter findet man solche Bilder nicht, sondern nur Sonnenscheinbilder, die aber nicht immer die Wirklichkeit zeigen – hier Aufstieg auf den Pass Sinche La (5005 m) in Bhutan.*

Hand bzw. das, was davon noch da war. Gruber nahm natürlich an, dass die Behandlung in Kathmandu geholfen habe. Weit gefehlt. Der Verletzte war nicht im Hospital gewesen und meinte nur, dass Grubers Hilfe und dessen Medizin so gut gewesen seien, dass er nicht nach Kathmandu hätte gehen müssen.

Dieses Verhalten ist typisch für Einheimische, denen man natürlich auch zugute halten muss, dass sie – damals wenigstens – gar nicht wissen konnten, was ein Hospital ist, und demzufolge davor zurückschreckten.

Toni Hagen, der im Auftrag der UNO bereits ab 1950 als erster Geologe große Teile Nepals durchstreifte und die erste geologische Übersicht über den Nepal-Himalaya verfasste, hatte Ähnliches erlebt. Erst mit der Zeit kam er darauf, dass die Warnung, der Betreffende werde sterben, mit dem Hinweis verbunden sein muss, dass dies unter schlimmen, lang andauernden Schmerzen geschehen werde. Erst dann zeigt die Warnung Wirkung. Der schnelle Tod wird nicht weiter gefürchtet. Im Glauben der Buddhisten und Hindus wird man ja wiedergeboren.

*Die einmaligen Hütchen der Frauen von Laya in Bhutan.*

## Auch der Autor …

… hat Ähnliches erlebt. Es war am Larkhya La (5135 m), dem Pass hinter dem Manaslu. Wir hatten den Pass erreicht und sahen noch einmal über den langen, wenig ansteigenden und völlig spaltenfreien Gletscher zurück, um sicher zu sein, dass alle 46 Träger den Pass erreicht hatten. Zwar hatten wir einen Sherpa eingeteilt, der zum Schluss gehen und aufpassen sollte, dass keiner der Träger sich verläuft oder zurückbleibt, doch haben solche Vorsichtsmaßnahmen nie wirklich 100-prozentigen Erfolg.

Bei meiner Suche mit dem Feldstecher entdeckte ich in der Tat einen unserer Träger, der mit seiner Last in eine Randspalte zwischen Firn und einem Felsblock eingebrochen war und sich offensichtlich nicht befreien konnte. Sofort waren wir zu viert mit einem Sherpa zu ihm unterwegs. Bald hatten wir ihn erreicht. Es war nicht schwierig, ihn von seiner Traglast zu befreien und ihm aus der Randspalte zu helfen, in der er nur bis zur Hüfte steckte. Mit den Füssen stand er auf festem Grund. Er hatte unterkühlte Füße. Wir zogen ihm die Schuhe aus, Strümpfe hatte er keine, und alle bekamen von mir den Auftrag, ihr Hosentürl zu öffnen, und vier kräftige Urinstrahle ergossen sich über die Füße des Trägers. Nur unser Sherpa genierte sich. Der 37 °C warme Flüssigkeitsschock half den unterkühlten Füßen. Da ich aufgrund meiner kältegeschädigten Füsse immer drei Paar Strümpfe trage, gab ich ihm zwei Paar von mir. Der Sherpa

*► Da scheint etwas interessant zu duften.*

übernahm die Traglast, und wenig später hatten wir unsere Trekkinggruppe, die am Pass auf uns wartete, wieder eingeholt.

## Viel geändert

Inzwischen hat sich hinsichtlich klinischer Versorgung auch in Nepal viel gebessert. So gibt es heute im nordöstlichen Kathmandu-Tal eine Spezialklinik für Rekonstruktive Chirurgie. Unterhalten wird die Klinik überwiegend durch Spendengelder aus Deutschland und Österreich. In den letzten Jahren wurde einem Nepali eine neue Nase verpasst, die ihm »ein Bär abgebissen hatte«. Inzwischen gibt es auch eine von deutschen Ärzten betriebene Spezialklink für Verbrennungen. Dies zum Wohle all jener, die sich beim Kochen am offenen Feuer – wie in Nepal überwiegend noch üblich – Brandwunden zugezogen haben. Meist sind es Kinder.

Natürlich ist eine Spezialklinik in ganz Nepal nur der bekannte Tropfen auf den heißen Stein. Denn wenn sich jemand im Dolpo eine Brandwunde zuzieht, wird er kaum den Weg nach Kathmandu nehmen, der viele Tage dauern kann. Doch mit den beiden genannten Kliniken ist ein Anfang gemacht. Und ohne Anfang gäbe es gar nichts.

## Tiermediziner und Pathologen

Mit jenen Ärzten auf Trekkings, die dergleichen erstmals erleben, ist das so eine Sache. Von den sterilen Verhältnissen in unseren Praxen und Krankenhäusern verwöhnt, getrauen die sich meistens nicht viel. Am besten sind noch die Tiermediziner und die Pathologen. Die sind weniger zimperlich.

Günter Sturm, der den DAV Summit Club über dreieinhalb Jahrzehnte leitete, hatte einmal einen Tiermediziner dabei. Der ließ sich was einfallen. Es war auf dem ersten Trekking in den Rolwaling Himal, das bis dahin – es war 1972 – für Fremde gesperrt gewesen war. Im oberen Rolwaling-Tal kam ein Sherpa mit einem kranken Yak daher und fragte, ob der Arzt seinem Tier nicht helfen könnte. Und der Tiermediziner konnte. Er verpasste dem Yak eine 08/15-Spritze. Wie die Spritze halb drin war im Wanst des Tieres, da meinte der Sherpa, dass das, was seinem Yak gut tut, ihm selbst ja wohl auch gut tun müsste, und dass er auch eine solche Spritze haben möchte. Und was tat der Herr Veterinär? – Der zog dem Yak die halbvolle Spritze aus dem Wanst heraus und jagte sie dem Sherpa durch die Hose in dessen Hinterteil. Da meinte Günter Sturm zu seinen Teilnehmern: »Seht, solche Ärzte brauchen wir auf den Trekkings – mit normalen können wir nicht viel anfangen«.

## Die Sherpas mögen Spritzen

Woher stammt das wenigen Insidern bekannte Bedürfnis nahezu aller Sherpas nach Spritzen? Toni Hagen, der 1960 das erste Buch über Nepal verfasste, hat unbeabsichtigt den Grundstein dafür gelegt. Er hat einmal mit seinen Sherpas eine längere Strecke in einem menschenleeren Hochtal bewältigen müssen. Als sie an die Leistungsgrenze gerieten und die Sherpas aufgrund ihrer nicht gerade leichten Traglasten körperlich

*Kathmandu ist inzwischen maßlos übervölkert – durch die seinerzeitigen Unruhen mit den Maoisten sind viele Nepali nach Kathmandu geflüchtet und haben sich dort angesiedelt.*

*Wenn eine Medizinkiste mitgeführt wird, ist sie aus Sicht des Reise- bzw. Expeditionsleiters meist das wertvollste Gepäckstück.*

*So mancher Transport hat ein mächtiges Gewicht und ist durchaus schwierig zu bewältigen und dies auch über lange Strecken. Das rechte Bild zeigt als erste der Lasttragenden eine Frau (!).*

Der Verkauf in Kathmandu kann recht anstrengend sein.

etwas überfordert waren – wozu es einiges an Strapazen bedarf – verpasste Toni Hagen jedem Sherpa eine leistungssteigernde Pervitinspritze. Die hat sie wieder aufgebaut, richtiggehend high gemacht. Das hat die Sherpas derart beeindruckt, dass sie dies nach Rückkehr ins Solo Khumbu verbreiteten. Es dürfte alsbald die Runde unter allen Sherpas gemacht haben, denn jeder Sherpa hat später bei ähnlichen Situationen eine Spritze haben wollen. Und so mancher Sherpa meint heute noch, jede Spritze müsste eine solche Wunderwirkung haben.

Auch der Autor hat dies zu Beginn der 1970er-Jahre erlebt, konnte sich aber auf den auffallenden Wunsch der Sherpas nach Spritzen keinen Reim machen. Erst als ich die Geschichte von Toni Hagen erfuhr, ging mir ein Licht auf.

## Steril ist gar nichts

Toni Hagen berichtete auch einmal von einem Fall, der die wenig sterilen Bedingungen bei Behandlung offener Wunden schildert, genauso wie das typische Unverständnis westlicher Mediziner dafür.

Toni Hagen zeigte 1955 in New York im UNO-Hauptquartier einen Film über seine Überlandreisen in Nepal. Dieser Streifen zeigt insbesondere, mit welchen einfachen Mitteln man sich behelfen muss. Einer seiner Träger hatte eine akute Infektion mit starker Vereiterung der großen Zehe. Toni Hagens Sherpa Aila hatte den Filmapparat bedient, während er, Toni Hagen, die Operation mit einer Rasierklinge vornahm. Die Filmaufnahmen zeigten deutlich, wie Blut und Eiter aus dem Schnitt an der Zehe hervorquollen. Und dies in Nahaufnahme. Die Damen unter den Zuschauern stießen Entsetzensschreie aus – und Toni Hagen sah zum ersten Mal bewusst, dass er völlig schmutzige Fingernägel hatte. So blieb es nicht aus, dass der höchste Beamte des UNO-Gesundheitsdienstes konsterniert fragte, ob Toni Hagen Mediziner sei. Nein, meinte dieser, er sei nur Geologe. Daraufhin erfuhr Toni Hagen, dass er sich künftig in Nepal nicht mehr medizinisch betätigen dürfte. Daraufhin versuchte er die UNO-Gesundheitsoberen über die fehlende medizinische Versorgung in Nepal aufzuklären. Er stellte die Frage, was wohl gefährlicher sei – seine schmutzigen Fingernägel oder das Bluteitergemisch? Die Lacher hatte Toni Hagen auf seiner Seite. Doch der oberste UNO-Gesundheitschef hat sich später in wenig kulanter Weise an Toni Hagen gerächt. Offensichtlich war der für diesen Job noch etwas zu unerfahren.

## Was aber, wenn ...

... während einer Expedition der Arzt ernstlich verletzt wird? In der Vormonsunzeit 1986 versuchte sich eine polnische Expedition am Cho Oyu (8203 m). Ziel war der noch unbegangene Nordostgrat über den Ngojumba Kang (7806 m). Das vorgeschobene Basislager wurde von einer Eislawine verschüttet. Dabei wurde

Die Türdurchgänge sind immer unerwartet niedrig – und die Fremden, insbesondere die aus Europa und Nordamerika, halten in der Regel nicht viel aus.

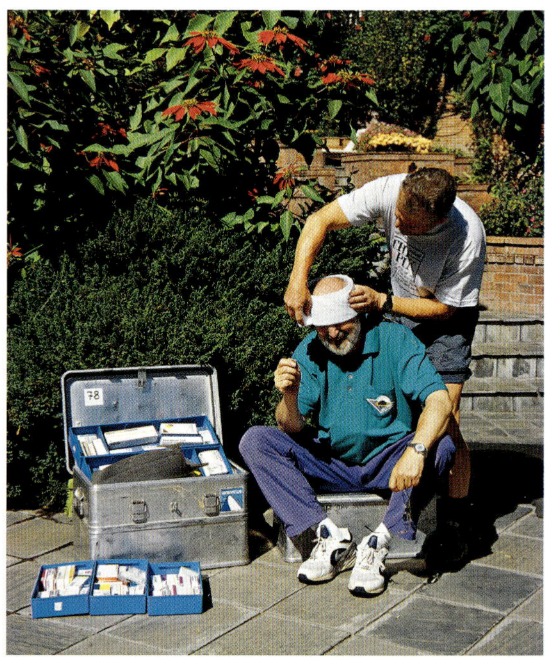

der Expeditionsarzt, Marek Roslan, ernsthaft verletzt. Eine gebrochene Rippe hatte einen Lungenflügel durchbohrt. Ohne eine sofortige Operation ist das Leben eines derart Verletzten nicht zu retten, weil ein Lungenkollaps auftritt. So war schnellste Hilfe notwendig. Ein zweiter Arzt aber war nicht zugegen. Was also tun?

Kurz entschlossen ließ sich der Arzt von seinen Kameraden – alles Nichtmediziner – an Ort und Stelle operieren. Er war nur örtlich betäubt und so während der ganzen Operation bei vollem Bewusstsein und konnte so seinen Kameraden und dem »Chefchirurgen«, einem Ingenieur, im Einzelnen sagen, was sie wie zu tun hatten. Es ging alles gut. Der verletzte Arzt überlebte die Operation, erfreute sich bald wieder bester Gesundheit und war seitdem wieder mehrfach auf Expedition.

*Das Angebot in Kathmandu ist leicht zu überschauen.*

## Zahnschmerzen – oh weh!

Sie gehören zu den widerlichsten Schmerzen. Insbesondere auf Trekkings. Aber welcher Arzt schleppt schon eine Extraktionszange mit. Mit einem Dreifuß, einem metallenen Gerät mit Widerhaken, das nicht viel Gewicht hat, lässt sich so, wie dies früher die Landärzte bei uns gemacht haben, ein Zahn zwar ziehen, doch ist dies für den Patienten eine fürchterliche Tortur. Das Gerät muss mit roher Gewalt zwischen Zahn und Kiefer hineingezwängt werden, bis der Widerhaken unter der Zahnwurzel greift. Dies in Nepal ohne Betäubung. Dann muss der Zahn mit Gewalt herausgerissen werden, ohne den Kiefer allzu sehr zu verletzen.

Ich wurde einmal Zeuge, wie unser Trekkingarzt im Rolwaling Himal einer Sherpani, die uns als Trägerin begleitete, auf diese Weise einen Zahn zog. Ich war neugierig, wie dies funktionieren würde. Schon beim Anblick des Mordinstrumentes war mir nicht wohl. Doch ich musste es ja nicht erleiden. In kurzer Zeit war der Zahn extrahiert und nicht der geringste Schmerzensschrei war der Sherpani entwichen. Man hätte glauben können, dass mit derlei Gerätschaft das Zähneziehen ohne Schmerzen vonstatten geht. Keine fünf Minuten später schulterte die Sherpani, nachdem sie einige Male Blut gespuckt hatte, wieder ihre Last und reihte sich unter unseren Trägern wie zuvor ein. Innerlich zog ich den Hut vor dieser Frau.

*Zwei Dinge sind immer unerwünscht: Zahnschmerzen und Lawinen – ein Teilnehmer hatte einmal Zahnschmerzen und wäre auch noch beinahe von dieser Lawine am Dhaulagiri erfasst worden.*

## Wenn auf einem Trekking …

… kein Arzt dabei ist und die Zahnschmerzen nicht nachlassen, muss der Schmerzgepeinigte warten, bis er auf der Rückreise wieder in Kathmandu ist. Dort kann er Hilfe von einer lokalen Hindu-Gottheit erwarten, und zwar von Vaisha-Dev (Dev = Gott). Die göttliche Hilfe stellt sich allerdings nicht allein durch Anrufung ein. Der Schmerzgepeinigte muss zum »Bange-Muda-Narayan« pilgern, einem Schrein in der Altstadt von Kathmandu (Bange = Ecke – Muda = Holz – Narayan = Gott Vishnu). Man gelangt dorthin, indem man vom Asan-Tole, dem Hauptplatz der Altstadt, die Straße nach Westen nimmt oder die Straße vom Indra-Chowk nach Norden. Man gelangt an einen kleinen Platz an einer Straßenkreuzung mit dem unauffälligen Bange-Muda-Narayan. Der besagte Schrein ist aus Holz. Alle Touristen laufen daran vorbei.

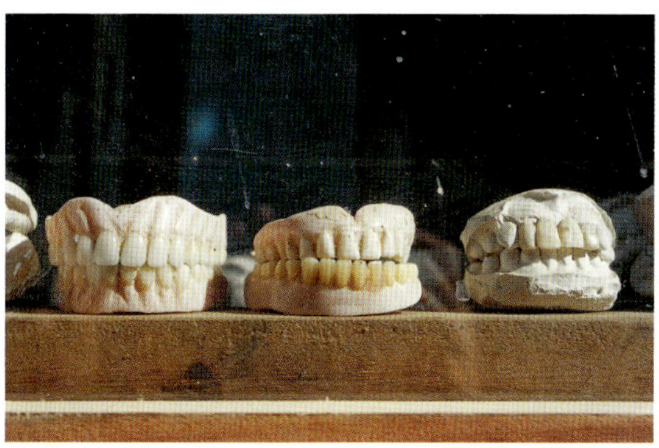

*Ganze Gebisse sind zu haben – und viel billiger als bei uns!*

durchbohren und am Holzschrein festnageln. Damit nagelt er auch seine Zahnschmerzen und die dafür verantwortlichen bösen Geister fest und wird so beide los. Deshalb heißt das Bange-Muda auch »Kila Dera« (= der Nagel im Haus). Der Schmerzgepeinigte muss versprechen, die am oberen Rand des Schreines befindlichen Butterlampen zu Ehren Vaisha Devs anzuzünden, wenn die Zahnschmerzen nachlassen.

*Ein gläubiger Hindu am »Bange-Muda-Narayan«.*

Bei der Fülle der Tempel in Kathmandu, die sich im Umfeld nahezu eines jeden Hauses befinden, fällt dergleichen nicht weiter auf. Da nicht alle Einheimischen Zahnschmerzen haben, laufen auch die allermeisten Einheimischen achtlos daran vorbei. So muss man den Schrein schon kennen, um ihn nicht zu übersehen.

An diesem Schrein kann der Gepeinigte seine Zahnschmerzen loswerden. Er muss eine Paisa-Münze (1 Paisa = etwa 0,01 Cent)

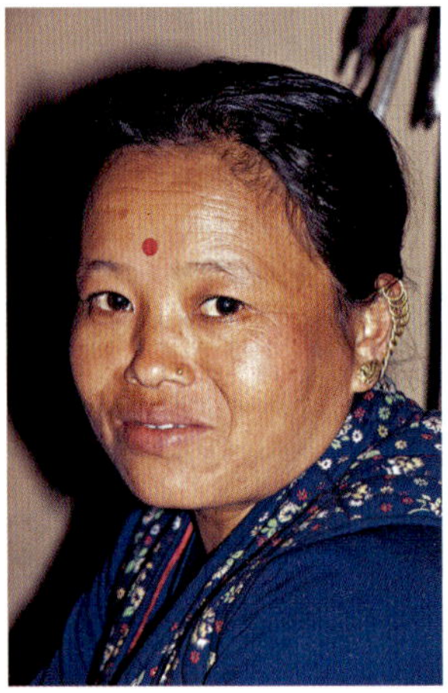

*Eine Tikha auf der Stirn.*

*Die Zahnschmerzen werden in Form einer Paisa-Münze kurzerhand angenagelt, und man ist sie los – wenn man Glück hat.*

## Überall auf der Welt das Gleiche

Ich bin oft am Bange-Muda vorbeigegangen, weil diesen Weg alle Touristen nehmen, die von Thamel in die Altstadt wollen oder wieder zurück. Und ich sah auch schon ab und zu einmal einen Nepali, der mit einem Hammer seine Zahnschmerzen – genauer: eine Paisa-Münze – annagelte. Doch nur sehr selten sah ich die Butterlampen brennen. Es ist wohl in Nepal wie überall auf der Welt. Wenn man Hilfe braucht, weiß man, wohin man sich zu wenden hat. Mit dem anschließenden Dank ist das dann eine ganz andere Sache.

Die Nepali werden offensichtlich so wenig vor Zahnschmerzen verschont wie der Rest der Menschheit. Der alte, von Butterlampen umgebene Schrein ist über und über mit festgenagelten Paisa-Münzen bespickt. Wer seine Zahnschmerzen loswerden möchte, muss übereinander angenagelte Paisa-Münzen durchbohren. In der Mitte befindet sich eine Mulde mit rotem Pulver für eine Tikha. Eine Tikha ist der rote Punkt auf der Stirn, ein Segenszeichen, das viele Hindus tragen. Es gilt auch als geistiges oder drittes Auge, es symbolisiert Erleuchtung. Früher, als im 12. Jahrhundert die Moslems in Indien eingefallen sind, galt es als Symbol für verheiratete Frauen. Heute tragen unverheiratete Frauen und Männer auch häufig einen schwarzen Punkt. Inzwischen gelten sowohl der rote als

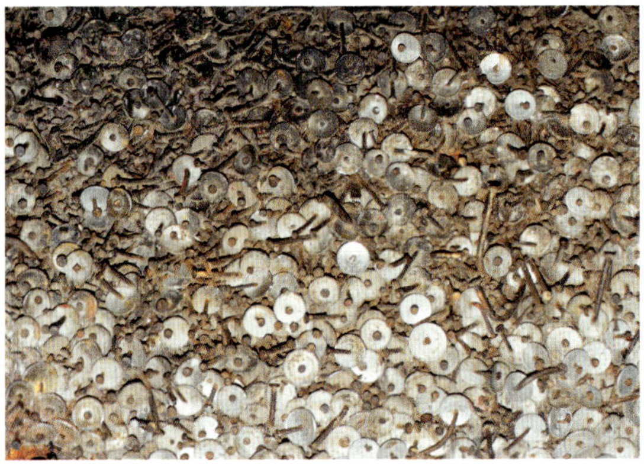

◄ *Von meinem Nepali-Guide erfuhr ich: Wer nach der Zahnbehandlung nicht Blut spuckt, hat keine ordentliche Behandlung erfahren.*

auch der schwarze Punkt teils bereits als Modeschmuck.

Zurück zum mit Paisa-Münzen bespickten Schrein. Gelegentlich sieht man einen Nepali, der prophylaktisch an Zahnschmerzen denkt. Man erkennt dies daran, dass er den Schrein berührt und die Hand an seine linke und rechte Backe führt, um so Vorsorge vor Zahnschmerzen zu verdeutlichen.

Doch für den Fall, dass die Zahnschmerzen nicht nachlassen sollten, haben sich einige Zahnärzte in der Umgebung niedergelassen. Weil längst nicht alle Nepali Lesen und Schreiben können, bieten die Zahnärzte ihre Hilfe mit überdimensional auf Schildern gemalten Gebissen an. In den Schaufenstern liegen zur Auswahl zahlreiche Zähne und Gebisse, aufgereiht in Reih und Glied. Die Behandlungszimmer, die zur Straße hin offen sind, lassen die Bohrgeräusche auf die Straße dringen. So kann ein Passant die Schmerzen der Patienten miterleben und gelegentlich auch sehen, wie einer herauskommt und noch Blut spuckt.

## Zahnschmerzen in Tibet

In Lhasa hatten sich die Zahnärzte bis in die achtziger Jahre auf dem Parkhor, der inneren Ringstraße um den Choklakang (abgekürzt: Jokang, größtes Heiligtum Tibets) niedergelassen. Hier konnte man im Gegensatz zu Kathmandu nicht nur die Bohrgeräusche hören, sondern auch die schmerzverzerrten Gesichter der Patienten miterleben. Gebohrt wurde mit einer Tretkurbel, mit der der Bohrer über eine biegsame Welle angetrieben wurde. Und so wie in vergangenen Zeiten bei uns alle Bäcker in der Bäckerstraße waren, waren auch in Lhasa die Zahnärzte gemeinsam an einer Stelle angesiedelt. Das hatte Vorteile. War es beim einen zu schmerzhaft oder zu teuer, ging man drei Schritte weiter zum nächsten.

Wie allerdings ein buddhistischer Zahnarzt den goldenen Pfad der Erleuchtung beschreiten soll, wenn von ihm – wie vom Buddhismus bekannt – verlangt wird, dass er keinem lebenden Wesen Schmerzen zufügen darf, ist mir immer ein Rätsel geblieben.

## Der große Magier aus dem Westen

Peter Aufschnaiter ist – wie bekannt – gemeinsam mit Heinrich Harrer im letzten Weltkrieg aus dem indischen Internierungslager Dehra Dun ausgebrochen und nach Tibet geflohen, wo beide schließlich nach 21 Monaten Lhasa erreichten und dort mehrere Jahre weilten. Peter Aufschnaiter galt unter den Tibetern bald als der »große Magier aus dem Westen«. Warum? – Aufschnaiter war etliche Jahre älter als Harrer, hatte ein künstliches Gebiss, konnte also seine Zähne herausnehmen und auf den Tisch legen – und so etwas kannten die Tibeter bis dahin noch überhaupt nicht.

*Zahnbehandlung in Lhasa, mitten auf dem Parkhor, der berühmten Pilgerumrundung um den Choklakang.*

*Zahnbehandlung während eines Trekkings – nicht selten lassen sich die Träger halt einmal in den Mund schauen, weil sie dergleichen noch nie erlebt haben.*

# Sind die Himalaya-Berge doch nur ein Sportgerüst?

► *Man könnte meinen, gutes Wetter bahnt sich an – doch der Schein trügt, spätestens ab Mittag gibt es Niederschläge.*

Eines steht wohl außer Zweifel. Mit der Anzahl an riskanten Abenteuern müssen die Überlebenschancen mit der Zeit sinken. Es kann nicht alles besonders Risikobehaftete ewig gut gehen. Und in den von der Natur noch besonders behafteten Gegenden unserer Erde muss auch nicht alles sein.

## Motorradlärm im Solo Khumbu

Das ist heute glücklicherweise nicht mehr möglich. Aber es war einmal möglich, und es hat sich auch zugetragen. Eine spanische Motorrad-»Expedition« war mit geländegängigen Maschinen in Richtung Everest-Basislager aufgebrochen. Doch die Expeditionsteilnehmer kamen nur bis Dingboche. Bei jeder Spitzkehre mussten die schweren Maschinen herumgewuchtet werden. Um Kraftstoff, Ersatzteile und Werkzeug zu transportieren, waren viele Träger notwendig. Die Maschinen machten im Tal des Dudh Kosi einen fürchterlichen Höllenlärm.

Auf dem Weg von Namche Bazar kam zufällig Robert McNamara, der ehemalige Außenminister der USA, später Chef der Weltbank und Hobbybergsteiger, von einem Trekking zum Everest-Basecamp zurück. Er traf auf die spanischen Geländefahrer. Ihn ärgerte der Lärm derart, dass er Tage später beim König in Kathmandu persönlich vorsprach und empfahl, dergleichen künftig nicht mehr zuzulassen. Daraufhin erging eine Order vom König, dass keinerlei Motorrad-»Expeditionen« mehr eine Genehmigung erhalten sollten für Gebiete, wo es keine Straßen gibt.

*Die berühmte Ama Dablam (6850 m), auf die man am Weg zum Mount Everest trifft.*

## Aus dem Flugzeug hinausspringen

Das wollte 1989 der Franzose Bruno Couvy. Doch nicht irgendwo auf der Welt, sondern über dem Gipfel des Mount Everest. Aus 12.000 Meter Höhe. Ziel dieses kühnen Unternehmens sollte der Versuch sein, auf dem Everest zu landen (!). Da Couvy selbst kein ausgesprochener Bergsteiger war, doch immerhin einiges davon verstand, sollten ihn französische Bergführer am Gipfel in Empfang nehmen und über die ausgesetzten Gratpassagen auf der nepalischen Seite hinabsichern. Dann wollte er mittels eines Snowboards über den Südcol (7986 m) bis ins Westbecken hinabsurfen und schließlich zu Fuß durch den Khumbu-Eisfall hinabsteigen. Für den Fall, dass er sein Landeziel im Bereich des Gipfels verfehlen sollte, wollte er einen Gleitschirm mitnehmen, um damit in eines der beiden Everest-Basislager zu gelangen, in Nepal oder in Tibet.

Nach den Gründen seines Unternehmens befragt, das natürlich auch in einem Film festgehalten werden sollte, war von Couvy zu erfahren, dass Sponsoren genügend Geld zur Verfügung stellen und »warum sollte er es dann nicht versuchen«?

Weil für derlei Specktakel nicht so leicht eine Genehmigung zu bekommen ist, wurde von den Sponsoren – Couvy lebte einzig und allein von Sponsorengeldern – sogar der damalige Präsident François Mitterand bemüht. Schließlich ist seitdem Maurice Herzog und Louis Lachenal 1950 den ersten Achttausender, die Annapurna I (8078 m), bestiegen haben, alles was in Frankreich mit Bergsteigen zu tun hat und über den normalen Horizont hinausreicht, nationale Angelegenheit (siehe auch die berühmte ENSA = Ecole Nationale de Ski et d'Alpinisme in Chamonix).

Zunächst versuchte Couvy einen Probesprung aus 6500 Meter Höhe über dem Kathmandu-Tal. Doch das war nicht so einfach. Denn aus Sicherheitsgründen wollte sich kein nepalischer Pilot finden, der bereit war, in dieser Höhe die Tür aufzumachen. Nach längeren Verhandlungen und entsprechendem Schmiergeld konnten die Sicherheitsprobleme hintangestellt werden. Man flog mit einem Flugzeug der RNAC (Royal Nepal Airline Corporation) in die genannte Höhe, Couvy sprang hinaus und kam auch gut unten an – doch zufällig im Militärlager zwischen der Altstadt und Swayambunath. Und die Gurkhas dort dachten an eine Invasion und nahmen Couvy in Gewahrsam. Da in diesem wie in vielen anderen Fällen in Nepal die Zuständigkeiten nicht genau geregelt sind – das Verteidigungsministerium hielt sich für genauso zuständig wie das Tourismusministerium, und keines wollte Couvy ungeschoren davonkommen lassen – musste er zunächst einige Tage im Gewahrsam schmachten. Auch der Pilot, der alles leicht hätte aufklären können, wollte natürlich nicht mit der Sprache heraus, denn er fürchtete eine saftige Strafe. Später kam Couvy wieder frei. Doch mit einer Genehmigung zum Absprung über dem Mount Everest war es schließlich vorbei.

*Der Mount Everest – gesehen von der nepalischen Seite beim Aufstieg auf den Kala Patar (5545 m), der rechte Gipfel ist der Nuptse (7879 m).*

So blieb nur ein normaler Besteigungsversuch. Und Couvy entpuppte sich als durchaus talentiert. Er kam mit zwei französischen Bergführern auf dem Normalweg von der nepalischen Seite immerhin bis in eine Höhe von knapp 8400 Meter und fuhr mit dem Snowboard von gut 400 Meter oberhalb des Südcols bis ins Westbecken ab. Durchschnittliche Steilheit um die 40 Grad, größte immerhin 49 Grad. Durch den Eisfall gelangte er zu Fuß.

*Das Militärlager in Kathmandu, zwischen Altstadt und Swayambunath.*

**Bruno Couvy (†)**

Schon früher, vor dem Everest-Abenteuer, gelangen Couvy ähnliche riskante Unternehmungen. So sprang er mit einem Gleitschirm über den Dru-Gipfeln ab, landete auf dem Gipfel des Petit Dru (3733 m) und seilte an einem zuvor von Bergführern angebrachten Fixseil den oberen Teil der Petit Dru-Nordwand hinab. Auf dem Eisfeld angekommen, schnallte er sich ein Snowboard unter die Füße und fuhr über das Eisfeld hinunter (durchschnittliche Steilheit 55 Grad). Vom unteren Rand des Eisfeldes segelte er wieder mit dem Gleitschirm zu Tal.

Im Sommer 1990, ein Jahr nach seinem Everest-Abenteuer, plante Couvy eine Abfahrt mit einem Snowboard durch das Couloir Couturier an der Aiguille Verte (Montblanc-Gebiet), durchschnittliche Steilheit 49 Grad, auf 300 Meter gar 55 Grad.

Von einem Hubschrauber sollte die gesamte Abfahrt gefilmt werden. Bereits beim allerersten Schwung, nach der Einfahrt ins Couloir, kam Couvy zu Fall und stürzte das ganze 750 Meter hohe Couloir hinab. Da die Kamera nun einmal auf ihn gerichtet war, wurde der gesamte Todessturz aufgenommen. Auf die ursprünglich geplante Sendung im Fernsehen hat man schließlich verzichtet.

# Die Tibeter-Teppiche sind eine Klasse für sich

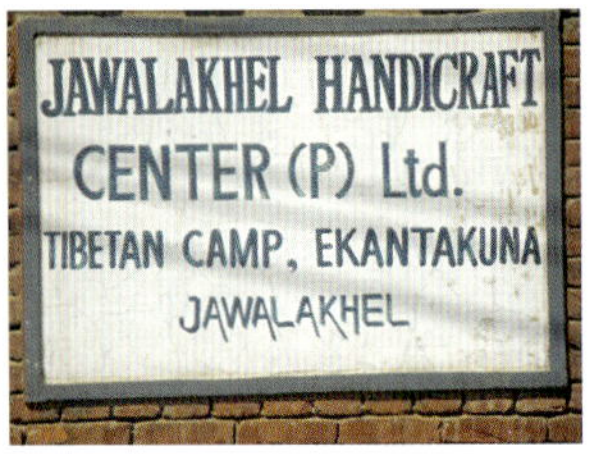


Sie nehmen unter allen Teppichen eine Sonderstellung ein. Dies nicht nur aufgrund ihrer besonderen Knüpfart. Zum einen waren die Tibeter-Teppiche bis in die Mitte des vergangenen Jahrhunderts im Westen nur wenigen Fachleuten bekannt. Zum anderen dienten und dienen sie auch heute noch im rauen Klima Tibets nicht als Bodenbelag und als Zierde auf dem Boden schon gar nicht. Sie dienen als Sitz- oder Schlafunterlage (tib. »Khaden«) und als Ornamentteppich in Klöstern. Einen Teppich nur zum darauf Herumlaufen ist im ländlichen Tibet auch heute noch völlig unbekannt – dafür wäre er viel zu kostbar.

## Teppiche in Klöstern

Die Mönche sitzen während der »Puja« (Gottesdienst) auf Teppichen als Sitzunterlage. Denn nur hinter wenige Klostermauern kommt gelegentlich ein Sonnenstrahl. Dies nur dann, wenn der Versammlungsraum (tib. »Dukhang«) ein Oberlicht hat. Und ein Sonnenstrahl kann den in der Regel großen Raum auch nicht annähernd aufwärmen. Bestenfalls die Luft im Oberlicht. Aber dort sitzen nicht die Mönche. Die Mehrzahl sitzt nur auf einige Zentimeter hohen Holzpodesten.

► *Auch viele Männer arbeiten in der Teppichknüpferei.*

So herrscht in den Dukhangs meist eine vornehme Kühle, insbesondere von unten, die durch die Sitzteppiche etwas gelindert wird.

Wenn die Mönche ihr Gewand zu Beginn der Puja über ihre rechte, gewöhnlich freie Schulter legen und sich förmlich darin verkriechen, versuchen sie die Körperwärme zu halten. Dies ist immer ein Zeichen, dass es nicht gerade übermäßig warm ist. In Tibet sind Temperaturunterschiede von 25 °C zwischen Sonnenschein und Schatten keine Seltenheit. An eine Heizung ist in einem Dukhang nicht zu denken. Andernfalls wären wohl auch viele abgebrannt.

In den Klöstern findet man im Dukhang häufig längliche Säulenteppiche (tib. »Katum«) als Verzierung der einfachen, runden Holzsäulen. Diese Teppiche dienen sozusagen als »ewiges, religiöses Muster«.

## Der Thron für höhere Lamas

Je höher der Rang eines Mönches, desto näher sitzt er am höchsten Thron, der nur dem höchsten Lama, dem Head-Lama, vorbehalten ist. Desto schöner ist auch der Sitzteppich, in der Regel in quadratischer Form. Die Mönche der niederen Ränge müssen auf langen Teppichen nebeneinander Platz nehmen. Am Thron des Head-Lama hat man auch noch einen meist mit harmonischen Blüten- und Blätterornamenten versehenen Teppich an der geschnitzten Rückenlehne, der meist dieser Schnitzform angepasst ist. Die niederen Rän-

*Die berühmte Teppichknüpferei in Patan im Kathmandu-Tal.*

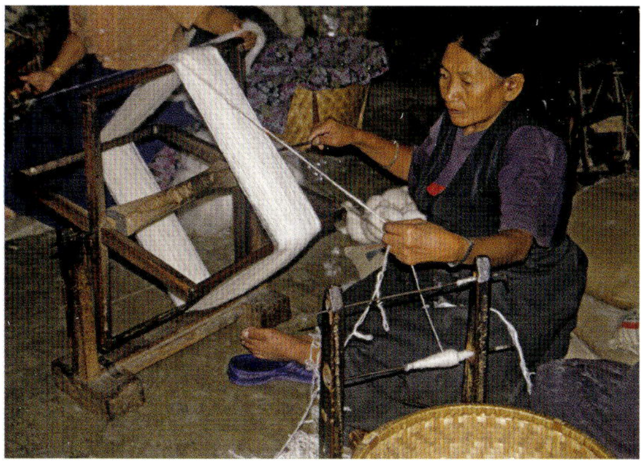

◄ *Bevor die Teppichknüpferei beginnen kann, ist viel Vorarbeit notwendig.*

ge müssen ohne solchen Komfort auskommen. Ist der Head-Lama fernab des Klosters, wird sein Thron mit dessen Bild geschmückt – heute inzwischen mit dessen gerahmtem Foto hinter Glas – das meist von vielen »Katags« (Glücksschleifen) umrahmt ist, die die Gläubigen als Zeichen der Ehrerbietung ins Kloster bringen und dort hinterlassen.

War gar einmal der Dalai Lama im Kloster, hat man ihm für diesen feierlichen Anlass einen eigenen, und zwar den am höchsten platzierten Thron errichtet. Dies immer mit neuem Sitz- und Rückenteppich. Nach seiner Abreise wird der Thron mit dem Bild des Dalai Lama geschmückt, umrahmt von vielen Katags, die von den Gläubigen immer wieder erfürchtig erneuert werden. Kein Lama wird sich je auf diesem Thron niederlassen. Er bleibt dem nächsten Besuch des Dalai Lama vorbehalten. Gleich, wann der auch immer sein mag.

Auf dem Tischchen vor dem Sitz solcher Würdenträger, die nicht ständig im Kloster anwesend sind – auch auf dem des Dalai Lama – werden von den Gläubigen täglich kleinere Mengen an Essbarem dargebracht wie Tschapatis oder etwas Reis, damit der Abwesende symbolisch versorgt ist. Diese Opfergaben eignen sich die Mönche an, bevor diese verderben, oder reichen sie Klosterbesuchern.

## Eine Besonderheit

Da es in Tibet fast überall recht staubig ist, sind die Sitz- und Schlafteppiche auf der Unterseite mit einem Stoff bezogen, aus dem auch eine etwa fünf bis zehn Zentimeter breite Einfassung rund um den Teppich gemacht ist. Dies soll die Unterseite und die Teppichkanten schützen, insbesondere das schnelle Ausfransen und Aufscheuern der Kanten. Ebenso sind die Sattelteppiche eingefasst. Die verwendeten Farben für die Einfassung und den rückseitigen Bezug sind meist in kräftigem Rot oder Blau. Dieser Anblick ist für Fremde zunächst einmal durchaus fremd. Doch daran erkennt man den »echten Tibeter«, jene Teppiche, die in Gebrauch sind und weniger zum Verkauf an Touristen angeboten werden.

Um die Wärmeisolierung der Sitz- und Schlafteppiche zu erhöhen, wird zwischen Teppich und dem Stoffüberzug eine dünne Lage gewalkter Wolle hinzugegeben.

*Typischer Tibeter-Teppich mit symmetrisch angeordneten Blumenornamenten.*

## Teppiche für Tiere

Weil man Ledersättel in Tibet auch heute noch kaum kennt, verwendet man nach wie vor kunstvolle Teppiche, in der Regel mit schönen Mustern. Diese Sattelteppiche (tib. »Makden«) bestehen aus einem Unter- und einem Oberteil. Das Unterteil verständlicherweise etwas größer. Die beiden Teppichhälften des Unterteils sind zusammengefügt und besitzen in der Regel auf jeder Seite einen oder zwei viereckige Durchlässe für Sattelgurte, die beim Verkauf an Touristen mehr oder weniger kunstvoll verschlossen werden. Ist dies gut gemacht, muss man schon recht genau hinschauen, um die Duchlässe zu erkennen. Auch die Sattelteppiche sind zwecks längerer Haltbarkeit mit einem Stoff umrandet und auf der Unterseite damit bezogen und meist mit gewalkter Wolle abgepolstert.

*Das ist ein Sattel, bestehend aus zwei Teppichlagen – durchaus ungewohnt, aber sehr angenehm.*

*Typischer Kopfschmuck eines Tragtieres.*

Reit- und Lasttiere, Pferde und Esel, tragen häufig einen kleinen Ornamentteppich als Kopfschmuck auf der Stirn. Das Leittier bekommt in der Regel den schönsten Kopfschmuck verpasst.

## Herstellung in Tibet

Die fruchtbare Ebene zwischen Shigatse und Gyantse war und ist auch heute noch das Zentrum der sowohl häuslichen wie auch der industriellen Teppichproduktion in Tibet, wenn man von letzterer wohl eher heute als früher sprechen kann. Seit einigen Jahrzehnten gibt es inzwischen auch eine bescheidene Teppichindustrie in Lhasa. Das Knüpfen erfolgte früher im häuslichen Bereich, hauptsächlich in der Zeit vom Spätherbst über den Winter bis zum Beginn des Frühjahrs, nämlich dann, wenn die Feldarbeit mehr oder weniger ruht.

Teppichknüpfen ist nicht nur eine Sache der Frauen. In Tibet knüpfen auch die Männer Teppiche, genauso wie auch Männer Wolle spinnen. Die tibetische Schafwolle ist besonders gut für Teppiche geeignet, weil sie sehr robust bzw. wesentlich kräftiger ist und die Haardichte und der Fettgehalt größer sind als bei der Wolle von Tieflandschafen. Die Natur sieht ein festeres, wirkungsvolleres Wollkleid für die Tiere im rauen Hochlandklima vor.

Ein Großteil der Schafwolle wurde vor der Annektierung Tibets durch China nach Indien exportiert und von dort in die USA. Dies erfolgte auf der Karawanenroute über Gyantse und Kalimpong (Sikkim). Diese Route war die Haupthandelsroute für alle Waren zwischen Zentraltibet und Indien. Mit zwei Pässen, dem Tang La (5060 m) und dem Grenzpass Natu La (4328 m), ist es die kürzeste und am leichtesten zu bewältigende Verbindung zwischen Tibet und Sikkim. Nach der Annektierung Tibets war diese Route lange Zeit gesperrt. Inzwischen hat sich wieder ein bescheidener Handel auf dieser Route entwickelt. Der größte Warentransfer erfolgt heute auf Lkws über die Straße zwischen Lhasa und Kathmandu.

## Herstellung in Nepal

Die tibetischen Flüchtlinge brachten die Teppichknüpfkunst auf ihrer Flucht vor den Chinesen mit nach Nepal. Es ist der Schweizer Tibethilfe und so manchen Privatinitiativen aus dem Westen zu verdanken, dass der Tibeter-Teppich eine Art Renaissance erlebte. Dazu hat auch insbesondere der zu Beginn der 1970er-Jahre einsetzende Tourismus in Nepal beigetragen. Im Kathmandu-Tal und in Pokhara gibt es je eine Teppichkooperative; im Kathmandu-Tal ist es die in Patan, das »Jawajakhel Handicraft Center«, in Pokhara das »Tibetan Handicraft Center« in Hyengja, nordwestlich der Stadt. Es sind Flüchtlings-

*Gyantse – die Ebene rechts der Stadt bis Shigatse gilt als die fruchtbarste ganz Zentraltibets, hier wurden bisher auch die meisten Teppiche hergestellt. Der Kumbum im Vordergrund, der größte Tschorten Tibets, gilt als eines der interessantesten Bauwerke in diesem Land. Er wurde 1440 erbaut und während der Kulturrevolution glücklicherweise nicht zerstört; über die zwölf Stockwerke sind 112 (!) Kapellennischen mit einer Vielzahl buddhistischer Gottheiten verteilt.*

*Das Knüpfen geht wesentlich schneller als man sich dies vorstellen kann …*
*… und es geht vor allem auch im Dreiklang. Alle drei Frauen waren auffallend gleich schnell.*

siedlungen, wo Tibeter-Teppiche in größerer Anzahl hergestellt werden. Die Produktionsmethode ist die gleiche wie eh und je. Der Unterschied besteht nur darin, dass in größeren Räumen, manchmal in ganzen Sälen viele Tibeterinnen – und auch Tibeter – arbeiten, also die Wolle spinnen, färben, aufrollen und an den Knüpfstühlen die Teppiche knüpfen.

Die seinerzeit von Mao Tse Tung angezettelte Kulturrevolution hatte es fertig gebracht, die Teppichknüpfkunst in Tibet – mit wenigen Ausnahmen – nahezu völlig zum Erliegen zu bringen. Inzwischen gibt es in Tibet wieder Manufakturen, vielfach auch kleinere, oft auch innerhalb von Familien.

## Die Knüpftechnik

Sie ist eine besondere, wie es sie sonst nirgendwo auf der Welt gibt, außer in China. Man benutzt einen eisernen Rundstab, um den die Schlingen geknüpft werden. Ist die Knüpfreihe beendet und sind die Schlingen gemeinsam mit dem Rundstab auf den bereits fertigen Flor mit einem Holzhammer herunter geklopft, der Flor also verdichtet worden, erfolgt das Aufschneiden der Schlingen mit einem Messer. Der eiserne Rundstab fällt heraus und die Schlingen werden mit dem Knüpfkamm auf den bereits vorhandenen Flor noch einmal festgeklopft. Der Durchmesser des eisernen Rundstabes ergibt die Höhe des Flors: je dicker der Stab, desto größer der Flor.

Der Tibeter-Teppich entspricht in seiner Knüpfdichte nicht (!) einem Orientteppich. Er ist etwas dicker, aber nicht so eng geknüpft. Die Tibeter-Teppiche besitzen nur 64 bis 81 Knoten pro Square inch (man verwendet die englischen Maße). Das sind nur zwischen 9 bis 12 Knoten pro Quadratzentimeter (ein gewöhnlicher Orientteppich hat zwischen 20 und 60 Knoten, Seidenteppiche bis zu 100 Knoten pro Quadratzentimeter). Aufgrund der geringeren Knüpfdichte der Tibeter-Teppiche ist die Lebensdauer bei weitem nicht die von Orientteppichen.

*◄ Ein ganzer, nicht besonders breiter Teppichknüpfstuhl.*

*Handgeknüpfte Teppiche wie alle Tibeter-Teppiche besitzen dann einen besonderen Wert, wenn man den Teppich in der Manufaktur persönlich ausgesucht hat.*

*So gut ein Teppich auch immer geknüpft sein mag, er muss anschließend gewaschen werden.*

*Die Gompas sind nicht beheizt, weshalb es von unten immer recht kühl ist – deshalb die Sitzteppiche in den Gompas.*

Die tibetische Schafwolle, die ausschließlich verwendet wird, ist auch gröber als die für Orientteppiche verwendete. Die Teppichgrößen sind englisch beeinflusst und werden in »feet« angegeben, so zum Beispiel »three by six (feet)«. Beim Kauf sollte man wissen, wie lang ein »foot« ist, nämlich 30,5 cm, oder ein gutes Flächenmaßempfinden besitzen, damit der Teppich später, wenn er daheim das Wohnzimmer zieren soll, er auch größenmäßig hineinpasst, also weder wesentlich zu groß noch zu klein ist. Denn einen Ersttrekker, der in Nepal keinen Tibeter-Teppich kauft, den gibt es kaum. Problem ist je nach Teppichgröße nur der Flugtransport. Da muss man sich etwas einfallen lassen. Am besten den Seesack von allen unwichtigen Dingen befreien – oder zahlen.

## Umweltschutz auch in Kathmandu

Aus Umweltschutzgründen hat man inzwischen die Teppichwäscherei – Teppiche werden nach dem Knüpfen gewaschen – außerhalb von Patan angesiedelt, und zwar in der Gegend von Bodnath. Warum dies dort umweltfreundlicher sein oder weniger schaden soll, konnte der Autor leider nicht herausfinden. Beim Waschen wird der Teppich in einen Zuber, in Bodnath in ein größeres Wasserbecken, getaucht und anschließend mit einem an einen größeren Spaten aus Holz erinnerndes Stück Brett mit Stil richtiggehend geschruppt. So werden all jene Wollrückstände, die sich während der Knüpferei im Teppich angesiedelt haben, sowie irgendwelcher Schmutz, der sich beim Knüpfen eingenistet hat, entfernt.

*Das zweite Scheren, das sogenannte Feinscheren – der letzte Schliff.*

Vor dem Waschen erfolgt das Scheren, wodurch der Flor eine einheitliche Höhe erhält. Es steht außer Zweifel, dass das Scheren mit einem guten Fingerspitzengefühl erfolgen muss, vor allem wenn es mit einer Handschere geschieht, was teilweise noch üblich ist.

Nach dem anschließenden Waschen erfolgt noch einmal ein Scheren. Es ist das sogenannten Feinscheren, um all die zu langen Fäden, die sich erst durch das Waschen und Schruppen aus dem Flor erhoben haben, zu egalisieren. Beim anschließenden Trocknen werden die Teppiche leicht gespannt, um einem Verziehen vorzubeugen. Da ist aber oft mehr der Wunsch der Vater des Gedankens. Manche Teppiche, vor allem die älteren, sind einseitig oft arg verzogen. Doch ist dies das Besondere an den älteren Tibeter-Teppichen.

Das Reliefschneiden ist eine Besonderheit vieler tibetischer (und chinesischer) Teppiche, insbesondere der dickflorigen. Es bestand schon immer ein reger Kulturaustausch zwischen China und Tibet. Das Reliefschneiden ist ein optisches Absetzen, sozusagen ein geringfügiges Trennen der Musterkonturen durch einen V-förmigen Schnitt, durch den sich eine leichte Vertiefung der Musterkonturen ergibt – das typische Relief. Beides, das Scheren wie auch das Reliefschneiden, erfolgt teilweise schon mit elektrisch getriebenen Scheren. Der technische Fortschritt lässt sich schließlich nicht aufhalten.

## Herstellung auch nebenbei

In vielen Tibeterfamilien werden in Heimarbeit Teppiche geknüpft, die nebenher verkauft werden. So mancher Teppichknüpfer hat sich mit seiner Familie und dem anhängenden, in der Regel recht großen Clan, manchmal samt Nachbarn, selbstständig gemacht, doch haben deren Produktion selten eine besondere quantitative Bedeutung erlangt. Solche Teppiche werden auch in den Geschäften rund um die Kooperative in Patan und in der Altstadt von Kathmandu, in der Straße zwischen dem Asan Tole und dem Indra Chok, feilgeboten. Diese Teppiche hängen teils vor den Läden und sind nach langem Feilschen auch meist etwas billiger als die in den Kooperativen angebotenen. Man sollte sich in den Preisen etwas auskennen, um nicht eine Enttäuschung zu erleben. Handeln ist in solchen Fällen immer gefragt.

Auch auf wenigen Trekkingpfaden kann man einmal einen Teppich angeboten bekommen, der in einem kleinen Familienbetrieb geknüpft wurde. Ein solcher Teppich kann – weil Einzelstück – etwas ganz Besonderes sein.

Die Verdienstmöglichkeit mit der Teppichknüpferei blieb nicht nur auf die tibetischen Flüchtlinge beschränkt. Auch die Gurungfamilien in und um Pokhara, genauso wie die Newar im Kathmandu-Tal, haben das Teppichknüpfen von den tibetischen Flüchtlingen inzwischen übernommen und beherrschen es ebenso gut. Sie verwenden die gleichen tibetischen Muster, weil sie keine eigenen haben.

## Tibeter-Muster

Waren es früher nur traditionelle Muster, die geknüpft wurden, so haben die Tibeter inzwischen erkannt, dass sie ihre Teppiche dem sich ändernden Geschmack – vor allem beeinflusst durch den Tourismus – anpassen müssen. So konnte es leider nicht ausbleiben, dass inzwischen auch so manche kitschigen Muster- und Farbkombinationen angefertigt werden. Trotzdem hält man glücklicherweise weitgehend an den traditionellen Mustern fest.

Auf jeden Fall ist der Tibeter-Teppich immer auffallend farbenfreudig. Dies dürfte aus dem Bedürfnis entstanden sein, sich in der farblich meist etwas eintönigen tibetischen Landschaft an bunten Farben erfreuen zu wollen.

Bevorzugt wird von Touristen gern das bekannte Drachenmuster. Meist sind es ein, zwei, nicht selten auch vier spiegelbildlich angeordnete, großflächig geschuppte oder sonst wie stilistisch reichlich ausgeschmückte Drachendarstellungen. Größere Zwischenräume sind mit stilisierten Wolken ausgeschmückt, die als solche aber kaum zu erkennen sind.

*Teppiche zum Verkauf – angeboten in der Altstadt von Kathmandu.*

*Auch Kamele haben als Sattel einen Teppich, allerdings in anderer Form und mit anderen Mustern als die Pferdeteppiche.*

Ein einzelner Drache – beliebtes Motiv für kleine Teppiche.

Doppel-T-Mäander.

Seltener findet man Drache und Phönix. Dies zeigt den kulturellen chinesischen Einfluß, der in Tibet in gewissem Maß schon immer vorhanden war. Der Drache ist das Wappentier des chinesischen Kaisers, der Phönix das Wappentier der Kaiserin. Weit seltener ist der Schneeleopard, das Wappentier Tibets.

Sehr häufig ist die Darstellung stilisierter Lotosblüten, die im Buddhismus wie im Hinduismus als Symbol der Reinheit und Vollkommenheit gelten und im Zusammenhang mit vielen Kunstwerken dargestellt werden. So ist auch der Thron vieler Götterstatuen mit stilisierten Nachbildungen von Lotosblütenblättern versehen. Deshalb auch die Bezeichnung »Lotosthron«.

Drache und Phönix – die Symbole des chinesischen Kaisers und der Kaiserin.

## Der Hintergrund

Alle Darstellungen auf den Teppichen findet man sehr häufig auf dunklem Grund. Dies offensichtlich, um den Farben eine bessere Geltung zu verleihen. Auch in dieser Hinsicht folgt der Tibeter-Teppich eigenen Traditionen. Und nicht alle Teppiche besitzen eine Borte. Wenn doch, dann neben anderen häufig den Doppel-T-Mäander oder auch den Swastika-Mäander (Swastika, altindisch = Hakenkreuz, ein seit vielen Jahrhunderten verwendetes Glücks- und Kraftsymbol); rechtsherum entspricht es dem Buddhismus, linksherum der Bön-Religion.

Zwischenräume zwischen den Darstellungen auf den Teppichen sind häufig durch Kringelwolken ausgefüllt, so wie man sie auch in der naiven Sherpa-Malerei findet. Diese Kringelwolken empfindet der Fremde in der Regel zunächst einmal etwas übertrieben. Doch das sind sie keineswegs. Diese Kringelwolken findet man im ariden Hochlandklima von Tibet immer wieder am Himmel. Es konnte deshalb nicht ausbleiben, dass die Tibeter diese Wolken in dieser stilisierten Form nachbilden.

## Moderne und andere Teppiche

Die modernen Tibeter-Teppiche sind eine Klasse für sich. Sie können in ihrer Schlichtheit hinsichtlich moderner Formen und Farben den Liebhaber durchaus ansprechen. Doch sind sie nicht jedermanns Sache. Heute kann man in den Teppich-Kooperativen jedes Muster in jeder beliebigen Größe in Auftrag geben, sofern es dafür einen Knüpfstuhl gibt, wodurch die Teppichbreite limitiert ist, dessen Länge weniger.

Inzwischen werden in Kathmandu auch Kaschmir-Teppiche angeboten, die hier völlig fremd sind. Der Grund für dieses Angebot liegt darin, dass der Tourismus in Kaschmir seit Jahren aufgrund der politischen Unruhen zwischen Moslems und Hindus teils versiegt ist und so die Händler nach Kathmandu ausweichen und dort ihr Heil versuchen.

## Muster, die die Tibeter lieben

Unter den Tibetern sind Tigermuster sehr beliebt, sei es als mehr oder weniger stilisiertes Tier mit Kopf, Schwanz und Beinen oder auch nur als Fellmuster, gleichmäßig wellenartig schwarzgelbbraun stilisiert. Diese Darstellung lässt sich auf jene vergangenen

◄ Lotosblüten – ein sehr beliebtes Teppichmotiv.

Zeiten zurückführen, als die Tibeter Tigerfelle als Sitz- und Schlafunterlage verwendeten und die großen Meister auf Tigerfellen saßen, wenn sie ihre Lehren verbreiteten. Da in früheren Zeiten ein erlegter Tiger eine Seltenheit und folglich sehr kostbar war, sind solche Muster heute noch beliebt. Auch das Schachbrettmuster, dessen Wurzeln weit über 2000 Jahre zurückreichen, ist bei den Tibetern sehr beliebt, verliert aber mit der Zeit an Interesse, weil es bei Touristen weniger ankommt, ebenso wie die Tigermuster. So manches der Muster stammt wie die beiden genannten noch aus der vorbuddhistischen Zeit des Bön.

Die einfachsten Muster, die an sich gar keine Muster sind, bieten die »Luka«. Es sind musterlose Schlafteppiche, die nur einen andersfarbigen Rand besitzen. Sitzteppiche dagegen weisen in der Regel ansprechende Muster auf, so zum Beispiel bei den Sitzteppichen von Mönchen den Doppeldorche, das Symbol der Vereinigung des männlichen mit dem weiblichen Prinzips, oder einen spiegelbildlichen Drachen.

## Alte Tibeter-Teppiche

Nach der Definition von Peter Mauch, Mitverfasser des einzigen Buches über Tibeter-Teppiche, sind es solche, die vor 1959 in Tibet entstanden sind und von den Flüchtlingen, die vor der chinesischen Okkupation geflohen sind, mitgebracht wurden. Sie sind inzwischen sehr selten und gelten deshalb als besonders kostbar und sind entsprechend teuer. Viele sind natürlich nicht mehr besonders ansehnlich, weil stellenweise abgesessen (Sitz- und Schlafteppich). Die vielen Teppiche in den Klöstern sind den Verwüstungen durch die Roten Garden anheim gefallen. Die Teppiche, die von den Flüchtlingen gerettet wurden, sind nicht selten auch etwas verzogen. Dies deshalb, weil die Knüpfstühle früher aus rohen, unregelmäßigen Baumstämmen zusammengezimmert und folglich nicht exakt rechtwinkelig waren oder sich mit der Zeit verzogen haben und/oder die Kette – Stichwort Kette und Schuss – nicht exakt gleichmäßig gespannt war.

## Ein Bazillus

Als ich vor über 40 Jahren die ersten Tibeter-Teppiche in Nepal unter die Augen bekam, haben mich diese nicht vom Stuhl gerissen, wie sie dies heute tun, wenn ich einen zu Gesicht bekomme. Man muss sich in die Muster und die Art erst hineindenken. Man muss mehr von Tibet und den Tibetern wissen, um ihre Teppiche ins Herz schließen zu können. Ist es einmal geschehen, dann kann man kaum mehr von ihnen lassen. Ihre Muster strahlen einen nahezu unbeschreiblichen Reiz aus, der wohl mit dem harten Leben der Tibeter und gleichzeitig auch mit deren Gelassenheit und deren ausgesprochen fröhlicher Lebensart in Zusammenhang stehen dürfte, was sich in ihren Mustern und Farben widerzuspiegeln scheint. Man spricht heutzutage ähnlich wie vom Nepal-Bazillus auch von einem Tibeter-Teppich-Bazillus, dem man mit der Zeit durchaus erliegen kann.

Swastika-Mäander.

Tigerteppich – ein Motiv, das viele Hundert Jahre zurückreicht in jene Zeit, als man noch auf Tigerfellen saß und vor allem auch schlief.

# Tee – das Nationalgetränk im Himalaya

► *Die Teeversorgung in größeren Klöstern ist nur mit großen Kannen möglich, weil die Nachfrage immer recht groß ist.*

Der Tee gehört zum Himalaya wie Seil, Karabiner und Eisgeräte zum Bergsteigen. Mancher Himalaya-Gipfel wäre wohl nie bestiegen worden, hätte es den Tee nicht gegeben. Es lohnt sich deshalb, das Wissen über den Tee etwas zu vertiefen.

## Die Geschichte des Tees

Der Tee ist in China seit 2737 v.Chr. bekannt. Tee wurde also schon zu einer Zeit getrunken, als in Ägypten die erste Pharaonendynastie herrschte und in Mesopotamien die Bronzezeit begonnen hatte. Zu einer Zeit, als die Menschen bei uns in Europa größtenteils noch in Höhlen hausten. Als »Ötzi« in der Jungsteinzeit lebte und versuchte, die Alpen zu überqueren. Dies soll heißen, dass uns die Chinesen weit voraus waren.

*Die Teepflanzen werden so beschnitten, dass sie nicht höher als 1,20 Meter werden, um sie vom Boden bezupfen zu können (first flash, second flash usw.). Ohne diesen Beschnitt würden es Teebäume mit einer Höhe von bis zu zwölf Metern werden.*

»Tee« stammt vom fukinesischen »T'e«, einem Dialekt der südostchinesischen Provinz Fukien, was soviel heißt wie »glückliche Gegend«. Die indische Bezeichnung »Chai« und die nepalische »Chia« stammen vom chinesischen »Cha« (= Tee). Laotse (4. oder 3. Jahrhundert v.Chr., genauer nicht bekannt), auf den der Taoismus zurückgeht, hat seinen Anhängern empfohlen, die therapeutische Wirkung des Tees zu nutzen. Man hatte erkannt, dass der Tee eine schmerzlindernde und aufputschende Wirkung hat.

»Drei Dinge auf dieser Welt ...«, so klagt Li-Chi-Lai (852–915 n.Chr.), Poet und Taoist während der Tang-Dynastie, »... sind höchst beklagenswert: das Verderben guter Jugend durch falsche Erziehung, das Entwürdigen guter Gemälde durch pöbelhaftes Begaffen und die Vergeudung guten Tees durch unsachgemäße Behandlung«. Spätestens seit der Tang-Dynastie gilt der Tee in China als kostbar, was dazu führte, dass 783 n.Chr.

die erste Teesteuer eingeführt wurde. »Es ist eine Sünde, Tee wegzugießen«, so klagte Li-Chi-Lai. Uns mag dies unverständlich vorkommen. Wir müssen uns in die damalige Zeit versetzen. Tee war neben Wasser das einzige Getränk, das in größeren Mengen zur Verfügung stand. Heute, wo wir von einem unerschöpflichen Angebot an Getränken in Dosen und Flaschen überhäuft werden, fällt das Nachempfinden dieses Zitats verständlicherweise nicht ganz leicht.

Wie kam der Tee nach Europa? Nicht etwa durch die Engländer. Es waren die Holländer und die Portugiesen Anfang des 17. Jahrhunderts. Der Tee stammte aus deren damaligen Kolonien in Südostasien. Anfänglich wurde der Tee nur als therapeutisches Mittel verkauft. Erst später entdeckte die feinere Gesellschaft in Europa das Aroma und die Engländer bauten den Tee in Indien an und exportierten ihn nach Europa.

## Der Tee auf der politischen Weltbühne

Der Tee hat auch einmal Einfluss auf die Weltpolitik genommen. Ende des 18. Jahrhunderts gelangte der Tee mit englischen Auswanderern nach Nordamerika in die damaligen Neu-England-Staaten und erfreute sich großer Beliebtheit. Die Engländer, die damals die »Neue Welt« beherrschten, belegten den Teeimport mit hohen Steuern, was auf heftigen Widerstand stieß. Dieser gipfelte schließlich 1773, indem Mitglieder der Freimaurerloge von Boston sich als Indianer verkleideten, um nicht erkannt zu werden. Sie enterten die Schiffe der East Indian Company und warfen an die 350 Kisten Tee über Bord. Dieses Husarenstück ging als »Bostoner Tee Party« in die Geschichte ein und war der Beginn der Befreiungskriege gegen die englische Vorherrschaft in der damals Neuen Welt. Und diese Vorherrschaft endete mit der Unabhängigkeit der neuen Staaten an der Ostküste. Es war sozusagen die Geburtsstunde der heutigen USA.

## Der berühmte Buttertee

Dieser nimmt eine Sonderstellung ein. Es ist eine Melange aus Schwarztee, Milch, Butter und Salz. Alle Tibeter, die Sherpas, die Bhotias, alle nördlichen Bewohner des Himalaya, trinken ihn für ihr Leben gern. Auf Tibetisch heißt er »Suja« und ist nicht jedermanns Geschmack. So manchem Europäer hat es den Magen umgedreht und dies nicht selten in beide Richtungen. Die Wirkung kann fürchterlich sein. Ein guter Freund des Autors war in Phugaon, im Peri Himal (nördlich des Marsyanditals). Er trank wie immer arglos Buttertee. Kurz darauf lag er drei Tage flach. Er war so schwach, dass es ihm nicht einmal mehr möglich war, auch nur wenige Schritte zu gehen. Er fürchtete um sein Herz und glaubte schon, diese Schwäche nicht überstehen zu können. Es ist der starke Wasserverlust, der so zu schaffen macht. Man gibt mit der Zeit das reinste Wasser hinter sich, ohne jede Färbung. Ich hatte diesen »Halbtod« früher einmal in Kathmandu erleiden dürfen.

*Die Kye Gompa in Spiti, eine der eindrucksvollsten und am wenigsten von Fremden besuchte Gompa. Der Abt, Lo Chen Tulku, gilt als 19. Inkarnation des Rinchen Tsangpo.*

*Teezubereitung im Nonnenkloster Ani (4460 m), einem kleinen, eher etwas versteckten Kloster wenig nördlich der ehemals bedeutenden Reting Gompa (siehe Seite 142).*

Teeladen in der New Road in Kathmandu – das Angebot ist für Himalaya-Verhältnisse riesig.

Eine der vornehmeren Teetassen – immer mit kunstvoll gestaltetem, hohem Gestell (Untertasse) und nicht minder verziertem Deckel.

Das alles hört sich wesentlich schlechter an als der Buttertee schließlich schmeckt. Gut zubereitet, gleicht er einer Bouillon. Früher wurde getrockneter Tee in Tibet auch als Zahlungsmittel verwendet.

Der Tee wird in flacher Ziegelform angeboten. Unter Hinzugabe von Salz und etwas Soda (Natriumkarbonat) wird eine schwarze Brühe gekocht, die in einem an eine riesige Luftpumpe erinnernden Mischgerät mit Milch und Butter zu einer Emulsion vermischt wird. Als Emulsion sind tierische Fette am leichtesten verdaulich. Die Tibeter wussten schon immer, warum sie Buttertee trinken.

Da die Vorratshaltung der Butter unter den Nomaden nicht in Kühlschränken erfolgt, weil sowohl solche als auch der elektrische Strom in Nomadengebieten nicht existent sind – heute gerade mal in den größeren Orten – ist die Butter in der Regel ranzig. So siedeln sich im Buttertee beachtliche Bakterienkulturen an, die Magen und Darm der meisten Europäer auf fürchterliche Weise peinigen können.

Starker Durchfall kann auch immunisierend wirken. Wenn man einmal den vom Buttertee herrührenden Beinahe-Tod überstanden hat, bleibt man meist vor ähnlich schlimmen Attacken verschont. Wenigstens ein Trost, wenn man dem Tod drei Tage lang ins Auge sehen muss.

## Tibetische Gastfreundschaft

Es darf nicht vergessen werden, auf besondere Sitten der tibetischen Hausfrau hinzuweisen. Wenn man nur einen einzigen Schluck vom angebotenen Buttertee getrunken hat und glaubt, dem Ziel, irgendwann mal ausgetrunken zu haben, wenigstens einen kleinen Schritt näher gekommen zu sein, gießt die Hausfrau sofort nach. Sie hat alle Gäste ständig im Auge, um sofort aufzuspringen, wenn ein Gast die Tasse nur an die Lippen führt. Es gilt als gute Sitte, dass der Gast jederzeit eine volle Teeschale hat. Leere Teeschalen sind eine Unsitte. Und da Unmengen von Buttertee getrunken werden – teils 50 Schalen und mehr am Tag – nimmt die Hausfrau natürlich an, dass dies die Europäer auch so wollen. Glücklicherweise sind die tibetischen Teeschalen relativ klein. Nur – wenn dauernd nachgeschenkt wird, ist die Größe der Teeschale nur beim endgültigen Austrinken von Bedeutung.

Tee – auf die einfachste Weise zubereitet.

► Vornehm zubereiteter Tee mit zwei Litschikirschen, die auch als Drachenaugen bezeichnet werden.

Wenn der Europäer glaubt, keinen Buttertee mehr hinunterzukriegen, sagt man am besten »Tuk tsche tsche – me me me«, was soviel heißt wie »Danke – genug«. Bei so viel Tibetisch wird die Hausfrau erstaunt sein und dies sicher respektieren.

## Viele Teesorten

Nicht überall in Tibet trinkt man Buttertee. In der Provinz Amdo, im Nordosten Zentraltibets, wo der derzeitige Dalai Lama geboren wurde, trinkt man schwarzen wie auch grünen Tee mit Milch und Zucker. Dies ohne die berühmte Butter. Meist ist es heiße Milch, in die man etwas Tee gibt. Der Grüne Tee ist wie der Schwarze, nur dass er nicht fermentiert ist. Darüber hinaus gibt es in Asien sehr viele weitere Teesorten und Zubereitungsmöglichkeiten. Der »Drachenaugentee« ist grüner Tee mit Kandiszucker, in den man »Kojize« gibt, den Samen eines Baumes, welcher eine heilende Wirkung hat. Dieser Tee wird noch mit zwei Litschikirschen verziert, die auf dem Tee schwimmen wie die Augen eines Drachen.

Der »Lotostee« ist der kostbarste. Grüner Tee wird in dünnes Seidenpapier eingewickelt und zwei bis drei Tage in blühenden Lotosblüten gelagert. Das Einbringen in die Lotosblüten muss am zeitigen Morgen geschehen, wenn die Blüten noch nicht völlig geöffnet sind. Die Arbeit wird von Frauen ausgeführt. Sie sitzen in kleinen, mit Pech abgedichteten, korbähnlichen Booten, rudern zu den Lotosblumen, legen den Tee darin ab und verschließen die Blüten mit einem dünnen Faden, sodass die Blüte den Lotosduft an den Tee abgibt. Das Kilogramm kostet um die 600 US-$.

## Tibetisches Teegeschirr

In den wenigen Städten und überall dort, wo das Zuhause ein Haus ist, werden zum Teetrinken Porzellanschalen verwendet. Die Nomaden können sich diesen Luxus nicht leisten; der raue Betrieb im Zelt würde daraus bald Scherben machen. Die Nomaden und jeder, der irdendwo unterwegs ist, führen Teeschalen aus Holz mit sich, das bis heute größtenteils aus dem Limital kommt, direkt südlich des hohen Siebentausenders Gurla Mandhata in Tibet, kurz hinter der nepalisch-tibetischen Grenze. Es wird überwiegend Ahornholz verwendet, gelegentlich auch Birkenholz. Diese Holzarten seien angeblich besonders bakterientötend. Besonders gefragt sind immer die Baumkröpfe. Umso verschlungener deren Maserung, desto wertvoller die Teeschale.

*Die flachen Teeziegel – wie sie in Tibet nach wie vor gang und gäbe sind, dahinter in größeren Mengen verpackt.*

Die vornehmeren Teeschalen sind mit Silberblech ausgeschlagen und besitzen meist auch ein mit getriebenem Silberblech verziertes Unterteil. Zu jeder Teeschale, ob aus Holz oder Porzellan, gehört ein Deckel aus getriebenem Silberblech. Denn Staub ist im Himalaya allgegenwärtig. Vornehme Teeschalen, besonders solche aus Porzellan, besitzen auch eine aus Silberblech getriebene Untertasse, nicht tellerförmig wie bei uns, sondern relativ hoch, die gelegentlich die Form von Lotosblättern aufweist.

*Teeschalen (tib. »Phorba«) sind in Handarbeit aus Holz gefertigt und daher in ihrer Größe, Form und Gestaltung recht unterschiedlich.*

Jeder Tibeter, jeder Sherpa, jeder Bhotia führt seine Holz-Teeschale ständig mit sich. Die Teeschalen dienen natürlich nicht nur zum Genuss des Buttertees, sondern auch zur Zubereitung von Tsampa, dem Hauptnahrungsmittel der Tibeter, einem teigartigen Brei aus Gerstenmehl und Buttertee, der mit den Fingern zubereitet wird.

*Reinigen neuer Teeschalen im Limital – der letzte Produktionsschritt. Von hier, südlich der Gurla Mandhata, kommen die angeblich kostbarsten aller Teeschalen aus Holz.*

# Hightech im Himalaya

Tangtong Gyalpo, der Brücken-Heilige, mit einigen Kettengliedern in der rechten Hand.

Eine der Kettenbrücken von Tangtong Gyalpo – über 550 Jahre alt.

Der Buddhismus ist streng genommen eine technikfeindliche Religion. Dies ohne, dass es irgendwo festgeschrieben sei.

Buddha hat gelehrt, dass alles Leben unabdingbar mit Leiden verbunden ist und dass dieses Leiden seinen Ursprung im menschlichen Bestreben nach irdischen Dingen und Genüssen hat. Wer der Lehre Buddhas folgen will, muss sich um eine maßvolle Weltentsagung bemühen. Er muss sich von allen Begierden befreien. Dies ist nichts anderes, als das Streben nach irdischen Freuden und Genüssen zu unterlassen. So muss dem Buddhismus in letzter Konsequenz eine Technik ablehnende, fortschrittsfeindliche Haltung nachgesagt werden.

Doch die heutige Technik der westlichen Welt – unser heutiger Wohlstand – ist nur aus dem Bedürfnis entstanden, das Leben zu vereinfachen und genussvoller zu gestalten. Dies vom Anbeginn der Menschheit – was der Lehre Buddhas widerspricht.

Schließlich aber nehmen die Tibeter die Auslegung der Lehre Buddhas nicht ganz so ernst. Und die Tibeter waren schon immer von der Technik des Abendlandes fasziniert – sofern früher überhaupt Kunde davon in das abgelegene Hochland gedrungen ist.

## Auch früher schon

Der berühmte Tangtong Gyalpo (1385–1466) hat schon die Erzeugung von nichtrostendem (!) Stahl beherrscht. Von ihm stammen einige Kettenbrücken, deren Kettenglieder noch heute keine Rostspuren aufweisen. Tangtong Gyalpo war ein Universalgenie. Er war Architekt, Techniker, Maler, Dichter und konnte Lesen und Schreiben, was in der damaligen Zeit in Tibet nicht gerade alltäglich war. So gilt Tangtong Gyalpo als der Michelangelo des Himalaya. Aufgrund seiner Fähigkeiten wurde er und wird er auch heute noch hoch verehrt.

◄ *Keinerlei Korrosion ist an den uralten Kettengliedern erkennbar.*

*Elektrische Energie »aus der Luft« – aufgenommen in der Korzog Gompa in Ladakh am Tso Moriri, nahe der tibetischen Grenze. Rechts im Vordergrund ein ausgedienter Mühlstein.*

Heute trägt nahezu jeder buddhistische Mönch eine Armbanduhr. Viele Mönche besitzen einen Radioapparat, einige einen Fernseher und manch andere technische Errungenschaft bis hin zu Motorrad und Handy. So unterliegt auch der Buddhismus zwangsläufig dem Wandel der Zeit.

Nach dem Glauben der Tibeter darf die Erde nicht ausgebeutet werden, weil sonst die Erdgottheiten gestört werden könnten. Dies führte dazu, dass der Bergbau in Tibet völlig unbekannt war (nur in Nordosttibet, im östlichen Kham, gab es – von China beeinflußt – eine geringe Verhüttung). So war und ist teilweise auch heute noch der Beruf des Schmiedes verpönt. Schmiede gelten als Ausgestoßene, weil sie Metalle verarbeiten, die Erde ausbeuten. Schmiede besitzen eine auffallend niedrige soziale Stellung, die vererbt wird. Allerdings haben die Schmiede eine wirtschaftlich keineswegs besonders schlechte Stellung, weil ihre Erzeugnisse schließlich recht gefragt sind.

## So wie die Erde …

… nach Ansicht der Tibeter nicht ausgebeutet werden darf, darf dies natürlich auch nicht mit der Sonne geschehen. Deshalb haben sich die Tibeter im Himalaya zunächst auch mit der Anwendung von Sonnenkollektoren und Hohlspiegeln zur Warmwasserbereitung schwer getan. Nicht anders mit den Sonnengeneratoren, mit deren Hilfe elektrischer Strom, wenn auch nur niederfrequenter, erzeugt werden kann. Denn damit wird ja die Sonne ausgebeutet.

Doch inzwischen hat man im tibetischen Bereich die Nutzung der neuen Technologie schätzen gelernt und den Glauben hintangestellt. Und nicht nur in Tibet. Und dies insbesondere deshalb, weil Holz zur Warmwasserbereitung sehr rar und folglich sehr teuer ist. Geheizt wird mit Yakmist, der frisch aufgesammelt und an den Hauswänden getrocknet wird.

◄ *Schmiedearbeit wie früher, es hat sich nicht viel verändert.*

*Auch das Sammeln und Trocknen von Yakmist ist uralte Tradition und geschieht heute noch so wie früher.*

*Die modernste Technik im hintersten Himalaya – warum auch nicht?*

*► Steine beschweren ein Dach im Langtang – nicht anders als bei uns im alpenländischen Raum.*

Da Solartechnik recht einfach zu installieren und zu warten ist, findet man inzwischen schon in den entlegensten Winkeln diese Art von Energiegewinnung, insbesondere in Klöstern – diese haben oft passable Geldeinnahmequellen, um dies auch zu finanzieren. Darüber hinaus ist das tibetische Hochland natürlich für jede Art von Sonnenenergiegewinnung richtiggehend prädestiniert. Im Vergleich zu Europa scheint die Sonne tagtäglich um ein Vielfaches häufiger und länger als beispielsweise in Mitteleuropa. Und die Sonnenstrahlen treffen das Land weniger gefiltert, da erstens die Luftschichten über 3000 Meter weniger dicht sind als darunter, und weil zweitens die Luft weniger verschmutzt ist.

## Steinzeittechnik

Wie bewegt man allein mit Muskelkraft einiger weniger Menschen einen tonnenschweren Felsblock? – Wenn man diese Frage nicht beantworten kann, ist dies ein Zeichen dafür, dass wir aufgrund unserer üblichen Technikverwobenheit vom natürlichen Verhalten der Menschheit weit Abstand gewonnen haben.

Auf dem Weg von Simikoth zum Kailash, im hintersten Westnepal, hat man uns gezeigt, wie ein tonnenschwerer Felsblock auf einfachste Weise bewegt wird. Allerdings kostet dies Zeit.

Ein riesengroßer Felsblock hatte sich weit oben gelöst, ist den Hang hinuntergekugelt und hat einen schmalen Karawanenweg versperrt. Bald war ein schmaler Trampelpfad um den tonnenschweren Felsblock entstanden. Die Tiere aber konnten nicht vorbei, erst recht nicht beladene Yaks. So musste der Felsblock also weg. Wie die Einheimischen den Felsblock schließlich bewegt haben, war so genial einfach, wie ich es nicht erwartet hatte.

Direkt an einer Schmalseite des Felsblocks, gegen die der Wind wehte, wurde ein Feuer angezündet, das den Stein an dieser Seite erhitzte. Da jedes Gestein eine hohe spezifische Wärmekapazität besitzt, verteilt sich die Wärme im Stein nicht sofort gleichmäßig, sondern nur sehr langsam. Dadurch entstehen Spannungen im Stein. Nun musste nur noch etwas Gewalt angewendet werden, indem man größere Felsbrocken gegen den Felsblock warf, wo er erhitzt worden ist, und schon brachen Teile aus diesem heraus. Das musste nur oft genug wiederholt werden, bis

*Wie in der Steinzeit – aber es funktioniert, und Zeit hat man im Himalaya glücklicherweise genug. Die herausgebrochenen Stücke waren nicht besonders groß – doch steter Tropfen höhlt den Stein.*

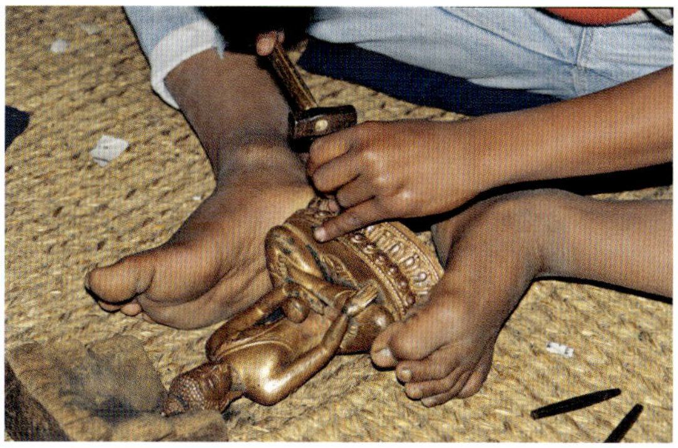

◄ *Ein Schraubstock wird durch die Füße ersetzt – man sollte dies einmal probieren, so einfach es aussieht, so schwierig ist es in der Tat.*

*Ein Scherenschleifer – da es bei Weitem nicht überall elektrischen Strom gibt, weiß man sich zu helfen.*

der Felsblock zu jener Größe zerkleinert war, die sich von Menschenhand bewegen ließ.

Diese Methode erinnert an Heinrich Harrers Reise nach Papua-Neuguinea und an sein Buch »Je li me – die Quelle der Steinäxte«. Harrer beschreibt, wie die Einheimischen auf die gleiche Weise Felsstücke aus Steinbrüchen heraussprengten, um so Material für ihre Steinäxte zu gewinnen.

## Wärmequelle Hohlspiegel

Auch auf größere Hohlspiegel stößt man im Himalaya gelegentlich, in deren Brennpunkt Heißwasser zubereitet werden kann. Im oberen Kali-Gandaki-Tal, in Jomson, ist ein solches Entwicklungsprojekt von einem Ingenieur, der am Technology Department der Universität von Tasmanien (Australien) lehrte, allerdings gescheitert. Warum?

Jomson liegt in der tiefsten Schlucht der Erde. Immer noch gute zweieinhalbtausend Meter hoch. Das Kali-Gandaki-Tal durchreißt den Himalaya von Nord nach Süd. Auf der westlichen Seite befindet sich der Dhaulagiri (8167 m), auf der östlichen die Annapurna (8078 m). Jomson liegt nördlich beider Achttausender, auf einer Höhe von etwa 2750 Meter. So ergibt sich ein Einschnitt in den Himalaya von über 5000 Metern.

Unterhalb von Jomson befindet sich in etwa die Vegetationsgrenze, auch wenn nördlich davon hier und da noch etwas wächst. Somit ist Holz in Jomsom und nördlich davon recht rar und deshalb kostbar. Ein idealer Ort, alternative Energiequellen zu nutzen.

Der australische Ingenieur hat zwei große Hohlspiegel mit einem Durchmesser von je mindestens zwei Metern und einen kleineren nach Jomson tragen lassen. Die Einheimi-

*Keine Leiter auf der Welt ist so stabil und dürfte folglich so lange halten wie diese.*

*Manche Wege im Himalaya sind etwas halsbrecherisch. Am besten folgt man den Einheimischen, die sich auskennen und sich eher richtig verhalten als Gebietsfremde.*

Der Ort Kagbeni im oberen Kali-Gandaki-Tal, einen Tag nördlich von Jomson, mit Blick nach Süden. Die Annapurna I (8078 m) östlich des Kali-Gandaki-Tals ist nicht zu sehen, weil sie sich östlicher (weiter links) befindet, dafür ihr rechter Ausläufer, der von Niederländern erstbestiegene Nilgiri (7061 m).

schen waren maßlos erstaunt, als ein Topf voll Wasser innerhalb auffallend kurzer Zeit zum Kochen kam. Es war wochenlang das Tagesgespräch im ganzen Tal. Die Einheimischen glaubten zunächst an göttliche Kräfte, wie sie es gewohnt waren, wenn sich etwas für sie Unverständliches ereignete.

Doch der vom australischen Ingenieur erhoffte Erfolg blieb leider aus. Nicht etwa, weil die Einheimischen Angst vor den Göttern gehabt hätten, denen sie die magischen Fähigkeiten zuschrieben. Oder weil sie sich ihres buddhistischen Glaubens erinnert hätten, die Sonne nicht auszubeuten. Nein – es war ein ganz trivialer Grund wie folgt.

Mir zuliebe hat man den kleineren der drei Hohlspiegel noch einmal aufgebaut und gezeigt, dass man die Technik durchaus beherrscht. Doch man hat sie nie auf Dauer verwendet, weil sie immer nur zur falschen Zeit funktioniert.

## Der Tagesablauf der Einheimischen …

… passt nicht mit dem Verlauf der Sonneneinstrahlung im Kali-Gandaki-Tal zusammen, wenn man Hohlspiegel verwendet. In Jomson trifft die Sonne nur zwischen den späteren Vormittags- und den früheren Nachmittagstunden ins Tal. Der Grund: die Annapurna im Osten und der Dhaulagiri im Westen mit jeweils einer Reihe von Bergen nördlich und südlich davon. Und zur Zeit der Sonnenscheindauer über die Mittagszeit sind die Einheimischen unterwegs. Sei es, dass sie auf den Feldern arbeiten oder dass sie mit Lastentransport beschäftigt sind. Die Einheimischen essen gemeinsam in der Familie nur am Morgen und am Abend. Nicht (!) zu Mittag. Beim morgend- und abendlichen Beisammensein an der Feuerstelle im Haus wird auch geratscht, und man wärmt sich am Feuer. Mittags, wenn die Sonne hoch am Himmel steht und ein Hohlspiegel gut brauchbar ist, braucht man keine Wärmequelle.

Als ich zwei Jahre danach wieder einmal nach Jomson kam, erzählte mir mein Sirdar von den Hohlspiegeln. Er war auch Sirdar bei dem australischen Ingenieur gewesen. Er machte mich mit dem Bürgermeister bekannt, bei dem sich die Hohlspiegel befanden. Die waren in einem Abstellschuppen, völlig verdreckt. Keiner benutzte sie mehr.

*Der Dhaulagiri (8167 m) direkt westlich des Kali-Gandaki-Tals, der mit seinen Trabanten dafür sorgt, dass am Nachmittag keine Sonne mehr das Tal erreicht.*

Offensichtlich hatte man sie, nachdem der Neuigkeitseffekt verblasst war, nicht mehr verwendet. Auf meine Bitte hat man den kleinsten hervorgekramt und mit einer Blechkanne versehen, um zu verdeutlichen, wie die Technik funktioniert.

So wurde ein Entwicklungshilfeprojekt in den Sand gesetzt. Mit etwas Kenntniss über den Tagesablauf der Einheimischen hätte sich das Geld besser anlegen lassen. Man sieht im Himalaya zwar immer wieder Hohlspiegel, die zum Warmwasserbereiten verwendet werden, ebenso wie Kollektoren und Generatoren. Dann aber an solchen Stellen, wo die Sonne tagsüber länger scheint.

Bleibt schließlich noch der Hinweis auf den Ortsnamen Jomson. Ursprünglich hieß der Ort »Dzongsom«. Weil die Engländer dies schlecht aussprechen können, ist während der sprachlichen Anglisierung daraus »Jomson« geworden. Nicht anders mit Darjeeling, das ursprünglich »Dordscheling« = Donnerkeilgarten hieß.

## Kanonen aus Leder

Dies ist für uns nicht recht vorstellbar. Doch es gibt sie. Da es früher in Nepal keine Metallgewinnung gab, musste man sich anders zu helfen wissen. Da Leder bekanntlich eine hohe Reißfestigkeit besitzt, hat man im 18. Jahrhundert Kanonenrohre aus vielen Lagen Leder gefertigt. Zwei dieser Kanonenrohre findet man im Nationalmuseum in Kathmandu. Wenn man auf dem Weg von der Altstadt nach Swayambunath ist, kommt man an diesem Museum vorbei, und zwar bevor die Straße unter dem Hügel von Swayambunath nach rechts abbiegt. Ein Besuch lohnt sich nicht nur wegen der beiden Kanonenrohre. Man erfährt auch manches über die Geschichte, über die Tierwelt Nepals und über die Staatsreligion, den Hinduismus.

Benutzt wurden die Lederkanonen auf jeden Fall im Nepal-Tibet-Krieg im Jahre 1792. Ob damit nur Angst und Schrecken verbreitet oder gar irgendetwas ernsthaft getroffen und dieses möglicherweise auch zerstört worden ist, entzieht sich der Kenntnis des Autors.

*Wer hier den Durchblick hat, muss ein Genie sein.*

*Nicht zu glauben – richtige Kanonenrohre aus Leder.*

# An ihren Schildern sollt ihr sie erkennen

Schilder, die irgendetwas anpreisen, sind so etwas wie Visitenkarten. Exakte Schilder lassen auf Korrektheit schließen, einfache auf Sachlichkeit, schludrige auf Oberflächlichkeit und künstlerische auf Feinsinnigkeit. So verrät ein Schild immer etwas über den, der damit etwas anpreist.

Früher brauchten die Einheimischen im Himalaya gar keine Schilder. Der Großteil konnte sowieso nicht lesen und schreiben – so teils auch heute noch. Das änderte sich erst, als die Himalaya-Länder ihre Pforten für den Tourismus öffneten. Heute sind Schilder – wenn solche vorhanden sind (auf dem Land eher nicht) – in Hindi, Nepali, Tibetisch, Chinesisch oder in Arabisch abgefasst, je nachdem in welchem Teil des Himalaya man sich befindet. Die bevorzugte europäische Sprache ist Englisch. In Deutsch wird nur das angeboten, wofür es kein englisches Wort gibt, wie für den Begriff »Strudel«. Dieser wird meist mit dem Hinweis angeboten, dass es sich um echte, »Really German«, Strudel handelt.

► Ein Schildermaler – ein durchaus angesehener Beruf.

▲ Bei gutem Wetter – überwiegend Anfang bis Ende November – wirken die Berge des Langtang von Kathmandu aus gesehen zum Greifen nahe.

## Wozu Schilder?

Die kleineren Läden auf dem Land haben auch heute noch kein Schild. Die Tür, wenn eine solche vorhanden ist, steht offen. Meist sind es in seitlichen Führungen hochkant übereinander gestellte Bretter, die bei Öffnung entnommen und beiseite gelegt werden. Diese kleinen Läden sind, wenn geöffnet, von außen einzusehen. Wozu dann noch ein Schild?

► Ein Schilderwald – immer dort, wo viele Trekker vorbeikommen.

◄ »Nur für Gäste« – ob dies die westlichen Gäste wirklich verdient haben?

Es wird alles angeboten, was der Händler herbeischaffen kann. Meist ist es sowieso nicht allzu viel. Gewöhnlich das, was die einheimische Produktion nicht zuwege bringt, zum Beispiel Kämme und sonstige Plastikartikel, einschließlich Plastikeimer und -geschirr sowie auch einmal Socken oder gar ein Hemd bis hin zu jedwedem Krimskrams, der in diesen Ländern gelegentlich gebraucht wird. Wollte man dies alles auf einem Schild angeben, müsste das Schild wenigstens einen Quadratmeter groß sein. Oder auf dem Schild müsste »Gemischtwarenhandlung« stehen. Doch dafür hat man noch kein Wort gefunden. Dies wohl auch deshalb nicht, weil man offensichtlich noch nicht danach gesucht hat. Es geht schließlich auch ohne Schild.

Sind Schilder vorhanden, wie in den größeren Städten, sind es meist recht interessante, sofern man sie lesen kann. In einer Nebenstraße des Asan Tole in Kathmandu gab es einen Laden mit dem Schild »NEPAL Hashis Shop«. Diese Droge kann man in Nepal erwerben, meist allerdings ohne irgendeinen Hinweis, was angeboten wird.

◄ Das Hakenkreuz – auf altindisch »Swastika« – ist ein hinduistisches Glückssymbol und einige Tausend Jahre alt. Hammer und Sichel sind bekannt.

## Schildermaler

In den Lodges auf den Haupttrekkingrouten, wo man für wenig Geld auf einem harten Holzgestell übernachten und sich juckende Bisse holen kann, werden auch Speisen angeboten: Reis, Dhal, Chili, Gemüse und andere Köstlichkeiten. Da die Wirtin – meist wird eine solche Lodge von einer Frau betrieben – etwas Englisch beherrscht, aber in der Regel weder lesen noch schreiben kann, lässt sie ihr Lodgeschild kurzerhand anfertigen. Es gibt Schildermaler, die durch die Gegend ziehen, meist aber nicht Englisch schreiben können und so den Text von einer Vorlage abmalen. Deshalb die Bezeichnung »Schildermaler«. Der Künstler verewigt sich meist in einer der beiden unteren Ecken, z.B. mit dem Hinweis »Art by Manbahadur«.

Da die Texte nur abgemalt werden, wird manches angeboten, das der Laden gar nicht hat, und es schleichen sich häufig auch Fehler ein, sodass der Tourist nicht selten schmunzeln muss. Von manchen Touristen wird darüber auch arrogant gelacht. Man sollte als Europäer einmal ein Schild in Hindi oder Tibetisch abmalen müssen. Sicher würden sich da auch Fehler einschleichen.

Manchmal wird auf den Schildern auffallend viel angeboten, die Fremden haben schließlich Zeit zum Lesen – zumindest im Himalaya.

Der Baum ist das Symbol der Kongresspartei in Nepal.

*Das damals einzige Hotel in Padam.*

## Ein Schild in Padam

Das interessanteste Schild sah ich in Padam, der Hauptstadt von Zanskar, einem nach europäischen Begriffen damals winzigen Ort von etwa zwanzig Häusern. Es war das einzige Schild im ganzen Ort. Manche nennen Padam auch Padum oder Spadum. Was richtig ist, weiß offensichtlich keiner. So gab es, als ich dort vor über 30 Jahren auftauchte, auch noch keine brauchbaren Landkarten. Dem Himmel sei gedankt, dass es solch herrliche Erdenwinkel noch gibt.

Nach Padam kommt man, wenn man den Zanskar-Trek unternimmt, von Kargil oder von Lamayuru nach Darchen im Lahoul oder umgekehrt. Ein Haus in Padam hatte damals über der Tür ein Schild »CHORALA HOTEL and RESTAURENT with RUNNIG WATER ...«. Es war das einzige Hotel. Es besaß in der Tat »rennendes Wasser«. Ein junger Bursche des Hauses, musste es in zwei Eimern vom Bach heranschleppen. Die Last war etwas schwer für ihn. So versuchte er die Strecke im Laufschritt zu schaffen. Er rannte mit den vollen Wassereimern über den Hof, was das »rennende Wasser« direkt veranschaulichte. Im Haus angekommen, schleppte er die Eimer einzeln über eine halsbrecherische Leiter aufs Dach und kippte das Wasser in eine alte Teertonne. Von dort lief es mittels eines Schlauches in einen Eimer in der Küche des Hotels.

Als ich den Burschen das erste Mal rennen sah, hatte ich ein schlechtes Gewissen. Möglicherweise musste er nur wegen mir das »running water« holen. Die übrigen Anwesen-

**Jeweils nur ein Schuh**

In Lahoul bot ein Schuhhändler auf der Straße »einzelne« Schuhe an, kaum gebraucht – aber den zweiten jeweils nicht (!). Ich wollte dies nicht glauben. Doch als ich sah, wie die Käufer nur mit einem Schuh davonzogen, sah ich mir alle Schuhe an und versuchte, zu jedem den zweiten dazuzufinden. Ich konnte kein (!) Paar entdecken. Dafür war der eine Schuh recht billig, umgerechnet gerade einmal etwa 2 Euro. – Deshalb war ich am Tag zuvor auf der Straße auf einen Buben gestoßen, der ungleiche Schuhe trug.

den – alles Einheimische – machten nicht den Eindruck, besonderen Wert auf fließendes Wasser zu legen. Also machte ich dem »running water«-Burschen klar, dass ich kein fließendes Wasser brauche. Doch der schleppte weiter. Es ging wohl auch darum, dem einzigen Gast im ganzen Hotel zu zeigen, dass man das erste Haus am Platze sei – und dazu reichte das Schild allein wohl nicht aus.

## »Hot and cold shower«

Nicht selten wird auf den Schildern auch etwas angepriesen, das den Trekker in beachtliches Erstaunen versetzt. So ist es mir einmal an einem strohgedeckten Bambushaus im unteren Kali-Ghandaki-Tal bei Nayapur ergangen. Da war auf einem Schild zu lesen »Hot and cold shower«. Als ich die Wirtin fragte, wo die »hot showers« seien, merkte ich sehr bald, dass sie gar nicht wusste, was auf ihrem Schild angepriesen wurde. Im nahe gelegenen Bach hätte man nur ein recht kaltes Bad nehmen können.

Offensichtlich hatte sie das Schild an einem Hotel im vier Tagesmärsche entfernten Pokhara gesehen – ohne lesen zu können, was draufsteht. Und sie dürfte einen Schildermaler beauftragt haben, ihr ein solches Schild anzufertigen. Spontan kam mir der Gedanke, dass die Wissenschaft wohl doch Recht haben dürfte: Die Evolution muss gerichtet sein! Warum sollte der Mensch sonst ständig nach höheren Dingen streben?

Die zwei amüsantesten Schilder sah ich in Kaschmir und in Ladakh. In der Ortschaft Drass fand ich am Eingang einer winzigen Wechselstube ein Schild mit der Aufschrift: »Das Eintreten mit tödlichen Waffen ist verboten«. – Kurz vor Leh ein im Prinzip ähnliches Straßenschild: »Unfälle sind auf dieser Straße nicht erlaubt«.

## Fließend Wasser in Leh

Lodges preisen auf ihren Schildern gern das »attached bath« an. Man sollte nicht zuviel erwarten, obwohl schon auf den Trekkingrouten Sonnenkollektoren verwendet werden, womit auf einfache Weise Warmwasser bereitet werden kann. Dies allerdings meist nicht in der Temperatur, wie wir sie uns vorstellen, und halt auch nicht in den Mengen, die verwöhnte Trekker nach einem schweißtreibenden Tagesmarsch gewöhnlich erwarten.

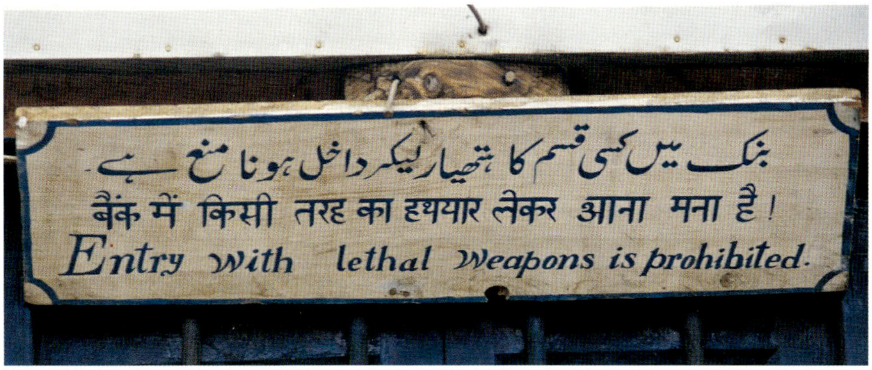


*Ein eindeutiges Schild.*

In Leh, der Hauptpstadt von Ladakh, waren wir einmal zu siebzehnt von einem zweiwöchigen Trekking aus der Stock-Gruppe zurückgekehrt. Wir hatten einen recht stolzen Sechstausender bestiegen und einige höhere Fünftausender und freuten uns auf das erste Bad im Hotel. Nach Verteilung der Zimmerschlüssel stürmten alle von der Rezeption direkt in die Zimmer und schnurstracks unter die Dusche. Welch ein Wunder – das Wasser lief. Im glücklichen Gefühl sich anbahnender Sauberkeit stellten wir das Wasser vorerst wieder ab, um zu sparen. Wir seiften uns ein, dann der zweite Griff zum Wasserhahn – und nur noch ein paar Tropfen quollen heraus. Was lag näher, als den Wasserhahn der Kameraden im Nebenzimmer zu probieren. Da würde das Wasser wohl noch laufen.

Doch weit gefehlt. Dem Reinigungsdrang von siebzehn sauberkeitssüchtigen Europäern war die Wasseranlage nicht gewachsen. Wir fanden uns alle mehr oder weniger eingeseift auf dem Etagengang wieder. Später, beim Abendessen, verbreiteten wir einen äußerst intensiven Seifenduft.

*Wahlreklame in Kathmandu.*

*Leh – die größte Stadt und gleichzeitig die Hauptstadt von Ladakh.*

# Von Swamis, Sadhus, Gurus und Yogis im Himalaya

In der Literatur findet man immer wieder Hinweise auf Menschen, denen übernatürliche Fähigkeiten nachgesagt werden. Es sind Menschen, denen zum Beispiel der Blick in die Zukunft nicht verwehrt ist. Diese Fähigkeit ist schon immer sehr gefragt gewesen. Man wollte schließlich schon immer wissen, was die Zukunft bringt. So waren die Propheten im biblischen Zeitalter hoch angesehene Leute. Im alten China hat man schon vor 6000 Jahren versucht die Zukunft vorherzusagen, indem man Schildkrötenpanzer und Schulterblätter von Tieren ins Feuer hielt und die durch Hitze entstandenen Sprünge zu deuten versuchte. Nicht umsonst gilt der Berufsstand der Weissager als das zweitälteste Gewerbe der Welt.

## Vor bald hundert Jahren

Als die Briten 1922 während der zweiten Everest-Expedition, unterstützt von Sherpas aus Darjeeling, den Mount Everest von Norden angingen (Nepal war damals noch nicht zugänglich), kam es zu einer Katastrophe, die vorausgesagt (!) war.

Der Head-Lama des Rongbuk-Klosters, wo die Expedition vorbeigekommen war, hatte

*Der Mount Everest von Norden gesehen, vom Rongbuk-Kloster.*

◄ *Das Rongbuk-Kloster, das von den Roten Garden völlig zerstört wurde und im Jahre 2006 erst teilweise wieder aufgebaut worden war.*

*Die Massen von Indern, die jährlich die heiligen Orte im indischen Himalaya aufsuchen, führen zu beachtlichem Andrang.*

eine erschreckende Vision. Er schickte sofort einen Mönch zu den Sherpas ins Basislager mit der Nachricht, dass ein großes Unglück bevorstehe und empfahl umzudrehen und den Sitz der Götter nicht weiter zu stören. Doch die Expedition, der immerhin George Mallory* und Edward Norton angehörten, unternahm nach zwei vergeblichen Gipfelversuchen und größerem Neuschneefall einen weiteren Versuch. Dabei gerieten vier Sahibs, unter ihnen Mallory, und vierzehn Sherpas in eine Lawine. Die Sahibs und sieben Sherpas kamen wie durch ein Wunder mit dem Leben davon. Die anderen sieben Sherpas wurden unter den Schneemassen begraben und fanden den Tod.

## Von Herbert Tichy, …

… der viele Jahre in Asien verbracht hat, muss in diesem Zusammenhang berichtet werden. In den Sommermonaten machen sich jährlich viele Tausend Inder als Pilger auf den Weg zu den vier heiligen Quellen des Ganges. Jeder Inder möchte sich wenigstens einmal im Leben an einer der vier Gangesquellen reinigen. Dies auch innerlich. Eine der »Quellen« ist Badrinath im Quellgebiet des Alaknanda. Der Alaknanda wird beim Zusammenfluss mit dem Bhagirathi, der aus dem Gangotri-Gletscher herausfließt, nahe dem Austritt aus dem Himalaya zum Ganges. Badrinath wird deshalb als »heilig« angesehen, weil es heiße Quellen aufweist. Diese gelten unter den Hindus als heilig, weil man ihnen – in der Vergangenheit nicht erklärbar – göttlichen Status zuschrieb. Der Ausfluss des Gangotri-Gletschers ist im Glauben der Hindus das berühmte »Gaumukh«, das »Kuhmaul«, aus dem der Bhagirathi hervorquillt.

Als Herbert Tichy 1951 wieder einmal in Badrinath war, hauste ein Sadhu in einer abseits gelegenen Höhle, von dem die Einheimischen behaupteten, er könne in »allen Zungen der Welt« reden. Der Sadhu war noch recht jung. Er sprach fehlerfreies Englisch. Tichy unterhielt sich mit ihm – Tichy sprach Hindi – und fragte den Sadhu, ob er wirklich in allen Spra-

*Asienforscher Herbert Tichy.*

*Die Athmosphäre in Badrinath an einem Abend im Herbst gleicht etwa der bei uns zur Vorweihnachtszeit. Im Winter dagegen ist Badrinath aufgrund der Kälte nahezu menschenleer, immerhin liegt es rund 3100 Meter hoch.*

** George Mallory kam bei einer weiteren Everest-Expedition zwei Jahre später, 1924, gemeinsam mit Andrew Irvine zu Tode. Beide kamen von einem Gipfelversuch, der sie bis in eine Höhe von 8600 Meter brachte – weltweit der damals höchste erreichte Punkt – nicht mehr zurück. Der Gipfel des Mount Everest sollte erst 29 (!) Jahre später, nach weiteren zehn (!) erfolglosen Expeditionen (sieben britischen, einer amerikanischen und zwei schweizerischen) erstbestiegen werden. Edmund Hillary und Sherpa Tensing Norgay standen am 29. Mai 1953 als erste Menschen auf dem Gipfel. Die Leiche Mallorys wurde erst 1999 gefunden, die von Irvine bis heute nicht.*

Das für alle Hindus berühmte Gebäude in Badrinath mit dem Heiligtum für alle Hindus – die heißen Quellen befinden sich in Gebäuden wenig abseits.

Der junge Heilige von Badrinath.

chen der Welt reden könne. Zunächst lächelte der Sadhu bescheiden, wie vervollkommnete Sadhus dies zu tun pflegen, spricht man sie auf ihr Können an. Dann sagte der Sadhu, dass er nur Fragen in allen Sprachen beantworten könne, wenn der Fragende darauf selbst eine richtige, korrekte Antwort wisse.

Tichy machte die Probe aufs Exempel. Er fragte ihn auf Deutsch, wie alt er sei. Unwillkürlich dachte sich Tichy sein Alter, und schon kam die richtige Antwort in einem Deutsch, das durchaus zu verstehen war. Tichy fragte weiter, und zwar auf Italienisch, wo der Weg nach Badrinath verlaufe. Und der Sadhu antwortete: »Sempre diritto«.

## Dann wollte es Tichy …

… genau wissen. Er fragte ihn auf Chinesisch, das Tichy beherrschte: »Wo shih na i kuo jen – Welcher Nationalität bin ich«? Und Tichy versuchte auf Deutsch die Antwort zu denken: »Ich bin Inder«. Da Tichy bereits längere Zeit im Himalaya war und folglich eine braune Hautfarbe besaß, hätte der Sadhu in ihm durchaus einen Inder vermuten können. Der Sadhu aber antwortete nicht. Er saß mit geschlossenen Augen im Lotossitz ganz ruhig und schwieg. Schließlich konnte sich Tichy nicht länger auf die drei deutschen Worte konzentrieren und dachte in Chinesisch an die richtige Antwort: »Ni shih au kuo jen – Ich bin Österreicher«. Und schon öffnete der Sadhu die Augen, lächelte und sagte den von Tichy gedachten Satz: »Ni shih au kuo jen«.

Tichy gab seiner Bewunderung Ausdruck. Doch der Sadhu murmelte nur bescheiden, fast scheu, als schämte er sich der Zurschaustellung seines Könnens: »Dies ist nur eine Kleinigkeit«. Offensichtlich beherrschte der Sadhu die Kunst des Gedankenlesens, dies – ohne den Sinn seiner Antwort zu verstehen.

In den Sommermonaten sind Massen von gläubigen Pilgern und Bettlern zu den vier heiligen Orten Indiens unterwegs, nach Badrinath, Gangotri, Kedernath und Yamunotri.

## Abermals Herbert Tichy

Später begegnete Tichy einem älteren »Heiligen«, abermals in der Nähe von Badrinath. Sein Hab und Gut bestand aus einem Lendenschurz und der »Bhagawadgita«, der Hindu-Bibel. Im Herbst, wenn die Bewohner den Ort wegen das kalten Winters verlassen – Badrinath liegt in einer Höhe von 3100 Metern – um erst im Frühjahr wieder zurückzukehren, blieb der Heilige während der ganzen eisigen Jahreszeit ohne (!) Nahrung zurück. Tichy hatte dafür keine Erklärung.

Tichy fand den Heiligen und gesellte sich zu ihm. Dagegen, dass sich Tichy oft stundenlang in seiner Nähe aufhielt, hatte der Sadhu mit einer für Eremiten sonst seltenen Gleichgültigkeit nichts einzuwenden. Anfangs war der Sadhu recht wortkarg, immer wieder ausweichend, wie einem unwissenden Kind gegenüber, das Dinge in Erfahrung bringen will, die es noch nicht verstehen kann.

Doch mit der Zeit hatte der Sadhu dann doch noch Gefallen an Tichy gefunden und längere Gespräche mit ihm geführt. Oft saß der Sadhu in unbeweglicher Trance im Lotossitz, und Tichy glaubte, etwas von den transzendentalen Glücksgefühlen spüren zu können, die den Heiligen zu erfüllen schienen. In Trance hatte der Sadhu jedes Mal einen glücklichen, harmonischen Gesichtsausdruck.

Aus den Schilderungen der berühmten Inder Sri Vivecananda und Sri Yogananda ist bekannt, dass Meditierende in tiefer Trance gewaltige Erlebnisse haben. Als Tichy den Sadhu einmal danach fragte, erhielt er zur Antwort: »In flachen Menschen erregen die Fische kleiner Gedanken große Wellen – in großen Geistern erregt auch der Wal der Erkenntnis nur flache Wellen«.

Als sich Tichy von ihm verabschiedete, bat er den Sadhu um ein Wiedersehen und gab als Kontaktadresse die österreichische Botschaft in Delhi an. Der Sadhu nahm dies gar nicht zur Kenntnis und meinte, dass er ihn auch ohne Adresse zu finden wisse. Tichy dürften beim Gedanken an die damals bereits weit über fünfhundert Millionen Inder auf dem riesigen Subkontinent Zweifel gekommen sein.

Gehbehinderte lassen sich zu den heiligen Stellen wie hier in Badrinath tragen.

Etwa ein halbes Jahr später war Tichy auf dem Weg nach Assam. Er legte die über tausend Kilometer lange Strecke mit der Bahn zurück. In Benares überfiel ihn ein Malariaanfall. Tichy unterbrach seine Reise und fand Aufnahme in der Hindu-Universität. Als er abends in einem Tempel wandelte, trat ein Sadhu auf ihn zu und sagte: »Der Heilige von Badrinath lässt dir sagen, dass er jetzt in Haridwar ist (Anm.: indische Stadt am Südrand des Himalaya), falls du ihn treffen willst.« Tichy fragte ihn so erstaunt wie entgeistert, woher er denn wisse, dass er heute hier sei. Antwort des Sadhus: »Der Heilige hat mir vor zwei Wochen gesagt, dass du heute hier in diesem Tempel sein wirst.« Tichy hatte dafür keinerlei Erklärung.

Blauer Mohn – in freier Natur überaus selten und auch im Himalaya nur noch sehr vereinzelt anzutreffen.

Ein Sikh ist immer an wenigstens zwei Dingen zu erkennen: am Turban und am sichtbar getragenen Messer. Wenn Sikhs auch nicht dem Hinduglauben angehören, so besuchen sie trotzdem das für Hindus heilige Badrinath, denn es ist nicht weit entfernt vom für alle Sikhs heiligsten Ort im Himalaya, dem »Hemkunt« (siehe Seite 106).

*Sri Yogananda, indischer Gelehrter und »Heiliger« (1893–1952).*

## Ohne Nahrung

Sehr, sehr vereinzelt – so selten, wie man es sich kaum vorstellen kann – wird von Menschen im Himalaya berichtet, die wie der Sadhu von Badrinath ohne Nahrung auskommen. Auch Sri Yogananda erzählt in seiner Autobiographie von einer Nonne in Indien, die nachweislich ab ihrem dreißigsten Lebensjahr keinerlei Nahrung mehr zu sich genommen habe. Getränke ausgenommen.

Auch Therese von Konnersreuth (Familienname Neumann) wird dies nachgesagt. Sie hat nach ihrer ersten Erscheinung nichts mehr gegessen. Dies über viele Jahre, bis zu ihrem Tod. In den 1930er-Jahren besuchte Sri Yogananda auf der Rückreise von Amerika die Therese in Konnersreuth und führte mit ihr ein längeres, nach seiner Äußerung sehr interessantes Gespräch.

## In Qutub Minar

Auch der Autor erlebte Interessantes. Mit einer Trekkingruppe besuchte ich in Delhi die alte Ruinenstadt Qutub Minar, zu der nahezu alle Touristen geschleppt werden. Da ich die Ruinenstadt schon von vielen Reisen kannte und ein deutsch sprechender Guide bei der Gruppe war, überließ ich diesem die Führung und machte es mir im Schatten vor dem Eingang gemütlich. Schließlich war es heiß. Immerhin 42 °C. Allerdings ist dies für indische Verhältnisse eher noch kühl.

Bald kam ein alter Inder auf mich zu. Er war von sehr hagerer Gestalt, weiß gekleidet und trug eine Brille mit Gläsern, die so zerkratzt waren, dass ich mit gesunden Augen nicht versucht hätte, da hindurch etwas erkennen zu wollen. Der Alte sprach mich unvermittelt an, machte dabei aber keineswegs einen aufdringlichen Eindruck. Er sagte, er könne mir – wenn ich dies wünsche – den Namen meiner Mutter sagen. Ich war erstaunt. Sicher dürfte ich ein zweifelhaftes Gesicht gemacht haben, denn er gab mir eine Probe seines Könnens. Er sagte mir, dass ich einmal durch die Stadt Lahore gefahren sei. Das stimmte! Als wir 1969, also zwölf Jahre zuvor, anlässlich der Feier zum hundertjährigen Bestehen des Deutschen Alpenvereins eine Expedition zur Annapurna I (8078 m) unternahmen, fuhren wir mit zwei Lastkraftwagen von München durch den Balkan, die Türkei, den Iran,

*Das Zentrum von Qutub Minar mit der Säule des Ashoka, die heute nicht mehr berührt werden darf.*

Afghanistan, Pakistan und Indien, insgesamt vier Wochen lang bis nach Pokhara in Nepal – und kamen auch durch Lahore.

Trotz der treffsicheren Aussage des Alten, der – wie ich später erfuhr – von den Einheimischen als »Heiliger« verehrt wurde, zweifelte ich an seinem Können. Könnte er einfach geraten haben? – Viele Europäer waren schließlich mal in Lahore. Außerdem – Lahore liegt nicht einmal in Indien, sondern in Pakistan, wenn auch nahe der indischen Grenze. Wie auch immer – ich war neugierig geworden.

## Bevor er mir den Namen ...

... meiner Mutter sagen wollte, sollte ich ihm eine Zahl von eins bis zwanzig nennen. Welche Zahl ich ihm gesagt habe, weiß ich nicht mehr. In jedem Fall eine Zahl in der von ihm gewünschten Größenordnung. Danach sollte ich ihm ein Obst nennen. Ich sagte »pears«. Dann wollte er eine Gemüseart genannt haben. Ich sagte »dhal« (Linsen). Darauf schmunzelte er, weil es seine Muttersprache war.

Nun gab er mir einen winzigen Zettel. Es war eine Zeitungsecke. Er bat mich, den Namen meiner Mutter in großen Buchstaben auf den Zettel zu schreiben, und zwar so, dass er es nicht sehen könnte. Er trat einen guten Meter zurück, um wohl anzudeuten, dass er auch nicht sehen wollte, was ich zu Papier bringe. Und er hatte ebenfalls einen solchen kleinen Fetzen Papier in der Hand. Nun war ich eigenartigerweise richtiggehend verwirrt. Ich musste intensiv an meine Mutter denken – und ihr Name, den ich immer aus dem »ff« wusste, fiel mir partout nicht ein. Ich versuchte mich intensiv zu konzentrieren und war erstaunt, dass ich etwa gute fünf bis sechs, vielleicht sieben Sekunden brauchte, bis mir der Name meiner Mutter schließlich wieder in den Sinn kam: Elfriede. Im gleichen Augenblick begann der Alte auf seinen Zettel zu schreiben. Ich konnte nicht sehen, was er schrieb.

Ich kritzelte ELFRIEDE auf meinen Zettel in der Hand, ohne eine Unterlage, weshalb die Schrift nicht sonderlich gut geworden ist. Außerdem musste ich um die Ecke schreiben, weil kein anderer Platz auf dem kleinen Fetzen Papier zur Verfügung stand. Danach deutete mir der Alte an, meinen Zettel zusammenzufalten. Seinen hatte er schon zusammengeknüllt. Dann sagte er mir, dass wir nun zur gleichen Zeit die Zettel öffnen werden.

*Das Minarett von Qutub Minar mit einer Höhe von 72,5 Metern, das von Touristen heute nicht mehr betreten werden darf.*

Wir taten dies und siehe da – auf seinem Zettel stand exakt der gleiche Name wie auf meinem. Und dies auf die gleiche Art und Weise niedergeschrieben – und zwar um die Ecke – obwohl dies überhaupt nicht notwendig gewesen wäre, weil auf seinem Zettel Platz war. Er hätte auch diagonal schreiben können. Der Leser möge sich überzeugen. Beide Zettel sind auf der folgenden Seite abgebildet.

*Das Minarett mit dem untersten von sechs Umgängen.*

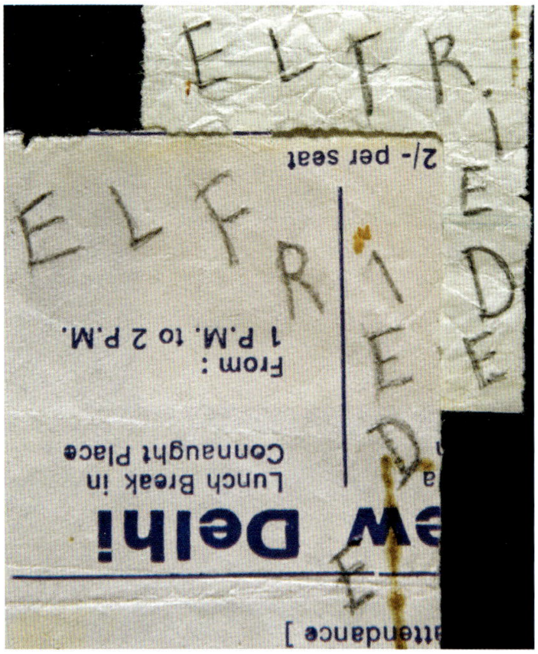


*Die beiden Zettel mit dem gleichen Namen, in gleicher Weise geschrieben und zwar mit »IE«, das es in dieser Weise in der indischen Sprache gar nicht gibt.*

*Der alte Inder, der offensichtlich Gedanken lesen konnte.*

Oben der Zettel des Alten, den er in dem Augenblick beschrieb, als mir der Name meiner Mutter nach intensivem Nachdenken wieder einfiel. Unten mein Zettel mit meinem Gekritzel, das ich zeitlich erst nach seinem zu Papier gebracht habe. Unverständlich ist, dass er den Namen in der gleichen Weise niedergeschrieben hat wie ich dies anschließend getan habe.

Ich war bass erstaunt. Danach fragte mich der Alte, was ich mir vom künftigen Leben wünsche. Ich antwortete ihm, dass ich mir nichts Besonderes wünsche – es wäre nur schön, wenn ich nie mehr ernstlich hungern, frieren und Schmerzen erleiden müsste (wie es mir mehrfach passiert ist). Daraufhin sagte mir der Alte ein glückliches, langes Leben voraus. Ersteres hat sich bisher ergeben, letzteres muss sich noch herausstellen.

Ich war später noch oft mit Gruppen am Qutub Minar. Den Alten habe ich nicht mehr getroffen. Die Postkartenhändler sagten, er sei weiter gezogen.

## Telepathie

Ein guter Bekannter des Autors, Jean-Franck Charlet, Bergführer in Chamonix und einer der Direktoren der ENSA*, hatte ein Erlebnis im Himalaya, das sich nur mit dem Phänomen des Gedankenlesens erklären lässt. Neben seinem Beruf als Bergführer ist er auch Ingenieur. So darf davon ausgegangen werden, dass er logisch zu denken gelernt hat und sich nicht durch irgendeinen Hokuspokus beeindrucken lässt. Was hat sich zugetragen?

Charlet war mit einer Expedition auf dem Rückweg vom Manaslu (8156 m), dessen Besteigung über den schwierigen, bis dahin noch nicht begangenen Ostgrat leider nicht gelungen war. Nach Aufgabe des Expeditionszieles hatte Charlet allerdings Zweifel, ob sie das Ziel nicht vielleicht doch etwas zu früh aufgegeben hatten. Vielleicht wäre der Gipfel noch möglich gewesen. Schließlich dachte er auch an seinen Vater, der – wie er Bergführer – zwei Jahre zuvor im Alter von siebzig Jahren in einer Lawine umgekommen ist. Diesem Schicksal sind sie am Manaslu glücklicherweise entgangen. Doch in Charlet rumorte es immer wieder hin und her. Zu früh aufgegeben – oder glücklicherweise aufgegeben?

Während die Expedition durch das Buri-Gandaki-Tal hinauszog, hatte Charlet die Idee und das für ihn später unerklärliche Bedürfnis, einen nicht gerade besonders kurzen Abstecher über die Pungyan Gompa zu unterneh-

** ENSA = Ecole Nationale de Ski et d'Alpinisme, gegründet nach der weltweit ersten Besteigung eines Achttausenders, der Annapurna I (8078 m), im Jahre 1950 durch die Franzosen Maurice Herzog und Louis Lachenal. Seitdem rangiert der Alpinismus in Frankreich als Teil nationaler Interessen, was zur Folge hatte, dass die ENSA als nationale Bergsteiger- und Skischule gegründet wurde.*

**Qutub Minar**

Die heutige Ruinenstadt wurde 1192 n.Chr. von Muslimen auf den Ruinen einer alten indischen Stadt erbaut, nachdem die Muslime das Land erobert hatten. Die Moschee, die sie errichteten, war die erste in ganz Hindustan. Der Erbauer war der muslimische Heerführer, namens Qutub ad Din, der später der Herrscher über das Muslimreich auf dem Subkontinent wurde. Das Minarett mit seiner stolzen Höhe von 72,5 Metern wurde 1229 n.Chr. fertig gestellt. Dieser für damalige Verhältnisse gewaltige Turm ist das Wahrzeichen der Ruinenstadt. Da im Islam keine menschlichen Abbildungen in Moscheen erlaubt sind, wurden die indischen Steinmetzarbeiten, die Menschen darstellten, von den Muslimen zerstört. Doch einige wenige wurden übersehen. Sie sind noch heute erhalten und werden den Touristen als Besonderheit gezeigt. – Das Minarett, als »Turm des Sieges« bezeichnet, darf nicht mehr bestiegen werden, nachdem es in den 1990er-Jahren zu einer Panik im engen Turmaufgang gekommen ist, die über fünfzig Todesopfer forderte. – Auf dem großen Platz befindet sich eine dicke, nichtrostende Metallsäule aus der Zeit Ashokas (269–232 v. Chr.), der das erste indische Großreich errichtete. Nach einer alten Mär würde es Glück bedeuten, wenn man die Säule mit nach hinten gestreckten Armen umfassen kann. Doch auch das ist heute nicht mehr erlaubt.

men. Als er nach längerem Aufstieg schließlich an der Gompa eintraf, sah er in wenigen Metern Entfernung einen buddhistischen Mönch stehen, der die Größe und auffallende Statur seines Vaters hatte und diesem wie aus dem Gesicht geschnitten ähnlich sah. Charlet erschrak, war augenblicklich richtiggehend betroffen, ging dann etwas verunsichert langsam auf den Mönch zu und sagte halblaut wie in Trance »Vater«. Dies intuitiv bedingt in seiner Muttersprache, in Französisch, was der Mönch nicht verstanden haben konnte. Als er dem Mönch gegenüber stand, antwortete ihm dieser in halbwegs verständlichem Englisch: »Nein – ich bin nicht dein Vater – der ist vor zwei Jahren gestorben«. Charlet konnte dafür keine plausible Erklärung finden – außer der des Gedankenlesens.

## Ungeklärt

An der Tibet-Expedition 1938/39 unter der Leitung von Ernst Schäfer nahm auch Ernst Krause teil. Die Expedition erreichte Lhasa und konnte sich dort einige Zeit aufhalten. Damals herrschte ein Interregnum. Der 13. Dalai Lama, einer der Großen, war gestorben und der neue, der jetzige 14. Dalai Lama, noch nicht inthronisiert. Es regierte der Reting Rinboche. Der erteilte auf Anfrage Schäfers die unerwartete Erlaubnis, ihn filmen zu dürfen. Während des Filmens hatte Krause das eigenartige Gefühl, dass irgendetwas »anders« sei als bei den Filmaufnahmen bis dahin. Schließlich stellte sich später bei Entwicklung der Filmaufnahmen heraus, dass alle Filmaufnahmen, die den Regenten hätten zeigen sollen, unbrauchbar waren. Nichts war vom Regenten zu sehen!

Als Erklärung wird angenommen, dass ein Mönch, dem das Filmen des Regenten nicht passte, Ernst Krause hypnotisiert haben könnte, sodass diesem beim Hantieren mit der Filmkamera ein Fehler unterlaufen sei.

*◄ Aufstieg über den Larkya-Gletscher, nördlich unterhalb des Manaslus.*

*Von wo man auch immer nur einen kleinen Teil des Potala betrachtet, der Blick ist immer beeindruckend.*

*Der berühmte Blick auf den Potala in Lhasa, aufgenommen südwestlich davon, von einer kleinen Anhöhe.*

*Während der üblichen dreistündigen Besichtigung des Potala kann bestenfalls eine winzige Kleinigkeit der kulturellen Pracht vermittelt werden.*

*Anton Zeilinger, Quantenphysiker.*

*► In Gangotri kann man »heiliges« Wasser aus dem Bhagirathi in kleinen, verlöteten Gefäßen erstehen – der Absatz ist groß.*

## Ebenso ungeklärt

Im Sommer sind wie erwähnt viele Hindus an den Gangesquellen, um sich in den heiligen Quellwassern innerlich und äußerlich zu reinigen. Darunter ist auch so mancher Scharlatan, der mit irgendwelchen »Wundern« die Leute beeindruckt und davon lebt. Meist nicht einmal so schlecht. Für Europäer sind solche Tricks nicht immer ganz leicht zu erkennen.

Ein zuverlässiger Freund hat einmal gesehen, wie ein Sadhu in Indien aus einem kleinen Metallgefäß riesige Mengen Asche herausschüttete, die in dieser Quantität niemals in diesem relativ kleinen Messinggefäß gewesen sein konnten. Trick oder Wunder? – Mein Freund, von Beruf Physiker, hat es nicht klären können. Nachfragen beim Sadhu hat dieser abweisend unbeantwortet gelassen.

Es wird die Menschheit immer wieder reizen, ungeklärten Phänomenen nachzugehen. Alles Unerforschte wird die Menschheit letztlich nicht ruhen lassen, bis das Unerforschte als »erforscht« abgetan werden kann. Dass daraufhin wieder Neues auftauchen wird, das wieder als unerforscht gelten wird – ist ganz normal.

## Der Weisheit letzter Schluss?

Es scheint Dinge zu geben, die mit unserem derzeitigen (!) physikalischen Weltbild nicht in Einklang zu bringen sind. Auch der Dalai Lama musste dies erkennen, über den in diesem Zusammenhang nachfolgend noch berichtet wird.

Beim Begriff »derzeitiges physikalisches Weltbild« liegt die Betonung auf »derzeitig«. Wer wird behaupten wollen, dass gerade unsere Generation der Weisheit letzten Schluss gefunden haben soll. War es nicht immer so gewesen, dass spätere Generationen wieder völlig neue Erkenntnisse fanden, die das

*Hindu-Frauen bei der rituellen Reinigung in Gangotri. Das Wasser ist eiskalt, trotzdem reinigen sich alle am ganzen Körper, indem sie – wenn auch nur sehr kurz – ins Wasser steigen.*

Weltbild der Menschheit noch jedes Mal von Grund auf verändert haben? Denken wir nur an Kopernikus, an Gallilei, an Newton und an Einstein.

Möglicherweise stehen wir wieder einmal am Beginn einer interessanten Zeit, dies insbesondere auf dem Gebiet der Quantenmechanik. Man hat sogenannte Tachyonen entdeckt und nachweisen können, dass deren Existenz nur möglich ist, wenn die Zeit auch rückwärts (!) laufen kann. Dies aber ist für den normalen menschlichen Verstand nicht vorstellbar. Nach unserem normal-physikalischen Verständnis ist die Zeit eine gerichtete Größe und kann nur in einer Richtung ablaufen. Mit Existenz der Tachyonen aber – wenn die Zeit auch rückwärts laufen könnte – ließen sich Zukunftsaussagen, nichts anderes als Weissagungen, leicht erklären. Vielleicht liegt hier der Schlüssel zu den präkognitiven Aussagen.

Dem Quantenphysiker Anton Zeilinger, Vorstand des Instituts für Experimentalphysik an der Universität Wien, der zu den Top-ten-Physikern zählt und mehrfach als Nobelpreisträger vorgeschlagen wurde, hat 1998 die Quantenteleportation entdeckt. Darunter versteht man die Übertragung des Zustandes eines Lichtteilchens unter Überwindung von Raum und Zeit, was bis dahin nicht vorstellbar war. Auch Albert Einstein ist seinerzeit schon darauf gestoßen, hat dieses Phänomen »spukhafte Fernwirkung« genannt, ist diesem aber nicht weiter nachgegangen.

Der Kernphysiker, Hans-Peter Dürr, der mit Werner Heisenberg am Max-Planck-Institut für Physik in München gearbeitet hat, konstatierte sinngemäß: »Heute wissen wir, dass die Atome nicht aus Materie bestehen, sondern aus Informationsfeldern, die in Beziehung zu einander stehen; wenn man einmal die Gesetzmäßigkeiten entdeckt, nach denen dieses abläuft, wird man die Zukunft vorhersagen können.« Nur derzeit kennen wir die Gesetzmäßigkeiten – soll man sagen glücklicherweise (?) – noch nicht.

*Ein in sich gekehrter Hindu-Heiliger, der die Augen gerade einmal weltentfremdet öffnete.*

**Zwei Fragen**

Eine der beliebten Fragen während des Physikunterrichts in der Schule, mit der wir immer wieder einmal traktiert wurden, war:

Was ist die absolut kürzeste Verbindung zweier Punkte?

Antwort: Dies ist die Gerade – und wenn man es physikalisch genau nimmt, ist es der Lichtstrahl, die Verbindung zweier Punkte mit der größten Geschwindigkeit, die es gibt, mit rund 300.000 Kilometern pro Sekunde (genauer: elektromagnetische Wellen im luftleeren Raum, seinerzeit postuliert von Albert Einstein; heute weiß man, dass die Geschwindigkeit 299.792,5 ± 0,15 km/sec beträgt).

So weit, so gut – aber was ist die längste Verbindung zweier Punkte?

Antwort: Dies ist ein Weg im Himalaya oder sonst wo auf hohe Berge der Welt.

Dieser Guru konnte sein rechtes Bein hinter dem Körper aufrecht platzieren, bis der Fuß links, oberhalb der Schulter, zum Vorschein kam.

Hans-Peter Dürr, Kernphysiker.

## Doch damit noch nicht genug

Das Dürrsche Zitat ist noch zu erweitern. Denn der zweite Teil ist noch weit spektakulärer. Wieder sinngemäß: »Man wird nicht nur die Zukunft vorhersagen können – man wird sie sogar manipulieren können.« Eine solche Aussage klingt nicht nur so unvorstellbar wie das Rückwärtslaufen der Zeit, es klingt auch noch erschreckend. Sollte es tatsächlich irgendwann einmal dazu kommen – es wäre wohl der Untergang der Menschheit. Denn, ob wir damit zum Wohle der Menschheit umzugehen wüssten, darf aufgrund der geschichtlichen Erfahrung völlig bezweifelt werden.

Ein Hindu mit dem Zeichen Shivas auf der Stirn.

Wie auch immer – die Kernphysik und die Quantenmechanik werden uns noch manche Überraschung auftischen. Zeilingers Devise sinngemäß: »Das Weltbild steht überhaupt nicht fest; wir haben gerade erst begonnen, darüber nachzudenken.« In diesem Zusammenhang sei Hoimar von Ditfurth, Professor für Psychiatrie und Neurologie, zitiert: »Die Welt hört nicht dort auf, wo unser Wissen endet.« Und er fährt fort: »Die evolutionäre Betrachtung zwingt zu der Einsicht, dass unser Gehirn mit Sicherheit noch nicht jenes Niveau erreicht hat, auf dem sein Fassungsvermögen ausreicht für die Summe aller Eigenschaften dieser Welt.«

Man Lese Lyall Watson, »Geheimes Wissen – das Natürliche des Übernatürlichen«, und man wird noch viel mehr finden, was sich mit unserem derzeit bekannten Weltbild und den Naturgesetzen nicht in Einklang bringen lässt.

## Was ist die Quantenteleportation?

Zunächst einmal muss festgehalten werden, dass der Mensch, will er sich mit der Quantenphysik beschäftigen, sehr bald an die Grenzen seines Denkvermögens stößt. Der Quantenphysiker Richard Feynmann hat sich zur Erleichterung seiner Studenten einmal so geäußert: »Mit Sicherheit kann man eines sagen, nämlich dass niemand die Quantenmechanik wirklich versteht.« Trotzdem sei nachfolgend versucht, mit wenigen Worten zu erklären, was offensichtlich unerklärbar ist.

Werden Photonen – das sind Lichtteilchen, die kleinsten Energieteilchen einer elektromagnetischen Spannung – paarweise, sozusagen als Zwillingsphotone in unterschiedliche Richtungen ausgesandt, verhalten sie sich immer exakt gleich. Wird eines dieser beiden Photone von einem dritten Photon getroffen, verändert es seinen Schwingungszustand. Im selben Augenblick verändert das andere Zwillingsphoton – wo dieses auch immer sein mag – ebenfalls seinen Schwingungszustand exakt zur gleichen Zeit und in gleicher Weise. Und dies geschieht über jede beliebige Entfernung hinweg, auch dann, sollten die beiden Photone Hunderte von Kilometern – angeblich sogar Tausende von Kilometern und sogar Lichtjahre – von einander entfernt sein. Dieses zwillingsartige Verhalten der Photone tritt also unter Überwindung von Raum und Zeit auf. Man nennt es »Verschränkung« oder »Teleportation«.

## Ein Trost

Offensichtlich scheint die Evolution – und damit kann man sich schließlich trösten – das menschliche Gehirn in der Form geschaffen zu haben, dass sich der Homo sapiens im täglichen Leben zurechtfinden und überleben kann. Am Verstehen der Vorgänge der Quantenphysik scheint die Evolution kein Interesse gehabt und folglich das menschliche Gehirn nicht dafür geschaffen zu haben.

Dies musste auch der Dalai Lama feststellen, nachdem er bei einem Besuch bei Zeilinger von diesem erfuhr, dass sich Teilchen »einfach so aus dem Nichts« verändern können. Als Anhänger des Kausalitätsprinzips »Keine Wirkung ohne Ursache« wollte der Dalai Lama den Ausführungen Zeilingers keinen Glauben schenken. Und dabei dürfte es auch geblieben sein. Für den Dalai Lama – und wohl nicht nur für ihn – ist die Teleportation unverständlich. Für Quantenphysiker wie Zeilinger aber ist völlig klar: »In der Welt der Quanten gibt es keine Kausalität.« Warum dies so ist, weiß bis jetzt niemand. Es gibt noch viel zu forschen.

*Der dritthöchste Berg der Erde, der Kantsch, an der Grenze zwischen Nepal und Sikkim, letzteres gehört seit 1974 zu Indien.*

## Und sollte uns wirklich …

… das eine oder andere trotz allen Forschens weiterhin verborgen bleiben, müssten wir uns damit zufrieden geben. So – wie dies bisher auch immer gewesen ist.

Zurück zum Himalaya. Der Brite George Band, einer der beiden Erstbesteiger des Kanchenjunga, abgekürzt Kantsch (8598 m), des dritthöchsten Berges der Erde, sagte einmal: »Es wäre schön, wenn dem Himalaya ein paar Geheimnisse erhalten blieben.« Übertragen auf das oben von der Quantenphysik Gesagte darf angenommen werden, dass es wohl nicht so verkehrt wäre, wenn wir nicht alles erfahren müssten. Nicht umsonst sagte ein Sadhu weise lächelnd zu Herbert Tichy, als der ihn bat, sein Lehrmeister zu werden: »Du musst den Weg allein finden. Ich bin ein unwürdiger Lehrer – und du bist ein unwürdiger Schüler.«

**Weissagung Padmasambhavas**

So wie wir Weissagungen aus dem Alten Testament kennen, so sind auch Weissagungen aus dem Buddhismus bekannt. Von Padmasambhava, den man auch »Guru Rinpoche« oder »Den aus dem Lotos Geborenen« nennt, der dem Buddhismus im 8. Jahrhundert in Tibet zum Durchbruch verholfen hat, ist Folgendes überliefert.

Er soll seinerzeit eine bemerkenswerte, präkognitive Äußerung von sich gegeben haben, indem er sinngemäß geweissagt haben soll: »Wenn die Zeit kommt, da Pferde auf Rädern rollen werden, und wenn es metallene Vögel geben wird, dann werden die Tibeter eine sehr schwere Zeit erleben und ihr Land verlassen müssen – dafür wird der Buddhismus über die ganze Welt verbreitet werden«. – Große »Seher« gab es schon immer wieder einmal.

# Von den riesengroßen Hunden

Die als Tibet-Mastiff bekannten Hunde waren wegen der Abgeschlossenheit Tibets lange Zeit in der westlichen Welt unbekannt. Erst im 18. Jahrhundert wurden einige in Europa eingeführt.

Im Altertum findet man Hinweise über die Tibet-Mastiffs bereits bei den indo-arischen Darden, von denen schon Herodot (484–425 v.Chr.) und später Ptolemäus (100–170 n.Chr.) berichteten. Die aus dem heutigen Gilgit, damals »Dardistan«, stammenden, ins heutige Ladakh eingewanderten Dardistani haben Felszeichnungen hinterlassen. Es sind meist Jagdszenen mit riesengroßen Hunden. Am Unterlauf des Zanskar-Rivers findet man solche Felszeichnungen.

## Zurück in unsere Zeit

Der US-amerikanische Präsident Eisenhower kam während seiner Amtszeit (1953–1961) unerwartet zu einem Tibet-Mastiff, und zwar durch eine Verwechslung. Er hatte eine Vorliebe für die kleinen Tibet-Terrier. So hat die amerikanische Botschaft in Delhi eines Tages ihrem Präsidenten eine Freude machen wollen und schickte ihm in Unkenntnis, welche Tibet-Hunde er mochte, einen Tibet-Mastiff. Man kann sich das Erstaunen Eisenhowers leicht vorstellen, statt eines kleinen Schoßhündchens einen riesengroßen Mastiff zu erhalten. Dadurch wurden die Tibet-Mastiffs auch in Amerika bekannter.

Die Niederländerin Ann Rohrer berichtet in ihrem Buch über die Tibet-Mastiffs von einer ungewöhnlichen Einfuhr dieser Hunde in die USA. In den 1970er-Jahren hatten unter der Schirmherrschaft des Chiniya Lama in Bodnath gerissene Drogenschmuggler in einem zweiten Boden eines Hundekäfigs, in dem sich Tibet-Mastiffs befanden, Drogen versteckt. Sie setzten auf die Angst der Zollbeamten in den USA, die sich – von den großen Tibet-Mastiffs beeindruckt – nicht trauen würden, die Hunde und deren Käfig näher zu untersuchen. Und so war es auch. Die Hunde stammten vom Dorf Tarke Ghayang im Helambu, nördlich von Kathmandu.

*Tagsüber sind nur gelegentlich Buddhisten auf dem Weg um die Stupa zu sehen, abends sind es hingegen oft einige Hundert, welche die Stupa vielfach umrunden.*

*Bodnath im Kathmandu-Tal – das größte buddhistische Heiligtum in Nepal.*

*Ein riesiger Tibet-Mastiff, der friedlich war.*

*Um vor einem Angriff von Wölfen geschützt zu sein, tragen die Tibet-Mastiffs stabile oder mächtige Halskrausen.*

Zu Beginn dieses Jahrtausends ist es in China Mode geworden, sich einen großen Tibet-Mastiff zuzulegen. So gibt es bereits einige Züchter im Umland von Peking. Vom größten Tibet-Mastiff wird berichtet, dass er eine Schulterhöhe von 90 (!) Zentimetern habe. Preis: eine Million Euro. Es ist unter reichen Chinesen inzwischen schick geworden, sich mit einem möglichst großen Tibet-Mastiff flanierend zu zeigen.

## Der Chiniya Lama

Zurück in die zweite Hälfte des vergangenen Jahrhunderts. Wenn vom Chiniya Lama in Bodnath berichtet wird, darf nicht unerwähnt bleiben, dass er eine beachtliche, wenn auch nicht gerade vornehme Berühmtheit erlangt hatte. Er war ein gerissener Geschäftsmann. Man sprach unumwunden vom »schlitzohrigen Chiniya Lama«.

Die Niederländerin Eversdijk Smulders lebte von 1959–1963 in der Familie des Chiniya Lama in Bodnath. Als begabte Malerin hatte sie den Chiniya Lama porträtiert, wovon der so begeistert war, dass er damals – schon als älterer Herr – sie als Adoptivtochter annahm. Sie schrieb über den Chiniya Lama, dass er das Vorrecht habe, nicht im Zölibat leben zu müssen (weil Nyingmapa, Rotmützen-Sekte) und dies in reichem Maß genutzt habe. Abgesehen von den vielen außerehelichen Beziehungen war er offiziell mit vier Frauen verheiratet. Drei seiner Frauen lebten noch. Er hatte inzwischen viele Kinder, Enkel und Urenkel, insgesamt 55 Personen.

Der Chiniya Lama gab sich als Vertreter des Dalai Lama in Nepal aus, weil seine Vorfahren aus China, aus Szechuan, stammen und das Amt des Chiniya Lama in Bodnath erblich ist. Auf einer Pilgerreise sei der erste Chiniya Lama, Taipo Shing, in Bodnath hängen geblieben.

Der Dalai Lama, der den Gelugpas (Gelbmützen) angehört, sagte dagegen, dass der Chiniya Lama keinerlei offizielle Funktion seitens des Dalai Lama habe.

Vom Chiniya Lama war bekannt, dass er eine skrupellose Figur gewesen ist und gemäß bösen Zungen erst an zweiter Stelle Head-Lama von Bodnath. Er handelte täglich mit allerlei Kunstgegenständen, die er mit Gewinnmargen von einigen Hundert Prozent an Touristen verkaufte. Die beiden teuersten Hotels in Kathmandu, das »Royal« und das »Snow-view«, schanzten ihm die vermögenden Touristen zu. Er sorgte auch dafür, dass die Vergabe öffentlicher Arbeiten in Bodnath allein über ihn lief, was ihm jedes Mal eine anständige Kommissionssumme einbrachte. Der Chiniya Lama starb 1982 im Alter von 96 Jahren.

Nach seinem Tod entstand zunächst ein Machtvakuum in Bodnath. Den demokratischen Bestrebungen zufolge, die auch Nepal erreicht haben und einiges veränderten, folgte kein einzelner, »regierender« Head-Lama nach, sondern ein Komitee. Und weil das Amt seit Generationen erblich ist, besteht das Komitee aus den zahlreichen Nachkommen des Chiniya Lama. Mit der demokratischen Entwicklung ist Bodnath der Möglichkeit beraubt worden, noch einmal eine derart schillernde Figur wie den Chiniya Lama hervorzubringen.

*Der Chiniya Lama, seinerzeit eine ausgesprochene Kultfigur im Kathmandu-Tal.*

# Der Gipfel zählt erst nach dem Abstieg

*Mehrere Versuche im unteren Teil der Annapurna IV – und es war nicht durchzukommen.*

Wir – Heinz Baumann und der Autor – hatten den Gipfel der Annapurna IV (7525 m) am 18. Mai 1976 um 13:05 Uhr erreicht. Die Erstdurchsteigung der 5000 Meter hohen Südflanke war geglückt. Aufgrund der weit herunterreichenden Flanke befand sich das Basislager gerade einmal auf 2600 Meter. Ab Lager II (5020 m) waren wir zu zweit im Alpinstil aufgestiegen, weil unseren anderen Teilnehmern Werner Goltzsche, Karel van Sambeek, Rüdiger Steuer, Udo Pohlke und Ernst Mahner der weitere Aufstieg zu gefährlich schien. Das Verteufelte aber war zweierlei:

Erstens war die Südflanke im unteren Teil, bis auf 5500 Meter Höhe, ständig von Lawinen bestrichen. Wir zählten am Tag bis zu 60 Lawinen. Der Lawinenluftdruck hatte in Lager II, obwohl an sicherer Stelle von einer riesigen, senkrechten Felswand geschützt, mehrfach die Zelte eingeknickt. Einmal derart stark, dass beinahe drei Teilnehmer mitgerissen wurden, was nur durch die tief eingerammten Firnanker verhindert wurde.

Zweitens hatten wir oberhalb Lager II keine Funkverbindung mehr zur Restmannschaft, weil das Funkgerät (vom DAV) der Kameraden ausgefallen war. Die schickten sofort einen Sherpa ins Basislager, um das dritte Gerät heraufzuholen. Davon nichts wissend, deponierten wir unser Funkgerät aus Gewichtsgründen, weil keine Verbindung mehr bestand. So hatten wir die folgenden vierzehn Tage keinerlei Verbindung zu den übrigen Kameraden. Dies führte dazu, dass sie uns mit der Zeit für tot hielten, weil die Südflanke sehr schwierig zu überschauen ist. Wir waren mit dem Fernglas nur noch am zweiten Tag, zu entdecken gewesen. Letztendlich hatten wir uns aufgrund der Unübersichtlichkeit der Flanke im Aufstieg verschätzt. Zwar nicht viel, gerade einmal einen halben Tag. Doch das war entscheidend. Nachfolgend eins nach dem anderen.

## Zunächst etwas Geschichte

Bereits 1950 haben die Engländer W. Tilman, R. Evans und W. Packard einen Besteigungsversuch von Norden unternommen, sind jedoch nur bis 7200 Meter gekommen. Zwei Jahre später hat dies eine japanische Expedition versucht, kam aber nur bis 5800 Meter. Die Deutschen Harald Biller, Heinz Steinmetz und Jürgen Wellenkamp hatten 1955 zunächst den Aufstieg von Süden versucht, doch aufgrund des im unteren Teil steilen, gefährlichen Geländes schließlich aufgegeben und sind nach Norden ausgewichen, wo sie den Gipfel als erste erreichten.

*Anfangs gab es noch einige Brücken.*

*► Die hinteren Bäche mussten durchwatet werden – wir waren gerade einmal die zweite Expedition auf dieser Bergseite, die erste hatte aufgrund des gefährlichen Aufstiegs aufgegeben.*

◀ *Die Annapurna IV aus größerer Entfernung.*

## Vom Gipfel, …

… den wir nach neun Tagen, nachdem wir von den Kameraden aufgebrochen waren, erreicht hatten – geplant hatten wir nur vier Tage Aufstieg – machten wir uns sofort an den Abstieg. In Lager II (5020 m) fanden wir niemanden mehr. Das Lager war verlassen. Ebenso Lager I (4150 m). Schließlich im vorgeschobenen Basislager (3600 m) angekommen, war unsere Enttäuschung noch größer. Auch dieses Lager war leer. Verlassen. Obwohl wir es schließlich geahnt hatten, denn ich hatte zuvor als Expeditionsleiter den Termin für den spätmöglichsten Rückweg festgelegt. Wir ließen die Tage gedanklich noch einmal an uns vorüberziehen und erkannten, dass es für die zurückgebliebenen Kameraden höchste Zeit für den Rückmarsch gewesen war. Und für die waren wir nach allen möglichen Überlegungen offensichtlich tot.

Die Kameraden hatten zwar zweierlei in Bewegung gesetzt. Erstens hatten sie versucht, weiter östlich einen halbwegs sicheren Durchstieg zu finden, um uns entgegen zukommen, doch der Versuch musste aufgrund zu großer Lawinengefahr aufgegeben werden. Zweitens hatten sie gehofft, dass wir eventuell auf die andere Seite, nach Norden, abgestiegen seien, da dieser Abstieg wesentlich kürzer gewesen wäre. So hatten sie durch einen von einem Postläufer eingeleiteten Funkspruch der Polizei von Pokhara nach Pisang (nördlich der Annapurna IV) Kontakt aufgenommen. Doch das Ergebnis war negativ. So hatten sie uns aufgrund unserer fünftägigen Überfälligkeit aufgegeben, was aufgrund unserer Verspätung terminlich auch völlig normal gewesen war.

*Auch hier endete der Versuch schließlich kläglich.*

## Nahezu endlos

In der Hoffnung, die Kameraden trotz der terminlichen Absprache vielleicht doch noch zu erreichen, war manche Strapaze der letzten Tage etwas leichter gefallen. Erst jetzt wurden wir uns unserer Weltabgeschiedenheit bewusst, in der wir uns seit zwölf Tagen – seit dem Aufbruch von Lager II (5020 m) in Richtung Gipfel – befanden. Längst war mir durch die Schmerzen an den erfrorenen Füßen vieles gleichgültig geworden. Längst waren wir abgestumpft, war uns der Sinn für die Schönheiten des Himalaya – für die ich insbesondere immer viel übrig hatte – vergangen. Während des Gipfelanstiegs hatten wir – weil alles viel länger und weiträumiger war und

*Im unteren Teil tagaus, tagein unzählige Lawinen.*

*Ein halbwegs sicherer Aufstieg – doch gelegentlicher Stein- und Eisschlag von der steilen Seite waren immer noch möglich.*

folglich mehr Zeit kostete – zwei Tage lang nur Schnee zu uns genommen und uns in 7100 Meter Höhe, unterhalb des Gipfels, für die Nacht in ein Schneeloch eingegraben. Wir hatten geglaubt, schneller sein zu können. Schließlich hatten wir den Gipfel am neunten Tag nach dem Aufbruch von Lager II erreicht. Inzwischen lag nun schon der größte Teil des Abstiegs hinter uns – wie wir glaubten. Denn hätten wir geahnt, dass …

Doch wir ahnten nicht, obwohl wir uns die noch bevorstehenden Strapazen hätten ausmalen können. Bergsteiger sind immer Optimisten, andernfalls würden sie nie auf Berge steigen. Jedenfalls nicht auf gefährliche.

Wir hatten das Seil an der letzten Abseilstelle hängen gelassen. Wir wollten nichts mehr wissen von steilen Passagen und hätten den Strick später noch so gut brauchen können. Denn die Sherpas hatten gegen strikte Anweisung unserer Kameraden alle fixen Seile entfernt, weil sie uns schließlich für tot hielten und ihnen die Seile nach Expeditionsende zufielen, was man verstehen kann. Das Gehen war nur gestützt auf zwei Skistöcke möglich, das Abklettern fürchterlich schmerzhaft. Die Füße hatten zu viel Kälte abbekommen.

## Ein senkrechter Abbruch

Später sollte es noch einmal kritisch werden. Es kam ein – wie wir wussten – acht Meter hoher, senkrechter Abbruch. Da wir kein Seil mehr hatten, konnten wir ihn nur durch einen kühnen Sprung auf einen 45° steilen Firnhang überwinden. Heinz Bauman, dessen Füße etwas weniger strapaziert waren, sprang als erster. Es ging gut. Dann war ich dran und musste mich arg zusammenreißen, um diesen Sprung – mit den erfrorenen Füßen eher ein halbwegs kontrollierter Absturz – zu wagen. Das Unterfangen gelang – ohne den Sturz in die Tiefe fortzusetzen.

Tags zuvor hatten wir nur durch schnelles Aushängen aus dem Seil und Auseinanderlaufen mit knapper Not einer Lawine entgehen können. Wenig später sind wir auch noch gleichzeitig und – wegen der Lawinengefahr – inzwischen unangeseilt, in eine Gletscherspalte gestürzt. Glücklicherweise war sie recht schmal, sodass wir uns befreien konnten. Und schließlich hatte sich auch noch an exponierter Stelle ein Standhaken gelöst, gerade als wir beide daran Halt gesucht hatten. Nur Heinz Baumanns geistesgegenwärtige Reaktion hatte uns vor einem Sturz in die weit unten befindliche Randkluft bewahrt. Seit zwölf Tagen hatten wird den Gürtel enger schnallen müssen. Und die erfrorenen Füße, mit denen man in größerer Höhe halbwegs schmerzlos gehen kann, waren in den tieferen Regionen wieder »aufgetaut« und schmerzten entsetzlich.

## Das Basislager

In dieser Verfassung erreichten wir das vorgeschobene Basislager – oder besser – den Platz, wo das vorgeschobene Basislager einmal gestanden hatte. Die Nacht kam, und

*Lager I, das bei der über 5000 Meter hohen Südflanke gerade einmal auf 4150 Meter lag.*

◄ Lager II (5020 m), das wir als absolut sicher angesehen haben – war es aber nicht.

Auch im oberen Teil nicht gerade ganz ungefährlich.

die Erschöpfung tat ihr übriges. Wir schliefen wie tot. Der nächste Tag sah uns in der rund 1000 Meter hohen Dschungelwand, wo – wie weiter oben schon – alle Fixseile fehlten. Das Abklettern wurde zum Abrutschen auf Bauch und Knien.

Schließlich am Wandfuß angekommen, schienen mir die Schmerzen fürchterlich. Ich fiel hin, ließ meinem Bedürfnis nach Schlaf freien Lauf und schlief sofort ein. Ich hatte nur noch einen Wunsch, im Schlaf keine Schmerzen mehr spüren zu müssen. Nicht wesentlich besser ging es dem Heinz.

Eine Stunde mag wohl vergangen gewesen sein, da weckte uns ein Geräusch. Ein einheimischer Jäger stand vor uns, mit einer an längst vergangene Zeiten erinnernden Flinte. Wir grüßten mit dem landesüblichen »Namaste«, er grüßte zurück. Mit Distanz zwar, doch nicht ganz ohne Neugier. Bald stellte sich heraus, dass der Jäger einige Brocken Englisch sprach. Er hatte früher – wie wir später erfahren sollten – in der indischen Armee gedient. Ein Hoffnungsschimmer. Er würde uns helfen können.

So versuchten wir ihm klarzumachen, dass wir ihn gern mit einer Nachricht talaus hinter den Kameraden herschicken möchten. Da der Jäger aber nur wenige englische Worte beherrschte, war es mit unserer Verständigung nicht zum Besten bestellt. So ließen wir ihn erst einmal reden. Er meinte: »One forty and one fortythree«! Doch daraus konnten wir uns keinen Reim machen. Und das wäre doch wohl auch etwas teuer. Als Postläufer für den ersten Tag vierzig Rupien? Damals wäre die Hälfte noch zuviel gewesen. Der erbärmliche Geschäftsgeist in uns schien noch nicht ganz niedergerungen. Welcher Widersinn! Wir hatten sowieso kein Geld bei uns. Und wenn die Kameraden erfahren hätten, dass wir noch am Leben waren, hätten sie sicher gern das Vielfache aus der Expeditionskasse gezahlt. Aber – warum wollte er für den zweiten Tag gerade dreiundvierzig Rupien? »One forty and one fortythree«!

Der Jäger sah uns ratlos. Es mag auch an unserem desolaten Zustand gelegen haben, dass wir ihn nicht verstanden. So kramte er seine ganzen Englischkenntnisse zusammen und sagte: »Radio – Kathmandu – Expedition – two men died – one forty and one fortythree.«

Da hatten wir es sozusagen amtlich, dass wir eigentlich schon tot waren. Es mag am angeborenen Selbsterhaltungstrieb und an einem allerletzten Rest von Stolz gelegen haben, dass uns diese unerwartete Nachricht neuen Mut machte.

Lager II ist vom Luftdruck einer Lawine zusammengedrückt und beinahe einmal mitgerissen worden.

Aufstieg im oberen, endlich leichteren und weniger gefährlichen Teil der Südflanke.

## Andere Pläne

Nach weiterem Hin und Her erfuhren wir, dass uns der Jäger nicht sofort helfen wollte, da er zuvor noch ein Tier erlegen müsse. Aber er versprach, uns am darauffolgenden Tag talaus zu treffen. Augenblicklich hing ich dem Gedanken nach, ihm nach europäischer Manier klar machen zu wollen, dass wir unbedingt seiner Hilfe bedurften. Doch ich besann mich noch. Wir waren schließlich in Asien, wo andere Umgangsformen üblich sind und wo man jedem mit höflicher Zurückhaltung begegnet, wie schlecht es einem auch immer gehen mag.

Doch immerhin konnten wir mit Hilfe rechnen, wenn auch erst am nächsten Tag. Bis zur ersten Alm werden wir es schon schaffen. Und die war ja während unseres Anmarsches bewohnt gewesen. So würden wir dort sicher Menschen finden, die uns helfen könnten. Ich schleppte mich durch den Urwald auf zwei Skistöcke gestützt und taumelte mal nach rechts, mal nach links und landete oft im meterhohen, von Brennnesseln und anderem widerlichem Grün durchsetzten Bambusgestrüpp. Der nachmittägliche Regen, der Beginn des Monsuns, setzte ein und machte alles noch widerlicher.

Meine Zehen und Fersen waren aufgeplatzt, beides stand unter Eiter. So war es für die Blutegel ein Leichtes anzubeißen. Allerdings mieden sie den Eiter. Der ist wohl nicht einmal etwas für Blutegel. Ich hatte die Innenschuhe schon längst herausgenommen und mir Socken um den Mittelfuß gewickelt, um so vorn die Zehen und hinten die Fersen, die die Erfrierungen aufwiesen, möglichst wenig zu belasten.

Wir erreichten schließlich die Alm – doch die war von allen Einheimischen verlassen. So war unsere Enttäuschung noch größer als nach Erreichen des Basislagers. Deprimiert verkrochen wir uns unter einem Bambusgeflecht, um die Nacht zu verbringen. Zuvor noch versuchten wir, die Blutegel loszuwerden. Doch wie? Mit Salz kann man sich leicht von ihnen trennen. Doch Salz hatten wir längst nicht mehr. Blieb schließlich nur das Feuerzeug. Damit machten wir den Viechern den Hinterleib warm, so quollen sie auf, ließen sofort los und platzten. Unser Blut in den Tieren war zum Kochen geraten.

Der Jäger kam nicht. Wir schossen die letzte Leuchtrakete, die wir für den Notfall aufgehoben hatten. Doch in der Unübersichtlichkeit des tieferen Geländes dürfte der Jäger die Rakete kaum gesehen haben. Und wenn, dann hätte er wahrscheinlich nicht gewusst, diesen Hinweis zu deuten.

Heinz Baumann auf dem Gipfel …
… ebenso der Autor.

## Schließlich doch noch der Jäger

Am nächsten Tag verloren wir im Urwald einige Male die Richtung und mussten wieder zurück. Der nachmittägliche Regen setzte wieder ein, und der letzte Tag wiederholte sich, nur an den Füßen um einiges schmerzhafter. Angesichts des 500 Meter hohen Aufstiegs zum ersten Dorf erfasste uns die Lethargie. Es musste etwas geschehen, sollte Schlimmeres verhindert werden. Und es geschah auch etwas.

Als ich mich umdrehte – war der Jäger urplötzlich da. Er dürfte unsere Lage sofort erkannt haben. Ohne ein Wort zu sagen, nahm er unsere Rucksäcke – sein geschossenes

Tier packte er oben drauf – und schritt uns voran. Wir bissen die Zähne zum wievielten Mal zusammen und folgten ihm, so gut es ging. Doch es ging nicht lange gut. Schon bald wurde der Abstand zwischen ihm und uns größer. Immer wieder musste er auf uns warten.

Schließlich aber konnten wir abends doch noch Siklis, das erste Dorf, erreichen. Wir viel später als der Jäger. Was wird geschehen, fragten wir uns. Ich dachte daran, dass die Einheimischen noch vier Jahre zuvor angeblich keine Fremden durch das Dorf gelassen haben sollen. Ihrer Meinung nach brachten Fremde böse Geister mit, die die Ernte vernichten könnten.

Schon oft zuvor war ich in Nepal gewesen, doch immer als wohlbestallter Europäer, der eher den Einheimischen mit einem Medikament oder was auch immer helfen konnte. Jetzt hatte sich alles umgekehrt. Wir waren die, die der Hilfe bedurften. Nach unseren europäischen Alltagsmanieren – keiner kann so schnell aus seiner Haut heraus – hatten wir wenig Hoffnung auf selbstlose Hilfe.

Bald waren wir vom halben Dorf umringt. Jetzt nur nicht fordern, auch wenn sich der Magen noch so krümmt, die Füße noch so schmerzen. Asiatische Höflichkeit, die immer Zurückhaltung gebietet. Grüßen – »Namaste« – und warten.

Es gab ein langes Gerede zwischen den Ältesten und unserem Jäger. Dann rief man hin und her und schickte einen jungen Burschen fort, der bald mit einer jungen, hübschen Nepali wieder auftauchte. Ihr Name war Laxmi Gurung (Gurung = Stammesname). Wieder gab es ein Gerede hin und her. Die junge Nepali sprach sehr leise, als scheute sie sich vor uns. Schließlich passierte das, was wir erhofft hatten. Laxmi, die etwas Englisch sprach, weil sie im drei Tage entfernten Pokhara in die Schule gegangen war, lud uns in das Haus ihrer Eltern ein. Der Jäger schulterte unsere Rucksäcke, und beide deuteten uns an, ihnen zu folgen. Dass nahezu das halbe Dorf hinter uns herlief und unseren Einzug in das Haus neugierig verfolgte, bemerkten wir nur am Rand.

## Endlich wieder unter einem Dach …

… und wir wurden freundlich aufgenommen. Man gab sich große Mühe mit der Zubereitung der Speisen. Dieser Mühe hätte es nicht bedurft. Wir hätten alles Essbare, wie es war, verschlungen. Schließlich setzte man jedem von uns drei geschälte Eier vor. Im Handumdrehen hatten wir sie verschlungen. Da merkte die Hausfrau, wie ausgehungert wir waren. Nun setzte sie uns größere Mengen Reis mit Dal vor (Dal = Linsen). Wir verschlangen alles. Asiatische Zurückhaltung wäre uns schwer gefallen. Zum Glück sind riesige Reisportionen in Nepal üblich. Unseren Gastgebern schien unser Appetit zu gefallen.

Als der Hunger gestillt war, hatte ich nur noch den Wunsch, die Nacht ohne allzu viele Schmerzen verbringen zu können. Sicherheitshalber nahm ich sechs (!) »Schlaf«-Tabletten und schlief wie tot. Als ich am anderen Morgen von einem Hahnenschrei geweckt wurde, hatte ich den Eindruck, gerade einmal zehn Minuten zuvor eingeschlafen zu sein. Ich verstaute die Tablettenschachtel. Dabei fiel mein Blick auf die Beschriftung. Ich stellte zu meiner Verwunderung fest, dass ich bei der ungewohnten Tablettenschluckerei in die falsche Schachtel gelangt hatte. Es waren keine Schlaftabletten, sondern Kreislaufanregungsmittel gewesen.

◄ *Im Abstieg, wenig unterhalb des Gipfels.*

*Noch einmal Lager II – doch am sichersten war schließlich eine Schneehöhle.*

► *Die Annapurna IV sieht aus größerer Entfernung recht harmlos aus, da der untere Teil nicht einzusehen ist.*

*Der Jäger, der uns auflas und schließlich weiter half.*

Von unseren Gastgebern und der halben Dorfbevölkerung wurden wir bis zum Dorfausgang begleitet, noch einmal ins letzte Haus eingeladen und herzlich verabschiedet. Unser Leidensweg war noch nicht zu Ende. Doch wir brauchten keinen Hunger mehr zu leiden. Und wir waren wieder unter Menschen. Der Jäger begleitete uns bis Pokhara. Den Bruder unseres Jägers konnten wir mit der Nachricht, dass wir am Leben sind und Geld brauchen, zu unseren Expeditionskameraden nach Pokhara schicken. Der lief einen Tag und eine Nacht durch und erreichte Pokhara am nächsten Vormittag – eine Stunde nachdem die Kameraden Pokhara mit dem Flugzeug verlassen hatten. Doch er wusste sich zu helfen. Er ging ins »Shining Hospital«, wo er europäische Schwestern wusste. Die gaben die Nachricht per Telefon nach Kathmandu durch. Drei Tage später erreichten wir die Kameraden in Kathmandu. Das Wiedersehen und Erzählen gestaltete sich ausführlich.

## Für unsere Frauen in Europa …

… waren wir tot. Sie hatten von Zeitungsjournalisten davon erfahren. Diese Spezies ist in solchen Dingen gelegentlich besonders feinfühlig. Zunächst hatten sie die Frau meines Seilpartners Heinz Baumann ausfindig gemacht. Der Journalist klingelte an der Haustür, stellte sich vor, teilte der Frau Baumann mit, dass ihr Mann im Himalaya vermisst, wahrscheinlich tot sei, und wollte wissen, was sie empfinde. Die Frau Baumann fiel nahezu in Ohnmacht.

Danach suchte der Journalist meine Frau auf. Die teilte dem Herrn aber mit, dass sich ihr Mann öfter auf einer Bergtour etwas verspäte. Das sei nicht das erste Mal. Meine Frau besitzt ein starkes Nervenkostüm. Sie ließ sich von der Vermisstenmeldung nicht beirren. Schließlich wussten die Journalisten letztlich auch nicht mehr, als dass wir vermisst waren. Dass wir tot waren, hatten sie aus der Vermisstenmeldung herausgelesen. Einen Tag später kam noch einmal einer der Journalisten zu meiner Frau und wollte von ihr irgendetwas erfahren. Meine Frau komplimentierte ihn wieder höflich vor die Tür. Am dritten Tag wurden ihr die Knie schließlich doch weich, und sie begann Überlegungen anzustellen, wie sie unsere beiden Kinder – ein Junge und ein etwas jüngeres Mädchen – würde allein durchbringen können. Als am vierten Tag dann wieder einer der Journalisten anrief, holte meine Frau am Telefon tief Luft und wollte dem armen Mann kräftig die Meinung sagen. Der konnte sie gerade noch unterbrechen: »Frau Schubert, keine Aufregung, wir haben eine gute Nachricht aus Kathmandu – Ihr Mann lebt«.

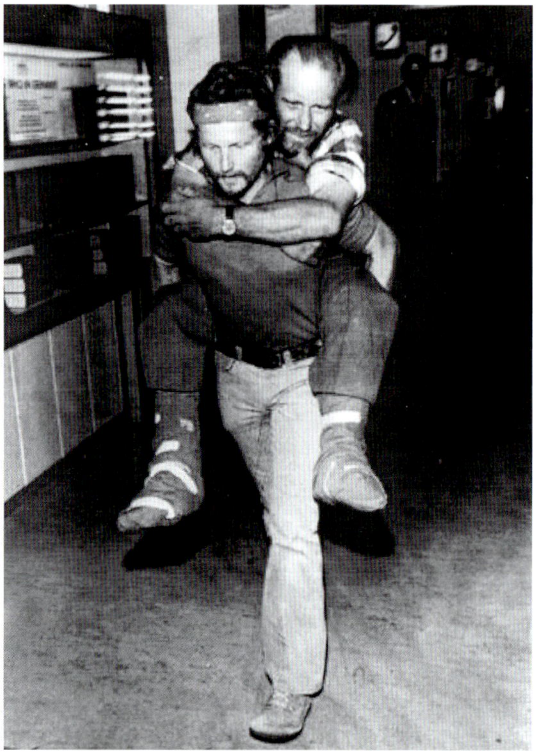

*Am Flughafen in Frankfurt, getragen vom Expeditionskameraden Rüdiger Steuer.*

► *Wieder zurück – auf dem Flughafen in München, freudig begrüßt von meiner Frau, von Freunden und einer Menge Sektionskameraden.*

## Zwei Jahre später …

… war die junge Nepali namens Laxmi, die uns im ersten Dorf aufgenommen hatte und leidliches Englisch sprach, bei uns zu Besuch. Wir machten gemeinsam eine Kletterei mit Seil über die Ostgipfel des Wilden Kaisers. Da meinte sie, dass ihre Brüder ihr dies, wenn sie darüber zu Hause berichten wird, niemals glauben werden. Später fuhren wir mit der Zahnradbahn auf den Wendelstein. Da meinte sie: »Derry ramro trekking« (= Sehr schönes Trekking).

Laxmi hatte ihre Gurungtracht mit, die sie zu besonderen Anlässen trug. Die animierte uns zu einem dummen Scherz. Wir riefen beim Udo, einem der Expeditionsteilnehmer, an und sagten ihm, dass er seine Frau an die Tür schicken soll, wenn die Hausklingel abends läutet. Laxmi brachten wir zu Udos Haus, gaben ihr ein Steckkissen mit einer Puppe unserer Tochter in den Arm und sagten ihr, dass sie, wenn sich die Tür öffnet, mit dem Finger auf die Puppe deuten und »Udo, Udo« sagen soll. – Es war ein voller Erfolg. Udos Frau fiel fast in Ohnmacht.

## Kein langes Leben

Laxmi – zurückgekehrt nach Nepal – fand eine Anstellung als Schwesternhilfe im Hospital in Kathmandu. Zwei Jahre später erkrankte sie an einer Lungenentzündung. Sie verbarg dies so gut es ging, denn kranke Angestellte verlieren in Nepal sofort ihren Arbeitsplatz. Noch bevor Laxmi sich einer ärztlichen Behandlung anvertrauen konnte, war es zu spät. Laxmi starb im Alter von etwa 23 Jahren. Ob das Alter halbwegs gestimmt hat, sei dahingestellt. Geburtsdaten werden in Nepal nicht registriert. So weiß kein Nepali, wie alt er wirklich ist. Kinder können sich an die Geburt nicht erinnern, und die Mutter kann sich bei den meist vielen Niederkünften auch nicht merken, wann welches Kind geboren worden ist. Vor allem deshalb nicht, weil man auf dem Land keinen Kalender kennt. So stand im Pass von Laxmi – wie bei allen Nepali – nur ein Geburtsjahr, das vielleicht (?) stimmte. Dass alle Nepali nicht wissen, wie alt sie sind, merkt man immer daran, dass sie bei der Frage nach ihrem Alter meist eine Weile überlegen, bevor sie antworten. So, als denken sie nach, welches Alter das richtige sein könnte.

Nachtrag: Die Besteigung der Annapurna IV von Südwesten und die der Annapurna II (7937 m) von Süden ist im Rahmen je einer Expedition bisher nicht geglückt.

*Laxmi Gurung in München.*

*Klettern ist auch mit gekürzten Schuhen möglich, sofern nur die Zehen fehlen, …*

*… und das Eisklettern ist leichter, weil die kürzeren Schuhe einen kürzeren Hebelarm zur Folge haben, doch ist es immer (!) mit eiskalten Füßen verbunden, weil die Blutzirkulation beeinträchtigt ist.*

*Die Zahnradbahn am Wendelstein – gemessen an den Aufstiegen im Himalaya ein recht angenehmes Höherkommen.*

# Von den Schuhputzern im Himalaya

Schuhputzen an bestimmten Stellen bietet gewöhnlich ein angemessenes Einkommen.

Schuhputzen ist im Himalaya ein ehrbarer und durchaus auch einträglicher Beruf. Das zeigt sich schon daran, dass es so viele Schuhputzer gar nicht gibt. Meist sind es mehrere, die ihre Dienste nebeneinander aufgereiht auf der Straße anbieten. Dafür findet man in anderen Straßen kaum einen. Die Schuhputzer scheinen die Geselligkeit zu lieben.

## Unter dem Pepal-Bodhi-Baum

Dort sitzen in Kathmandu alle angesehenen Schuhputzer. Was ist ein Pepal-Bodhi-Baum? Dies sind im Buddhismus verehrte Bäume (Pepal = Pappel, latein. Bezeichnung = ficus religiosa – Bodhi = Erleuchtung). Pepal-Bodhi-Bäume werden zur Erinnerung an jenen Baum verehrt, unter dem Siddharta Gautama, der spätere Buddha, die Erleuchtung gefunden hat. Sie sind an den auffallend lang auslaufenden Blattspitzen zu erkennen.

Unter dem Pepal-Bodhi-Baum in der New Road in Kathmandu siedelt sich jeden Morgen etwa ein gutes Dutzend Schuhputzer an, einer neben dem anderen. Es gibt unter ihnen keinerlei Konkurrenzdenken. Wenn einer keine farbgerechte Schuhcreme hat, greift er in den Vorrat seines Kollegen links oder rechts, und der weiß, dass ihm sein Nachbar auch jederzeit aus der Klemme helfen wird. Auch wenn einer schon den dritten Kunden hat, und sich beim anderen immer noch keiner einstellt, wird von Seiten des Letzteren nicht einmal ein ernstes Gesicht aufgesetzt. Es bleibt beim Lächeln.

Man muss dieses Lächeln der Asiaten erleben. Es ist ein überlegenes Lächeln, als wollte man sagen, jetzt ziehe ich den Kürzeren, dem Karma zu Folge aber wird mir das im nächsten Leben belohnt werden. Wer das erste Mal im Himalaya ist, wird dieses Lächeln nicht immer gleich bemerken, denn es ist kein auffälliges Lächeln. Erst mit der Zeit wird man den tieferen Sinn verstehen: Gleich,

Die Schuhputzer unter dem Pepal-Bodhi-Baum im quirligen Kathmandu.

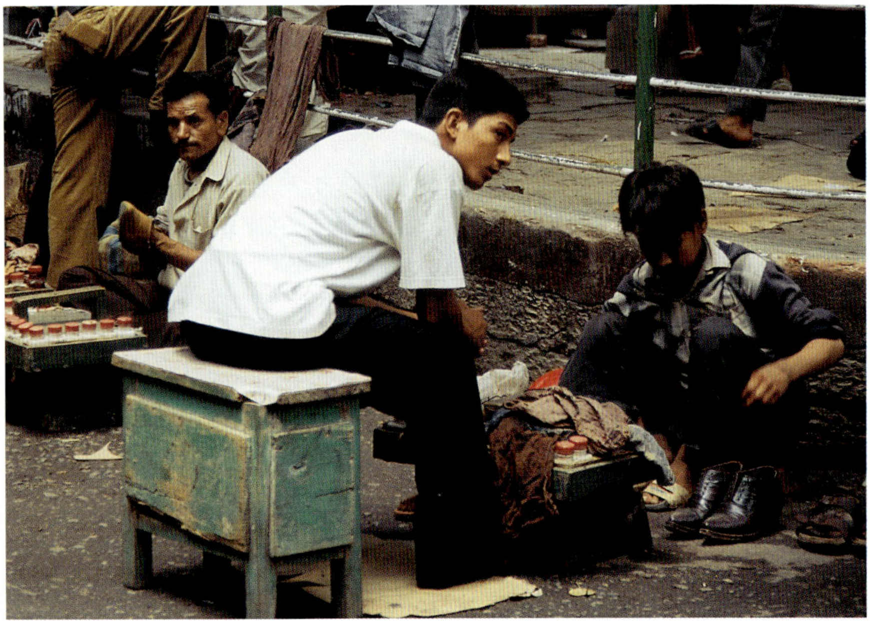

was dir auch immer widerfahren mag – immer nur Lächeln. Franz Lehar muss von diesem asiatischen Lächeln gewusst haben. Er hat – wie hinlänglich bekannt – das Wesen des asiatischen Lächelns in Musik umgesetzt, die den tieferen Sinn des Lächelns um ein Vielfaches schöner wiedergibt als noch so kluge Worte dies können.

## Die Schuhe werden geputzt

Man nimmt auf einer winzigen Sitzgelegenheit Platz und der Schuhputzer beginnt sofort mit der Arbeit. Zunächst werden die Schuhe zweimal gesäubert, einmal trocken, danach mit einer entsetzlichen Seifenlauge und mit einer Zahnbürste. Nach dem Trocknen werden sie eingecremt, je nach Farbe von Oberleder und Sohlenrand mit farblich unterschiedlichen, meist fürchterlich giftigen Farbtinkturen, die häufig erst angerührt werden. Danach folgt das Wienern der Schuhe, mit einer Bürste werden sie auf Hochglanz gebracht. Vor jeder Rückreise nach Europa lasse ich meine Trekkingschuhe dieser Reinigungsprozedur unterziehen.

Die meisten Schuhputzer beherrschen ein paar Brocken Englisch. So bietet sich ein kleiner Plausch immer an. Auf diese Weise kann man das Wichtigste in Erfahrung bringen, wenn man einige Zeit nicht in Kathmandu gewesen sein sollte. »The xy-Expedition was successfull« oder »Two men reached the summit three days ago« oder »One member was killed«. Immer wenn ich nach Kathmandu komme, gehe ich zu den Schuhputzern unter dem Pepal-Baum. So werde ich bei der Preisabsprache mit dem für Asien so typischen Handeln wieder vertraut. Und nebenbei erfahre ich die Neuigkeiten der Stadt.

Man tut gut daran, den Preis fürs Schuhputzen zuvor auszuhandeln. Unterlässt man die Preisabsprache, verlangen sie zum Schluss gern etwas mehr, wodurch ein Europäer auch nicht gleich an den Rand des wirtschaftlichen Ruins gerät. Manchmal wollen sie auch keinen Preis nennen und überlassen ihn dem Kunden zum Schluss. Dies natürlich in der Hoffnung, der wisse nichts von den üblichen Preisen und werde sich von europäischen Größenordnungen leiten lassen. Und das kann für sie nie schlecht ausgehen.

Da ein Schuhputzer auch immer Schuhe reparieren kann, vom Nähen (von Hand) bis zum Festkleben der Sohlen, kann er seinen Umsatz noch leicht erhöhen. Ein Lastenträger dagegen, der den ganzen Tag unterwegs ist, erhält vergleichsweise ein wesentlich geringeres Salär, obwohl der letztlich viel mehr leisten muss.

In Tibet, überwiegend nur in Lhasa, findet man ebenfalls Schuhputzer. Es sind in der Regel »fliegende«. Inzwischen häufig allerdings auch chinesische, die aus Chengdu oder sonst woher herüberbeordert wurden.

Schuhputzer können praktisch immer alles, was an Handarbeit irgendwo anfällt. Nicht nur Schuhe putzen und wieder zusammenflicken. Man kann sie für jeden täglichen Arbeitsbedarf anstellen, und sie werden einen nie enttäuschen.

*Die markanten Blätter des Pepal-Bodhi-Baums.*

*Am alten Königspalast in Kathmandu ist der »Seto Bhairab« (seto = weiß) hinter einem diagonalen Holzgitter platziert. Nur einmal im Jahr wird während des Indra Yatra-Festes das Gitter entfernt und der Seto Bhairab ist für alle sichtbar (links). Der »Kalo Bhairab« dagegen, der Schreckliche (unten, kalo = schwarz), ist wenig vom Seto Bhairab entfernt das ganze Jahr über zu sehen.*

Der junge Schuhputzer in Kathmandu war täglich zeitig auf den Beinen, und er hatte immer etwas zu tun. Aus ihm dürfte bald mehr geworden sein.

## Ein Schuhputzer in Delhi

In Delhi sind manche Schuhputzer arg aufdringlich. Als ich einmal in der Altstadt war, bot mir ein Schuhputzer seine Dienste neben mir gehend nahezu penetrant an. Gerade mit neuen Schuhen aus Europa eingetroffen, hatte ich für sein Angebot keinen Bedarf. Ich tat dies dem geschwätzigen Schuhputzer kund, doch der ließ nicht locker. Ich aber gab schließlich auch nicht nach. Vorerst jedenfalls nicht. So ging denn der Schuhputzer mit seinem Utensilienkasten, der an einem Band an seiner Schulter hing, neben mir her, redete ständig weiter auf mich ein – und ich reagierte nicht. Ich tat so, als hörte ich ihn nicht, als gäbe es ihn überhaupt nicht.

Unmittelbar neben den Schuhputzern unter dem Pepal-Bodhi-Baum hat sich ein Obsthändler niedergelassen. Der Staub schien ihn offensichtlich nicht zu stören.

Als ich schon glaubte, gewonnen zu haben, deutete der Schuhputzer auf meine Schuhe – und siehe – da war ein großer Klecks irgendeiner weißen Schmiere auf einem meiner Schuhe. Unterm Gehen hatte sich der Schuhputzer – von mir unbemerkt – Anlass verschafft, meine Schuhe dringend einer Reinigung zu unterziehen. Ich war über diesen plumpen Trick nicht sonderlich erfreut und ging ohne jede Reaktion einfach weiter. So als gäbe es den Schuhputzer und seine Kleckserei überhaupt nicht.

Nun passierte etwas, was ich bis dahin in das Reich der Märchen verwiesen hätte. Während des Gehens – in der Tat »während des Gehens« – putzte mir der Schuhputzer gebückt und fürchterlich flink hantierend erst einen Schuh, dann den anderen. Und er putzte sie hervorragend. Ich ging nicht übermäßig schnell, doch ich trödelte auch nicht. Vom weißen Schmierfleck auf meinem Schuh war nichts mehr zu erkennen. Wahrscheinlich hatte er zum Klecksen ein besonderes Mittel verwendet, das sich leicht wieder entfernen ließ – was man ja verstehen kann. Zum Schluss, als ich stehen blieb, waren beide meiner Schuhe perfekt gewienert. So musste ich mich, von seiner handwerklichen Kunst schließlich überzeugt, geschlagen geben. Ich klopfte ihm auf die Schulter und zahlte den sicher weit überhöhten Preis.

## Ein fliegender Schuhputzer

In der Altstadt von Kathmandu, im Bereich des alten Königspalastes, begegnete ich einmal einem fliegenden Schuhputzer. Sein Geschäft schien nicht gut zu gehen, er gehörte schließlich nicht zu den »offiziellen« Schuhputzern. Er war sicher nicht älter als 16 Jahre und trug sein Schuhputzzeug in einer halbzerrissenen Plastiktüte unterm Arm. Ich hatte meine Schuhe kurz zuvor bei den offiziellen Schuhputzern unterm Pepal-Bodhi-Baum auf Hochglanz bringen lassen, sodass ich mit seinen angebotenen Diensten nichts anzufangen wusste. Doch der junge Schuhputzer ließ nicht locker. Er meinte, er würde meine Schuhe noch viel schöner putzen. Langes Gerede hin und her, dann, nachdem ich ihn

*Chinesische Schuhputzerinnen in Lhasa – mit einem Karton wird der Socken geschont – Schuhe ausziehen nicht notwendig. Man muss sich nur zu helfen wissen.*

nach seinem Namen gefragt hatte, kam er mit der Sprache langsam heraus: Er habe keine einzige Rupie und zwei Tage nichts mehr gegessen. Und das klang ehrlich. Mit der Zeit bekommt man in Asien ein Ohr dafür.

Ich packte ihn kurzerhand am Arm und steuerte einen Teeladen an, wo es auch immer eine Kleinigkeit zu essen gibt. Er verschlang gleich größere Mengen. Es machte mir Spaß zu sehen, wie es ihm schmeckte. Ich dachte an unseren Abstieg von der Annapurna IV, wo wir zu zweit tagelang gehungert hatten und schließlich ohne jede Barschaft – die Kameraden hatten uns für tot gehalten, das Basislager abgebaut und verlassen – von fremden Nepali freundlich aufgenommen und verpflegt wurden.

Als mein Gast die dritte Portion verdrückt hatte, fragte ich ihn, warum er hinke, warum sein rechtes Bein kürzer sei als das linke. Antwort: Er sei als Kind eine Reisterrasse hinuntergefallen und hätte sich den Oberschenkel gebrochen. Einen Arzt oder ein Krankenhaus hätte es auf dem Land nicht gegeben. So sei sein Oberschenkel wieder irgendwie zusammengewachsen, und glücklicherweise habe er keine Schmerzen mehr. Was er nicht wissen konnte – die Knochen waren radial, seitlich, zusammengewachsen, nicht axial an der Bruchstelle. Die Muskelkontraktion hatte während des Heilungsprozesses zum Knochenversatz und so zu der auffallenden Beinverkürzung geführt. Man sah es ihm beim Gehen deutlich an. Außerdem war der Oberschenkel im Bereich des Knochenversatzes auffallend stärker.

Der Schuhputzer sprach ein halbwegs leidliches Englisch. Er habe es von den Touristen gelernt. Ich hatte schon häufig feststellen können, dass Asiaten, die auf ein Geschäft mit den Touristen angewiesen sind, Englisch beinahe im Handumdrehen lernen – wenn sie das Englische auch nur sprechen können, das Schriftenglisch keineswegs beherrschen. Man muss sich das einmal vorstellen: Eine fremde Sprache zu lernen, ohne überhaupt ein Wort schreiben zu können! Für uns Westler eigentlich nicht recht vorstellbar.

Noch am gleichen Abend flog ich zurück nach Europa. Im Flugzeug wurde das Abendessen serviert. Viel zu viel. Etwa die Hälfte des Dargereichten ging zurück. Es ist in Frankfurt sicher auf dem Müll gelandet. Mir kam der junge Schuhputzer in Kathmandu wieder in den Sinn, und mir war nicht besonders wohl. – Die Menschheit hat es weit gebracht. Sie kann mit Überschallgeschwindigkeit um die Erde und bis zum Mond fliegen. Doch so lange wir den Überschuss der reicheren Länder nicht den ärmeren zur Befriedigung ihrer Grundbedürfnisse zu Verfügung stellen, solange sind wir weit davon entfernt, die Probleme dieser Welt in den Griff zu bekommen. Und wie es aussieht, werden wir dies wohl nie schaffen.

*Auch Schuhputzerinnen lieben die Geselligkeit – selten trifft man auf eine allein.*

# Wie auf die andere Seite eines Flusses gelangen?

► *Eine absolut sichere, stabile Brücke.*

In Nepal kommt man ohne Brücke meist nicht einmal über einen größeren Bach, weil die Strömung meist auffallend wild ist. Flüsse lassen sich immer nur auf Brücken – meist sind es Hängebrücken – überwinden. In Tibet dagegen können kleinere Flüsse meist ohne Brücken durchquert werden, weil sie weniger tief und weniger reißend sind, dafür aber breiter. In Ladakh und im Zanskar ist es eher wie in Nepal. Grundsätzlich sollte man sich immer auf die Einheimischen verlassen. Die kennen sich am besten aus.

## Beim Durchschreiten eines Baches …

… kann man bei stärkerer Strömung das Gleichgewicht verlieren. Dann kommt es zum unkontrollierbaren Mitgerissenwerden. Dies führt meist in tieferes Wasser. Durch die niedrige Wassertemperatur wird die Schockwirkung verstärkt, die das Reaktionsvermögen vermindert. Dergleichen endet nicht selten tödlich.

Nicht nur Fremde geraten auf diese Weise in Gefahr, auch Einheimische. So weiß der Autor von zwei Sherpas, die im hinteren Rolwaling Himal beim Überqueren reißender Bäche während eines entsetzlichen Wettersturzes, der mehr als einen Meter Neuschnee brachte, auf Nimmerwiedersehen in den Fluten verschwunden sind. Dies, obwohl die Sherpas ein viel besseres Gespür dafür haben, was sie sich zutrauen können.

*Weniger sicher – aber immer noch sicher genug.*

Auch einen meiner Teilnehmer hätte beinahe dieses Schicksal einmal ereilt. Im Kali-Gandaki-Tal, bei »Tato Pani« (= heißes Wasser), hatte er sich an den heißen Quellen abends allein gereinigt. Um sich zwischendurch etwas abzukühlen, wechselte er die wenigen Meter zum kalten Fluss. Dabei rutschte er aus, versank in den reißenden Fluten und wäre beinahe weggeschwappt worden. Nur seine am Ufer abgelegten Kleider hätten auf den Unfall hingedeutet. Die Gefahr wird gewöhnlich unterschätzt.

Kommt es unter Einheimischen zu einem Unfall, wird dies recht gelassen ertragen. So jedenfalls der Eindruck für Außenstehende. Herbert Tichy berichtete einmal in einem Vortrag, wie ein Kashmiri beim Überqueren einer baufälligen Brücke seine Frau verlor, obwohl er vorher seine drei Kühe glücklich über die Brücke gebracht hatte. Tichy meinte, dass der Kashmiri froh gewesen sei, dass das Schicksal »nur« seine Frau, nicht eine seiner drei Kühe getroffen hatte. Ein deutliches Raunen ging durch den vollen Zuhörersaal. Viele konnten sich nicht vorstellen, dass im Himalaya manches anders ist als bei uns.

◄ *Die berühmte Brücke am Ende des üblichen Zanskar-Trekkings.*

## Einfache Möglichkeiten

Bedingt durch die menschliche Bequemlichkeit wird man einen Bach oder einen kleineren Fluss immer an jenen Stellen zu überwinden suchen, die die wenigsten Umstände bereiten. Die einfachste Möglichkeit ist der Schritt von Stein zu Stein, sofern diese aus dem Wasser herausragen oder sich knapp unter der Wasseroberfläche befinden. Doch Vorsicht! Die Steine können insbesondere am Morgen vereist sein. Und das Eis kann so glasklar sein, dass es kaum zu erkennen ist. Es muss also zuvor überprüft werden, ob auf dem jeweils nächsten Stein Eis ist. Wenn ja, dann dieses mit Skistöcken oder Steinen entfernen.

Sind die Steine nur glitschig, dann mit Erde bestreuen. Meist helfen die einheimischen Träger und Sherpas, die das kalte Wasser weit besser vertragen als wir Europäer. Ist die Wassertiefe größer und das Wasser reißend, sind Stützen ratsam. Am besten Stöcke. Stehen keine zur Verfügung, muss man die Querung zu zweit oder gar zu dritt angehen, sich gegenseitig stützend, indem man sich an den Schultern hält. Das Queren sollte möglichst leicht flussabwärts erfolgen, weil es so etwas weniger anstrengend ist.

## Aufwendige Möglichkeiten

Ist der Fluss so reißend, dass ein Gleichgewichtsverlust möglich scheint, so muss ein Seil gespannt werden. Zunächst muss ein Sherpa oder Teilnehmer, gewöhnlich der jeweils größte und kräftigste, ein Seilende auf die andere Seite bringen. Der Betreffende seilt sich stramm an, damit er bei Gleichgewichtsverlust nicht aus dem Seil rutschen kann. Das Seil wird locker nachgegeben. Sollte der die Fluten Querende sein Standvermögen verlieren, muss er schnellstens herausgezogen werden. Das Seil sollte an einem sicheren Fixpunkt mit der Halbmastwurfsicherung (HMS) nachgegeben werden. Im Ernstfall sollten zwei, besser drei Personen am Seil sein, um eingreifen zu können.

Als Verankerungspunkte dienen Bäume oder ausreichend große Felsbrocken. Das Seil muss, falls es lang genug ist, zwei- oder gar dreifach über den Fluss gespannt und so stramm wie möglich angezogen werden, um der Dehnung vorzubeugen. Sind keine Verankerungspunkte vorhanden, müssen Teilnehmer, am besten die größten und kräftigsten, als solche dienen.

Die Durchquerung erfolgt immer unterhalb des gespannten Seiles. So kann man sich besser am Seil halten. Stehen Karabiner und Band- oder Reepschnurschlingen zur Verfügung, kann man sich am Seil selbstsichern, was immer empfehlenswert ist.

Ob man das Wasser barfuß oder mit Schuhen durchquert, hängt von den Verhältnissen ab. Mit Schuhen geht es leichter und schneller, und es ist besonders bei eisigen Fluten weniger schmerzhaft. Aber immer ohne Strümpfe. Wenn man ohne Trekkingschuhe geht, dann bindet man diese am besten mit den Schnürsenkeln zusammen und hängt sie sich um den Hals. Man sollte die Schuhe noch mit einer Schnur sichern, falls man im Wasser das Gleichgewicht verlieren sollte.

*Bei Brücken aus Kunstfasern und bei Drahtseilbrücken sind beschädigte Stellen immer zu erkennen. Bei Brücken aus Naturfasern wie hier ist dergleichen aber nicht zu sehen, diese können völlig sicher aussehen und dennoch zu Bruch gehen.*

*Eine Brücke aus Sisalhanf – die Sisalagave ist wegen ihrer Geschmeidigkeit und Festigkeit besonders geeignet.*

*Yaks macht kaltes Wasser nichts aus – man könnte glauben, sie brauchen es zur Kühlung.*

## Im Zanskar

In der Shilakong-Schlucht muss der Fluss an einem einzigen Tag fünfundzwanzig bis über dreißig Mal durchquert werden, je nachdem wie stark der Wasserlauf ist und welchen Weg der Fluss nimmt. Mindestens ein Viertel davon mit Seilgeländer. Dies ist recht zeitaufwendig. Vor allem, wenn es sich um eine Trekkinggruppe handelt. Der Autor hat dort einmal nicht ausreichend auf die Zeit geachtet. Die Einheimischen waren mit den Pferden und Gepäck schneller und erreichten den üblichen Lagerplatz. Der Autor aber musste mit seinen Teilnehmern noch lange vor der letzten Flussdurchquerung die Nacht in einer Höhle verbringen. Dies ohne Schlafsäcke und ohne Verpflegung. Es war eine kalte Nacht – und wir alle haben gelernt.

*Je weniger die Wassertiefe abzuschätzen ist, desto größer das Wagnis.*

Sind wie in der Shilakong-Schlucht Flussdurchquerungen zu erwarten, empfehlen sich Turnschuhe, wie sie in ganz Asien zu haben sind. Sandalen eignen sich nicht, weil sie kleine Steine aufnehmen und so hinderlich sind. Sandaletten mit Befestigung nur an den Zehen gehen im Wasser leicht verloren.

Reicht das Wasser bis über die Knie, trägt man am besten nur eine Turn- oder Unterhose; letztlich geht es auch ohne jede Hose. Nach der Durchquerung unbedingt die nasse Hose wechseln, andernfalls besteht die Gefahr einer Blasenentzündung, die sehr unangenehm und schmerzhaft werden kann.

Geld, Reise- und andere Dokumente verstaut man, in einem Plastikbeutel eingepackt, im Rucksack, den man mit einer Schlinge am Körper sichert. Mancher Trekker musste schon seine Geldscheine und Reise- sowie sonstigen Dokumente abends trocknen – wenn er sie noch hatte.

## Mit Lasttieren …

… kann es schwieriger werden. Pferde und Mulis scheuen tiefes Wasser. Nur Yaks kann auch eiskaltes Wasser nichts anhaben. Die stehen oft lange Zeit darin, so, als wäre es ihnen draußen zu warm. Muss mit Yaks ein Fluss durchquert werden, schwingt man sich am besten zur Traglast auf eines der Tiere drauf. Das Tier sollte aber möglichst von einem Einheimischen geführt werden.

*Die erste Flussdurchquerung in der Shilakong-Schlucht – das Wasser kann weniger tief sein, aber auch erheblich tiefer.*

Wenn das erste Pferd, das Leittier, im Wasser ist, muss alles schnell gehen, denn dann drängen die anderen Pferde auffallend schnell hinterher.

Ist ein Fluss mit Pferden und Mulis zu durchqueren, zieht man das Leittier am Halfter von der anderen Seite etwas oberhalb des Seilgeländers ins Wasser. Dabei müssen andere das Tier von hinten antreiben. Die übrigen Teilnehmer postieren sich direkt unterhalb des Seilgeländers. Dabei spielt es keine Rolle, wenn an der tiefsten Stelle, weil die Strömung dort am stärksten ist, niemand steht. Die Teilnehmer am Seilgeländer halten sich mit einer Hand daran fest oder sind daran gesichert und fuchteln mit der anderen Hand in der Luft herum, bespritzen die Tiere von seitlich hinten mit Wasser und schreien ständig laut »Tscho, tscho«, um die Tiere anzutreiben. Die Tiere müssen, wenn sie im Wasser sind, den Eindruck bekommen, am Seilgeländer ist die Hölle los, und das rettende Ziel liegt auf der anderen Flussseite. Und – alles muss, ist das Leittier einmal im Wasser, schnell gehen. Denn dann drängen die anderen Tiere nach, und die Durchquerung ist schneller geschafft als man geglaubt hat. Der letzte Teilnehmer löst das Seil am Ankerpunkt, seilt sich an und durchquert das Wasser gesichert.

## Tiefere Flüsse

Insbesondere Flüsse mit reißender Strömung müssen mit einem über dem Wasser gespannten Stahlseil überwunden werden. Dies ist immer sehr zeitaufwendig. Mit Trekkinggruppen benötigt man bis zu einem Tag. Als wir Anfang der siebziger Jahre den Manaslu umrundeten, mussten wir den beachtlich breiten Fluss Buri Gandaki überschreiten. Von der geplanten Hängebrücke war nur ein Drahtseil vorhanden, das glücklicherweise schon über den Fluss gespannt war. Am Seil hing ein Metallkorb schief, weil er nur mit einer statt mit zwei Lagerrollen befestigt war. Die andere fehlte. So suchten wir unter den Bauutensilien einen nicht zu dünnen Eisenstab und befestigten den Lagerkorb damit an der zweiten Lagerbohrung am Drahtseil. Das hatte natürlich fürchterlich viel Reibung, Gleitreibung, Metall auf Metall (!). Doch was half es. Wir mussten auf die andere Flussseite.

Glücklicherweise befand sich etwas flussabwärts noch ein weiteres Drahtseil über dem Fluss. Allerdings ein wesentlich dünneres. An dem hing eine windige Astgabel mit einem Quersteg als Aufhängung. So konnten wir wenigstens parallel arbeiten. In der Astgabel wurden die Träger, Sherpas und Teilnehmer auf die andere Seite befördert. Einzeln versteht sich. Mehr hätte weder die Astgabel noch das Drahtseil ausgehalten. Am ande-

Mit einem gespannten Seil recht sicher – man sollte natürlich nicht (!) auslassen.

Sicherer Transport über den Buri Gandaki – für eine Trekkinggruppe kann dies einen ganzen Tag dauern.

Die Abtragung des Himalaya ist im ariden Klimabereich immer deutlich zu erkennen.

ren Drahtseil wurden das Gepäck und die Sherpanis transportiert, da diese ängstlicher waren und den wenig vertrauenswürdigen Sitz in der Astgabel scheuten. Trotzdem wir mit doppelter Frequenz arbeiteten, benötigten wir nahezu einen ganzen Tag, um auf die andere Flussseite zu kommen.

## Noch einmal im Zanskar

Dort hatten wir Pferde. Doch wie bekommt man die Pferde auf die andere Flussseite? Vor dieser Frage stand ich, als ich mit einer Gruppe das erste Zanskar-Trekking unternahm. Hinter dem Shingo La (La = Pass, etwa 5090 m) stößt man auf einen breiten, reißenden Fluss namens Barai Kade. Dieser führte viel Hochwasser. Trotzdem mussten wir auf die andere Seite. Doch wie?

Dort, wo wir auf den Fluss trafen, befand sich ein Drahtseil mit einem winzigen Korb. Da es spät am Nachmittag war, beschlossen wir hier zu lagern. Ich fragte die Pferdetreiber, wie wir am nächsten Tag die Tiere durch den reißenden Fluss bringen werden. Die meinten nur, ich möge mir keine Sorgen machen. Mal sah ich mir den winzigen Gondelkorb an, mal den reißenden Fluss. Ich konnte mir eine Möglichkeit nicht recht vorstellen. So war ich gespannt, wie die Flussdurchquerung mit den Pferden gehen sollte. Die Selbstsicherheit, mit der die Pferdetreiber mich beruhigten, machte mich neugierig. Ich hatte schon oft im Himalaya erlebt, mich auf die Einheimischen zu verlassen, wenn ich keinen Ausweg wusste, und es ging auch immer alles gut. So harrte ich der Dinge, die da kommen sollten.

## Am nächsten Tag …

… beförderten wir zuerst das Gepäck und einige Pferdetreiber einzeln mit dem Korb auf die andere Flussseite. Dann sollten die Pferde drankommen. Ich konnte mir immer noch nicht vorstellen, wie dies ohne Gefährdung der Pferde gehen sollte.

Und es ging auch nicht ganz ungefährlich zu. Die Pferdetreiber erbaten sich zunächst von mir Band und Reepschnur und legten den Pferden, die kein Halfter hatten, ein solches an. Dann wurde das erste Pferd – ohne Last versteht sich – mit einem am Halfter befestigten Seil vom jenseitigen, sicher 30 Meter entfernten anderen Ufer ins tiefe Wasser gezogen und von hinten mit lauten Tscho-Rufen und Stockschlägen angetrieben. Die starke Strömung riss es sogleich um und den Fluss hinab, sodass vom Pferd nur gelegentlich etwas zu sehen war. Ich sah hinüber zum anderen Ufer. Dort liefen die zwei Pferdetreiber so schnell sie konnten mit dem Seil in den Händen den Fluss hinab und zogen ständig aus Leibeskräften am Seil. Damit zogen sie das Pferd in Richtung des anderen, seichteren Ufers. Vom Pferd selbst war selten etwas

Der Transport des Gepäcks und anschließend der Teilnehmer.

► Das Pferd wird ins Wasser getrieben und von der anderen Seite gezogen.

zu sehen. Nur mal der Kopf, dann wieder einmal die Beine. Es musste sich einige Male im Wasser überschlagen haben.

Der besondere Trick war, dass die Pferdetreiber eine Stelle gewählt hatten, wo sie das Pferd ins Wasser zogen, die etwa hundert Meter oberhalb einer am anderen Ufer befindlichen Sandbank war. Während das Pferd sich überschlagend abgetrieben wurde, zogen die Pferdetreiber das Tier zum Ufer. Als das Tier aus dem Wasser kam, muss es recht unterkühlt und wohl auch fürchterlich erschreckt gewesen sein, denn jedes Pferd stand zunächst längere Zeit kältesteif reglos auf der Sandbank. Da jedes Pferd einzeln ans andere Ufer gebracht werden musste, benötigten wir nahezu den ganzen Tag für diese Flussdurchquerung.

Als alle Pferde am anderen Ufer waren, klopfte ich den Pferdetreibern anerkennend auf die Schulter. Die aber waren ganz erstaunt. Offensichtlich war eine solche Flussdurchquerung eine Selbstverständlichkeit für sie. Auch die Trekkingteilnehmer sparten nicht mit anerkennenden Worten.

Ich habe dergleichen später immer wieder einmal erlebt und war jedes Mal begeistert, wie sicher dies von den Pferdetreibern bewältigt wurde. Jeder Teilnehmer, den ich zuvor fragte, wie die Überwindung des Flusses für die Pferde möglich sein wird, hatte keine Antwort gewusst. Unser abendländisches Wissen ist wahrlich nicht der Weisheit letzter Schluss.

*Im reißenden Fluss ist vom Pferd (eingekreist) nicht viel zu sehen.*

*Geschafft – doch noch nicht am anderen Ufer.*

# Über die Sikhs, über Amritsar und Hemkunt

*Eines der vier Eingangstore zum größten und bedeutendsten Heiligtum der Sikhs in Amritsar.*

Der Hindi-Begriff »Sikh« bedeutet Schüler. Ein Sikh ist ein lernender Angehöriger des Sikhismus. Alle Sikhs tragen den Beinamen »Singh« (Löwe). Die Sikhs – immer leicht am Turban zu erkennen – gelten als sehr zuverlässige Menschen. Sie sind meist Busfahrer, Lkw-Fahrer, Piloten oder haben ähnliche Anstellungen, die eine verantwortungsvolle Tätigkeit erwarten lassen.

## Die fünf typischen Merkmale

Jeder gläubige Sikh – und jeder Sikh ist gläubig – muss auch heute noch die aus früheren Zeiten stammenden Merkmale tragen, als es oft zu Kriegen kam.

Erstens: Ein Sikh darf sich niemals die Haare schneiden, auch die Barthaare nicht; deshalb tragen die Sikhs immer einen gepflegten Bart und ihre langen, bei älteren Sikhs bis zum Boden reichenden Haare unter einem Turban verborgen. Der Turban und die darunter befindlichen Haare dürften früher bei kriegerischen Auseinandersetzungen als Kopfschutz gedient haben.

Zweitens: Alle Sikhs tragen einen Krummdolch, heute meist ein Krummmesser an einem Schultergurt auf der linken Seite. Früher war dies ein Schwert, das zur Verteidigung diente. Als in den 1970er-Jahren das Terrorproblem beim Fliegen aufkam, mussten die Sikhs ihre Messer am Flughafen abliefern. Der Autor hat damals gelegentlich noch lange, sehr intensiv vorgetragene Diskussionen zwischen Sikhs und dem Flughafenpersonal erlebt. Für einen Sikh galt es als Beleidigung, sich von seinem Krummdolch oder -messer zu trennen. Inzwischen hat sich das beruhigt und die Sikhs liefern ihre immer sichtbar getragenen Messer ab.

Drittens: Alle Sikhs tragen einen stählernen Armreif an der linken Hand, die der Sikh bei einer Verteidigung ähnlich einem Schild schützend vor den Kopf hielt (mit der rechten Hand wurde das Schwert geführt).

Viertens: Alle Sikhs führen einen Kamm mit sich, mit dem sie sich täglich (morgens und abends) ihre langen Haare kämmen, was sonst bei der Haarlänge bald zu einem argen Filz führen würde.

Fünftens: Alle Sikhs tragen eine Unterhose,

*Sikhs sind immer auffallend freundlich und hilfsbereit, dies insbesondere im Goldenen Tempel.*

um bei einem Kampf eine bessere Bewegungsfreiheit für die Beine zu haben gegenüber den typischen Beinkleidern der Hindus, die die Beweglichkeit beachtlich einschränken.

## Die Sikhs waren früher Hindus

Der Sikhismus ist eine erst 1507 in Nordindien von Shree Guru Nanak Dev gegründete religiöse Reformbewegung. Ziel war es damals, Hindus und Muslime auf der Grundlage eines bilderfreien Monotheismus zu einigen, was aber nicht zum Erfolg führte. Den Sikhismus kann man sich als eine Zwischenreligion einer einerseits hinduistischen Vorstellung (Samsara = Geburtenkreislauf) und Karma (Karmalehre), verbunden mit den zentralen Lehren des Islam (Anbetung nur eines Gottes und ohne ein Bild desselben) vorstellen. Die vielen Götter des Hinduismus, deren Verehrung anhand von Bild- oder Figurendarstellungen und das Kastensystem werden grundsätzlich abgelehnt.

Die Hauptstadt der Sikhs ist Amritsar im indischen Bundesstaat Punjab, wo das Heilige Buch der Sikhs, der »Granth«, im »Goldenen Tempel« verehrt wird. Der Goldene Tempel ist ein Gebäude, das in einem viereckigen, künstlichen See liegt, umgeben von einer riesigen, viereckigen Hausreihe. Das Innere dieser viereckigen Hausreihe darf nur barfuß betreten werden. An den vier Eingängen auf jeder der vier Seiten muss man barfuß durch ein etwa zehn Zentimeter tiefes Wasser gehen, um mit sauberen Füßen das Heiligtum zu betreten. Die Sikhs berühren außerdem mit wenigstens einer Hand die Schwelle oder den Boden beim Eintreten in ein Heiligtum. Anschließend führen sie die Hand zur Stirn. Touristen jeglicher Art sind immer willkommen.

*Sikh-Wächter, die immer ausgesprochen höflich sind, sehen aufgrund ihrer Waffen meist etwas martialisch aus.*

*Der Goldene Tempel im See, im Inneren des riesigen Vierkantgebäudes, ist mit vergoldeten Kupferplatten verkleidet.*

Der Aufstieg ist fur viele Inder recht mühsam, weil sie die Höhe nicht gewöhnt sind.

► Der ersehnte Augenblick im heiligen Wasser – in über 4000 Meter immer recht kalt.

In einem der Gebäude werden täglich kostenlos riesige Mengen Brot gebacken und Suppe für Tausende weniger bemittelte Sikhs bereitet. Davon können auch Europäer kosten. Die Bäcker und Köche sowie auch das Hilfspersonal sind sehr entgegenkommend.

Edelweiß gibt es im Himalaya teils noch wie Sand am Meer.

## Das heilige Buch der Sikhs

Dies ist wie oben erwähnt der »Granth«. Es umfasst einige Hundert Hymnen der ersten Gurus, der seinerzeitigen religiösen Führer. Abschriften werden in vielen Tempeln der Sikhs verehrt. Das Original im Goldenen Tempel verbrannte bei den Unruhen 1984, die die indische Armee unter der damaligen Premierministerin Indira Gandhi niederschlagen ließ. Fundamentale Forderungen der Sikhs in den 1970er- und in der ersten Hälfte der 1980er-Jahre nach einem unabhängigen Sikh-Staat hatten zu den Spannungen zwischen Sikhs und Hindus geführt, wodurch es schließlich zur Erstürmung des Goldenen Tempels durch die indische Armee mit beachtlichen Beschädigungen der Tempelanlage gekommen ist. Dies war wenig später der Anlass für zwei Leibwächter der Indira Gandhi – beide waren Sikhs – sie hinterrücks zu ermorden. Beide wurden festgenommen und erlitten fünf Jahre später den Tod durch den Strang.

Bis zu diesen Unruhen hat Pakistan die Sikhs im Untergrund unterstützt, da sie eine Lostrennung von Indien suchten. Das Bundesland Punjab ist das reichste und wohlhabendste Bundesland Indiens. Die Sikhs wollten seinerzeit nicht länger die übrigen indischen Bundesstaaten unterstützen müssen. Seit den niedergeschlagenen Unruhen im Punjab haben die Loslösungsbemühungen der Sikhs auffallend nachgelassen.

Insgesamt gibt es etwa 25 Millionen Sikhs, die meisten im Punjab und im übrigen Indien. Allein in Nordamerika und Großbritannien sind es etwa eine Million. Auch in Südostasien haben sich Sikhs niedergelassen.

Der berühmte heilige See der Sikhs in Hemkunt.

## Der heilige Ort »Hemkunt«

So wie die Hindus ihre heiligen Orte im Himalaya haben, so ist dies auch bei den Sikhs der Fall. Doch die haben nur einen heiligen Ort: »Hemkunt« (korrekt: »Sri Hemkunt Sahib«), 4329 Meter, im Garhwal. Auf der Straße nach Badrinath hält man in Phaiya. Hier gibt es inzwischen genügend Hotels zum Übernachten, denn der Fußmarsch am nächsten Tag durch das Tal Bhiundhar Ganga in Richtung Hemkunt ist recht lang. Nach einem Aufstieg von gut sieben Stunden nächtigt man am besten in dem inzwischen auffallend mit Hotels für Einheimische ausgebauten Ort Ghangrea (3072 m). Am nächsten Tag folgt der etwa fünfstündige Aufstieg nach Hemkunt. Alle Wege sind aufgrund der vielen Sikhs, die hier in den Sommermonaten unterwegs sind, recht gut ausgebaut. Europäer und andere Fremde sieht man höchst selten.

In den Monaten Juli bis September ist man also nie allein. In den anderen Monaten liegt Schnee, wodurch ein Aufstieg nicht möglich ist. In Hemkunt findet man regelmäßig riesige Menschenmassen, teils auch Schüler, die mit ihrem Lehrer aufsteigen. Alle reinigen sich äußerlich und innerlich im eiskalten Seewasser.

Als der Autor 2007 dort war, wurde das Zentralgebäude gerade umgebaut. Da man nur drei Monate zur Verfügung hat, musste rasch gebaut werden. Es hatte den Eindruck wie bei uns an einer Großstadtbaustelle. Dadurch ließen sich die gläubigen Sikhs nicht im Geringsten von ihrem Bad im heiligen See abhalten. Wenn ein Sikh in einem öffentlichen Bad oder wo auch immer ins Wasser geht, nimmt er seinen Turban nicht (!) ab. Er taucht nur bis zum Hals ins Wasser. Der Kopf bleibt immer trocken. Das Seewasser in Hemkunt ist aufgrund der Höhe (4329 m) natürlich nicht besonders warm, weshalb die körperliche und geistliche Reinigung meist recht kurz ausfällt.

## Im Tal der Blumen

Das »Valley of Flowers«, das »Tal der Blumen«, ist ein von fremdländischen Touristen nahezu völlig unberührtes Tal mit traumhafter Bergkulisse und vom gleichen Ausgangsort Ghangrea mit kurzem Zustieg zu erreichen. Das bis heute von niemandem bewohnte Tal ohne jedes Haus oder Hütte – Ansiedlungen waren und sind auch heute nicht erlaubt – wurde erst 1931 vom Briten Frank Smythe entdeckt. Bis dahin war das Tal angeblich von keinem Menschen je betreten worden.

Es gibt nur einen Weg talaufwärts. Die Natur oberhalb der Baumgrenze ist belassen, wie sie immer war. Alles wächst kreuz und quer, als gäbe es keine Menschen. Wo findet man dergleichen heute noch?

Da ich kein Botaniker bin, wollte ich mir in Ghangrea zur Erinnerung einige Blumen-Postkarten kaufen. Ich war sehr erstaunt, dass es dergleichen überhaupt nicht gibt. Man kennt in diesem Teil Indiens keinerlei Postkarten. Andere Länder – andere Sitten.

*Wer es sich leisten kann, lässt sich tragen. Träger gibt es genug.*

*Das berühmte »Valley of Flowers«.*

# Das berühmte Muktinath hinter dem Himalaya

► *Während das Saga-Dawa-Festes im Mai werden die 108 Bände des Kanjur – die buddhistische Bibel – um den Ort herumgetragen, hier um Marpha.*

Das Kali-Gandaki-Tal ist das tiefste Tal der Erde. Von den Gipfeln der beiden Achttausender – westlich der Dhaulagiri (8167 m), östlich die Annapurna (8078 m) – bis zur Talsohle in Höhe von etwa 2700 Meter sind es mehr als 5000 Meter Höhenunterschied. Hier im Tal erlebt man ohne viel Aufstieg den Übergang von der subtropischen Zone zum ariden Klima.

Die kleine Obstfarm im Kali-Gandaki-Tal, südlich von Marpha, ist sehenswert und von der Bayerischen Landwirtschaftsschule in München beeinflusst. So klein ist die Welt. Der nepalische Leiter hat in München studiert. Die Farm ist so angelegt, dass der im Tal täglich auftretende Wind die Obstfarm nicht erreichen kann. Sie gilt als »Apple capital of Nepal«. Hier kann man sich mit frischen Äpfeln versorgen, wie dies außer in Kathmandu nirgends möglich ist.

## Wie kommt man nach Muktinath?

Man muss hinter den Himalaya-Hauptkamm. Von Kagbeni im Kali-Gandaki-Tal östlich aufwärts über Dsharkot, dessen Gompa ähnlich einer kleinen Festung auf einem Felsrücken thront. Muktinath ist der für Hindus und Buddhisten heiligste Ort in Nepal. Der Weg aus dem Kali-Gandaki-Tal wird gewöhnlich von Hindu-Pilgern genommen, die größere Höhen meiden. Die andere Möglichkeit, die für Buddhisten und für Trekker, ist die Umrundung der Annapurna-Gruppe von Südosten mit der Überschreitung des Thorung La (La = Pass, 5416 m).

*Auf dem Weg aus dem Kali-Gandaki-Tal nach Muktinath.*

Muktinath liegt nur etwa 3700 Meter hoch. Es ist also auch für Pilger aus dem flachen Indien vom Kali-Gandaki-Tal zu erreichen. Für Trekker ist auch die Kombination eines Trekkings nach Mustang in Verbindung mit Muktinath zu empfehlen. Für Mustang ist allerdings eine kostenaufwendige Genehmigung notwendig, für Muktinath nicht.

## Herbert Tichy …

… wollte bereits 1935 nach Muktinath. Er hatte im indischen Srinagar in einem winzigen Zimmer, das nur einen kleinen Tisch, eine bescheidene Sitzgelegenheit und ein hartes, nicht gepolstertes Bett aufwies, an seiner geologischen Doktorarbeit gesessen. Das Zimmer war wie üblich nie verschlossen. Als Tichy von einer geologischen Untersuchung zurückkam – fand er in seinem Zimmer einen Sadhu, der in Buddhastellung meditierte. Tichy hatte Zeit und ließ ihn gewähren. Erst nach Stunden war der Sadhu ansprechbar. Der verdeutlichte Tichy, dass er einige Zeit bei ihm wohnen werde. Tichy wies auf seine bescheidene Behausung hin, der Sadhu aber lachte nur und meinte, dass er auf jeden Luxus verzichten könne.

Tichys Gast muss eine Persönlichkeit ge-

◄ *Die Gompa von Dsharkot, kurz vor Muktinath, liegt beeindruckend schön.*

wesen sein. Wenn er sich nach draußen begab, war er bald von einer großen Schar Gläubiger umgeben. Warum der Sadhu sich gerade bei Tichy eingenistet hatte, obwohl es auch viele andere Möglichkeiten gab, konnte Tichy nicht in Erfahrung bringen. Eines Tages lud der Sadhu Tichy ein, ihn nach dem heiligen Muktinath in Nepal zu begleiten. Tichy war sofort begeistert, denn Muktinath ist der (!) heilige Ort in Nepal, wo »Feuer und Wasser aus einem Erdloch gemeinsam hervorquellen«, was nach dem üblichen menschlichen Wissen nicht möglich ist, weil Feuer und Wasser sich schließlich nicht vertragen. Tichy war bereit, dafür zwei oder drei Semester seines Studiums an den Nagel zu hängen. Er stellte sich vor, dass sie auf dem Weg von Almosen leben, was nicht ganz einfach gewesen wäre, aber für Tichy sehr interessant.

Doch Nepal war damals für europäische Reisende noch völlig verschlossen. Der schriftliche Antrag an die Regierung von Nepal wurde abgelehnt. Daraufhin zog der Sadhu ohne besonderes Aufheben davon. Er meinte nur, dass Tichy noch nach Muktinath kommen werde, er wisse dies genau. Tichy hielt diese Aussage des Sadhus nur für einen üblichen Trost.

Doch Tichy hatte sich getäuscht. Knappe zwei Jahrzehnte später, 1953, nachdem er den Zweiten Weltkrieg überwiegend in China verbracht hatte, erhielt er von der nepalischen Regierung die Erlaubnis, nach Muktinath zu gehen. Nur wenige Europäer dürften vor ihm dort gewesen sein, so der Schweizer Toni Hagen. Tichy hatte auch die Erlaubnis erhalten, als erster Fremder den ganzen Westen Nepals bis zur indischen Grenze zu durchstreifen. Tichy war sich nicht sicher, ob es gelingen werde. Doch er war mit seinen vier Sherpas erfolgreich und erreichte Nepals Westgrenze in vier Monaten.

## Muktinath …

… ist heute ein auffallender Wallfahrtsort. Verkaufsstände und Händler sind zu den Hauptreisezeiten nahezu überall. In den Sommermonaten, wenn es nicht so kalt, das Wetter allerdings weniger gut ist, weil der Monsun herrscht, sind viele Hindus in Muktinath. Es sind Tausende, die die heilige Stätte sehen wollen, wo »Feuer und Wasser gemeinsam aus dem Fels hervortreten«, also eine heilige Symbiose eingehen. Jeder Gläubige reinigt sich zuvor und putzt sich für den Besuch etwas heraus.

*Zwei Pilger – sie führten alles mit, was sie ihr eigen nannten.*

Weniger schön ist heute, dass Muktinath von Helikoptern angeflogen wird, die wohlhabende Inder von Kathmandu heranschaufeln. Außerdem kann man Muktinath inzwischen von Jomson mit dem Jeep erreichen. Der Fortschritt macht leider vor nichts Halt.

## Der Tempel-Bezirk ...

... ist heute von einer großen, weißen Mauer umgeben. Zunächst trifft man auf den imposanten Vishnu-Tempel, den nur Hindus betreten dürfen. Allein der Anblick von außen, umgeben von Pappeln und Birken, ist etwas Besonderes. Wenig höher ist ein größeres, aus gemauerten Steinen errichtetes Viereck mit einer talseitig offenen Seite. Hier befinden sich rundherum 108 Wasserspeier, der Anzahl der Bände des Kanjur, der buddhis-

*Der Weg nach Muktinath führt mitten durch Dsharkot.*

Für jeden Hindu und Buddhisten heiliges Wasser.

tischen Bibel, entsprechend. Jeder Gläubige lässt das eiskalte Wasser aus jedem Speier in seine Hände fließen und schlürft etwas davon. Andere besonders Gläubige laufen – bekleidet nur mit einer windigen Hose – unter den eiskalten Wasserstrahlen entlang, um den Körper mit möglichst viel heiligem Wasser zu reinigen. Dies machen nicht nur jüngere Burschen, sondern gelegentlich auch betagte Frauen, die allerdings etwas mehr bekleidet.

Doch nicht immer fließt aus allen 108 Wasserspeiern Wasser. Im Spätherbst, wenn die Reisezeit vorbei und es schon trockener und kälter ist, ist das Wasser knapp. Meist aber fließt es aus den Speiern auf der linken Seite, wo die aufwendigsten Wasserspeier sind und wo auch immer mit der Reinigung begonnen wird. Ist das Wasser knapp, ist man eher fertig und – wenn die Reinigung sogar intensiv geschehen ist – weniger ausgekühlt.

Der heilige Vishnu-Tempel in Muktinath.

## Die friedliche Koexistenz ...

... von Buddhisten und Hindus ist auch hier immer wieder festzustellen. Buddhistische Gebetsfahnen flattern im Bereich des Vishnu-Tempels. Sowohl die Buddhisten als auch die Hindus führen die Verehrung ihrer Götter in beiden Tempeln durch, im bereits erwähnten Vishnu-Tempel und in der buddhistischen Gompa, wo »Feuer und Wasser aus einem Loch hervortreten«. Beide Religionen gedeihen friedlich neben- und oft auch miteinander. Bleibt uns Europäern der Gedanke an unsere beiden Religionen in der Vergangenheit, als sich Katholiken und Protestanten bekriegten. Und in Nordirland haben wir heute noch die Streitereien.

Schließlich begibt man sich zur bereits erwähnten Gompa, dem großen Highlight in Nepal, wenig südlich des Vishnu-Tempels. Der Autor hat dort immer nur eine Nonne angetroffen. Auch Herbert Tichy berichtete von einer Nonne. Warum nur Nonnen – konnte nicht in Erfahrung gebracht werden.

Wenn auch das besondere Erlebnis des »brennendes Wassers« zu erwarten ist, bleibt man zunächst an den buddhistischen Götterdarstellungen hängen. Denn das Loch mit dem »brennenden Wasser« war früher völlig unscheinbar mit einem Vorhang verdeckt, sodass es nicht weiter auffiel.

## Von den buddhistischen Göttern ...

... ist einmal Avalokiteshvara zu bewundern, von den Sherpas und Tibetern als Tschenresi bezeichnet. Er hat auffallend vier Arme. Er wird aber gelegentlich auch mit tausend Armen und elf Gesichtern dargestellt. Dann links davon Manjusri, der mit dem Schwert über Schulter und Kopf das Durchschlagen der Unwissenheit verdeutlicht und auf einem Blütenstengel an seiner linken Seite ein tibetisches Buch als Symbol der Weisheit besitzt. Schließlich noch Mahakala, die schreckenerregende Erscheinungsform des Avalokiteshvara.

Aber letzten Endes gilt das größte Interesse der Besucher »dem gemeinsamen Wasser und Feuer im Loch«. Dies befindet sich in einer engen Vertiefung am Bodenrand, unterhalb der Götterdarstellungen, welche die spirituelle Bedeutung dieser Stelle verdeutlichen. Die Nonne, die einem den Einlass gewährt, führte auf Bitten ein hängendes Tuch zur Seite, und man konnte in der Tiefe eine kleine bläuliche Flamme erkennen und das Rauschen des Wassers deutlich vernehmen, das in der Vertiefung wieder verschwindet.

Heute ist die Stelle, wo »Wasser und Feuer hervortreten« mittels einer Nische optisch etwas herausgestellt. Es war und ist für jeden Buddhisten ein Ehrfurcht gebietender Anblick, weil – wie hinlänglich bekannt – Wasser das Feuer zum Erlöschen bringt.

## Erklärung

Das für Hindus und Buddhisten unerklärliche Verhalten von Feuer in Verbindung mit Wasser dürfte einmalig auf der Welt sein. Das Erdgas tritt aus und in unmittelbarer Nähe – und das ist das Besondere – befindet sich eine kleine Quelle. Das austretende Wasser und das austretende, brennende Gas kommen nicht miteinander in Berührung. Gas- und Wasseraustritt aus dem Boden sind sonst überall auf der ganzen Welt weit voneinander entfernt.

Dieses für Buddhisten und Hindus besondere Verhalten von Feuer und Wasser wird seit Jahrhunderten verehrt. Angeblich ist das Phänomen seit über dreitausend Jahren bekannt. Fest steht nur, dass es vor dreitausend Jahren noch keinen Buddhismus gab. Ob zu dieser Zeit die Bön-Religion schon verbreitet war, ist nicht gesichert. Mit ein Grund für das Besondere ist der nicht so einfach zu erreichende Ort hinter dem Himalaya-Hauptkamm.

*Die Gompa, in der sich das »Heilige Wasser und Feuer« befinden.*

*In der Gompa links Manjusri, rechts Avalokiteshvara, darunter befindet sich das »Heilige Wasser und Feuer«.*

# Mustang – Lo Manthang, ein Land wie im Mittelalter

*Geschwister sorgen auch im Himalaya liebevoll füreinander.*

Auch im Himalaya hat der Fortschritt Einzug gehalten. Mit einer Ausnahme: »Mustang« – oder wie die Einheimischen zu sagen pflegen »Lo Manthang« (Lo = Süden). Dies jedoch auch nur bis zu Beginn der 1990er-Jahre. Dieses kleine, halbautonome Königreich im obersten Kali-Gandaki-Tal nördlich des Himalaya-Hauptkamms war bis Ende 1991 für Fremde gesperrt. Warum?

Das winzig kleine Land ist gerade einmal etwa 50 x 60 Kilometer (bzw. 3000 Quadratkilometer) groß und nur äußerst dünn besiedelt. Es befindet sich im tibetischen Kulturbereich. Seine natürliche Grenze im Norden sind die dort vergleichsweise wenig aufragenden Berge. China hat die Grenze im Gegensatz zu anderen Grenzen mit seinen südlichen Nachbarn eigenartigerweise immer anerkannt. In den 1960er-Jahren haben sich hier südlich von Kagbeni die von Tibet geflüchteten »Khampas«, etwa um die sechstausend (!), eingenistet. Diese wurden militärisch von der CIA und von Taiwan unterstützt, um Überfälle gegen die Chinesen in Tibet zu unternehmen. Dies bis die USA und China diplomatische Beziehungen aufnahmen. So mussten die tibetischen Khampas schließlich unter militärischem Druck von Nepal, das mit den USA unter einer Decke steckte, aufgeben.

Die nördliche und südliche Abriegelung Mustangs aber blieb erhalten. Die östliche und westliche aufgrund der höheren Berge sowieso. So konnte das Kulturgut Mustangs von Fremden nahezu völlig abgeschirmt bleiben, so, wie tibetisches Kulturgut wohl sonst nirgends auf der Welt.

Der Name »Mustang« hat nichts mit Pferden zu tun, wenn auch das Pferd in Mustang das einzige Fortbewegungsmittel bis Ende des gerade vergangenen Jahrhunderts war.

Hier konnte man, als das Land im Frühjahr 1992 für Fremde geöffnet wurde, in der Tat noch das Mittelalter erleben. Bis dahin hatte das kleine, halbautonome König- oder Maharadschareich nur sehr wenige Fremde zu Gesicht bekommen. Es gab damals in Lo Manthang auch noch keinen elektrischen Strom. Entsprechendes Baumaterial – zunächst nichts anderes als Baumstämme – war zwar zu einem winzigen Teil bereits herangeschafft worden, doch noch war künstliches Licht einzig und allein aus Petroleumfunzeln zu genießen.

Bleibt zu erwähnen, dass sich die Einwohner »Lopa« nennen, »Leute von Lo« (Lo = Süden, betrachtet von Tibet), so wie die »Sherpa« die »Leute aus dem Osten« sind und die »Changpa« schließlich die »Leute aus dem Norden«.

*Die Grenze zu Mustang hinter dem Himalaya-Hauptkamm ist nur an dem kleinen Schild auf dem rechten Bild zu erkennen.*

## Nahezu alles anders als bei uns

Mustang ist das höchstgelegene Königreich der Welt. Die Hauptstadt Lo Manthang liegt auf 3740 Metern. Die sie umgebenden Gipfel sind teils bis über 6000 Meter hoch, die etwas entfernt, weiter südlich gelegenen Dhaulagiri I und Annapurna I über 8000 Meter.

Der Weg durch das Kali-Gandaki-Tal ist hinsichtlich der Flora interessant. Man erlebt zwischen Tukche und Marpha innerhalb eines Tages, wie die Vegetation auffallend nachlässt. Hinter Kagbeni ist es dann durch das aride Klima rundherum überwiegend mit dem natürlich wachsenden Baumbestand vorbei. Kagbeni ist auch die Eingangspforte von Mustang. Obwohl man sich hier politisch noch auf nepalischem Boden bewegt, fühlt man sich bereits nach Tibet versetzt – geografisch ebenso wie kulturell. Dies, obwohl sich die eigentliche Grenze erst eineinhalb Tagesmärsche nördlich von Lo Manthang befindet.

Wer waren die beiden ersten Fremden in diesem winzigen Königreich? – Der erste war Hans Kopp, von dem noch die Rede sein wird. Der zweite war der Schweizer Toni Hagen, der durch das Kali-Gandaki-Tal kam. Toni Hagen war als Geologe im Auftrag der Vereinten Nationen 1950 nach Nepal gekommen, hat dort geforscht und hielt sich zehn Jahre lang in Nepal auf. Auch später bereiste er noch häufig dieses Land.

Auf dem Weg nach Lo Manthang mit Blick zurück nach Kagbeni, dem Grenzort.

## Zunächst nach Pokhara

Es war 1952, als sich Toni Hagen mit einigen Einheimischen nach Lo Manthang aufmachte. Zur damaligen Zeit war dies noch eine ausgesprochene Forschungsreise. Die Straße von Katmandu nach Pokhara ist erst zwanzig Jahre später gebaut worden. Und von einer »Trekkingreise« sprach man damals noch nicht. Dieser Begriff war im Deutschen noch völlig unbekannt.

Toni Hagen musste mit seiner Gruppe zunächst einmal Pokhara erreichen. Für die etwa 200 Kilometer lange Strecke von Katmandu brauchten sie glatte zehn Tage (heute bewältigt man die Strecke mit einem Bus in einem Tag, mit dem Flugzeug in 40 Minuten). Unterwegs stellte Toni Hagen immer wieder

Die Schule in Tangbe – der Andrang hält sich in Grenzen.

Der Weg nach Lo Manthang ist, obwohl hinter dem Hauptkamm, teils immer noch recht gebirgig.

fest, dass die beide Städte verbindende Telefonleitung über längere Strecken unterbrochen war. In Pokhara angekommen, suchte er zunächst den Gouverneur auf, denn Toni Hagen dürfte der zweite Europäer gewesen sein, der die zweitgrößte Stadt Nepals erreichte. Und das ging nicht, ohne dem Herrn Gouverneur einen Besuch abzustatten. Der war so freudig erregt über den Besuch, dass er zu Hagen meinte, dieses besondere Ereignis müsse er gleich telefonisch nach Kathmandu melden. Toni Hagen war ob des Telefonierens arg gespannt. Es kam, was kommen musste. Der Gouverneur drehte verzweifelt x-mal die Telefonkurbel, doch auch nach einer Stunde konnte er keine Verbindung herstellen. Der Gouverneur entschuldigte sich höflich mit den Worten »out of order – just now«.

Ist der tibetische Dolch nicht etwas zu groß für den kleinen Buben?

Die angeblich längste Manimauer der Welt – sie ist etwa 300 Meter lang und befindet sich nahe der Ortschaft Ghemi.

Toni Hagen schloss den Bericht über diese Begebenheit mit den Worten, dass es sich dabei um eine in Nepal sehr gebräuchliche Redewendung handelt, für Zustände, die schon Monate oder gar Jahre andauern und deren Beseitigung völlig ungewiss ist.

## Mustang – Lo Manthang

Als Toni Hagen zwei Wochen später zur Abendzeit Lo Manthang erreichte, war das Stadttor schon geschlossen. Die Stadt wird vollkommen von einer hohen Stadtmauer umgeben, wie bei uns früher im Mittelalter. Und diese Mauer ist auch heute noch vollständig erhalten. In der Mauer gibt es nur ein größeres Tor, das eigentliche Stadttor auf der Nordseite und ein winziges Tor auf der Südseite, durch das gerade einmal eine Person hindurchpasst. Beide Tore werden abends geschlossen und morgens wieder geöffnet. Nicht anders als bei uns im Mittelalter. So musste Toni Hagen sein Lager vor der Stadtmauer aufschlagen, von dieser gar etwas entfernt, so wie größere Trekkinggruppen heute auch.

Toni Hagen glaubte, der König – auch als »Raja« bezeichnet (Abkürzung für Maharadscha), tibetisch »Gyalpo« – würde ihm gern eine Audienz geben, war er doch erst der zweite Fremde, der je Lo Manthang erreichte. Der erste Fremde war Hans Kopp, der gemeinsam mit Heinrich Harrer und Peter Aufschnaiter im Frühjahr 1944 aus dem indischen Internierungslager Dehra Dun ausgebrochen war. Sie versuchten – teils gemeinsam, teils getrennt –, Lhasa zu erreichen. Nach einem guten halben Jahr kamen sie nach Tradün, am Tsangpo, direkt nördlich von Lo Manthang. Hier meinte Hans Kopp, dass es wohl besser sei, nach Nepal auszuweichen, weil Nepal nicht in den Weltkrieg integriert war. So trennte er sich von Harrer und Aufschnaiter, die – wie bekannt – weiter nach Lhasa zogen. Harrers Bestseller »Sieben Jahre in Tibet« gibt ausführlichen Bericht darüber.

Hans Kopp machte sich nach Süden auf den Weg und war der erste Fremde in Lo Manthang. Er erhielt eine Audienz beim König – Kopp sprach inzwischen tibetisch – und bat um eine Aufenthaltsgenehmigung für Nepal. Doch die konnte ihm der König nicht geben. Er war aber zuversichtlich, dass man ihm in Kathmandu sicher Asyl gewähren werde. So zog Hans Kopp weiter, das Kali-Gandaki-Tal hinab, schließlich südöstlich nach Pokhara und weiter nach Kathmandu. Dort wurde er vom

Premierminister zuvorkommend empfangen und höflichst behandelt. Doch man machte ihm klar, dass er nach Indien müsse und dort von den Engländern empfangen werde. Die Nepali wollten die Engländer wegen eines Ausländers in Nepal nicht vergraulen. Und das bedeutete natürlich wieder – Gefangenschaft. Und so geschah es auch. Hans Kopp ging nach Indien, wurde dort in Empfang genommen und landete wieder in Dehra Dun. Von dort war er hergekommen, wenn auch auf völlig anderem Weg.

Knappe 40 Jahre vorher, 1906, war Sven Hedin von Norden bis zum Grenzpass Kore La (4410 m) gelangt, der sich nördlich von Lo Manthang befindet. Doch er fürchtete, nicht wieder zurück nach Tibet einreisen zu dürfen. So unterließ er den Abstecher nach Mustang. Und so konnte Mustang bis zu Beginn der 1990er-Jahre vor dem Massenansturm Fremder verschont bleiben.

*Der berühmte Tschorten von Tsarang, etwas außerhalb des Ortes.*

## Toni Hagens Mühe

Zurück zu Toni Hagen, ins Jahr 1952. Dieser ließ anderntags den König wissen, dass er ihn gern sprechen würde. Doch der war nicht geneigt, ihn zu empfangen und stellte ihm schließlich nur einen Stall außerhalb der Stadtmauer als Unterkunft zu Verfügung. Inzwischen war Toni Hagens Sirdar namens Aila mit dem Abgesandten des Königs ins Gespräch gekommen und machte diesem klar, dass sein Herr als »Colonel Sahib« vom nepalischen König in Kathmandu gesandt sei. Dies hatte wider Erwarten keinerlei Wirkung. Der König ließ wissen, dass er keine Zeit habe, Toni Hagen zu empfangen. Daraufhin legte der Sherpa noch eins drauf, wie er dies immer zu tun pflegte, wenn seinem Herrn nicht genügend Aufmerksamkeit entgegengebracht wurde. So beförderte Aila seinen Herrn kurzerhand zum »General Sahib«. Doch dies mit der gleichen negativen Wirkung beim König. Der habe keine Zeit, war nur zu hören. Schließlich machte Aila seinen Herrn zum »very big Swiss Lama«. Doch auch dies ohne jeden Erfolg. Schließlich – Aila hatte noch etwas parat – lenkte er die Aufmerksamkeit des Emissärs auf die Papiere und Karten, die Toni Hagen im Rahmen seiner geologischen Untersuchungen mit sich führte, mit dem Hinweis, dass diese sehr wichtige Dokumente seien. Toni Hagen berichtete später, dass auch dies völlig kontraproduktiv gewesen sei, denn Abgesandte des Königs mit irgendwelchen Dokumenten wollten immer nur Steuern eintreiben oder gar erhöhen. Jedenfalls ließ der König wissen, dass er »not feeling so well« sei. So blieb Toni Hagen nur das Abwarten.

Die Sache sollte aber doch bald noch eine günstige Wendung nehmen. Die Königin, in Mustang als »Rani« bezeichnet, ließ fragen, ob der Fremde Gesichtscreme bei sich habe. Gesichtscreme war etwas, was Toni Hagen überhaupt nicht brauchen konnte und folglich auch nicht mitführte. Wie alle Bergsteiger dies zu tun pflegen, diente Toni Hagen das übliche Hautfett als Sonnenschutz, indem er auf das Waschen verzichtete. Aber Toni Hagen ergriff den rettenden Anker und fand eine schmerzstillende Hautsalbe in seiner Apotheke, die auch noch einen angenehmen Geruch

*Wer nichts zu tun hat – hat trotzdem immer etwas zu tun.*

Lo Manthang – die Hauptstadt von Mustang.

verbreitete. Davon schickte er der Rani eine Tube. Wenig später traf die Nachricht durch den Emissär ein, dass der König am nächsten Tag Toni Hagen empfangen werde. Am gleichen Tag war dies natürlich nicht möglich. Andernfalls hätte der König sein Gesicht verloren.

Der Beginn der Audienz war etwas frostig. Erst als der König erfuhr, dass sich Toni Hagen (weil Geologe) nur für Steine interessierte, wovon es ja in ganz Mustang reichlich viele gibt, ließ das Misstrauen des Königs nach. Offensichtlich hatte der in Toni Hagen einen der wenig beliebten Steuereintreiber vermutet.

## Der königliche Palast

Zurück ins Jahr 1992, als Mustang für Fremde geöffnet wurde. Der König dürfte möglicherweise eine recht große Familie besitzen, denn nahezu jeder von Lo Manthang, mit dem wir ins Gespräch kamen, sagte uns, dass er ein Verwandter des Königs sei. Davon sprachen insbesondere die Pferdetreiber, die gewöhnlich mit den Fremden am schnellsten in Verbindung geraten, weil diese meist Pferde für einen Ausritt brauchen. Und der König hat natürlich den größten Landbesitz und damit auch die meisten Pferde.

Der König namens Jigme Dorche Trandül (in Nepalisch Jigme Palbar Bista), ein Nachkomme in direkter Linie seines Vorvorvorgängers Anfang des 16. Jahrhunderts, lebt mit seiner Gemahlin im obersten Stock des höchsten Gebäudes der Stadt. Kein anderes Haus – außer einer Gompa – darf höher sein. Es ist ein vierstöckiges Gebäude mit Flachdach wie alle Häuser im tibetischen Kulturbereich. Ein steiler, nahezu völlig dunkler Aufgang führt innen hinauf. Wenn man das Haus betritt, wird man von riesigen, bellenden und angriffslustigen Tibet-Mastiffs empfangen, die das Anwesen gegen jeden eindringenden Fremden schützen. Die Tiere konnten nur mit Mühe zurückgehalten werden.

Die Wohnung des königlichen Paares ist nach tibetischem Stil eingerichtet. An den Wänden befinden sich wie in allen tibetischen Häusern Holzpritschen, belegt mit Teppichen, die tagsüber als Sitzgelegenheit und nachts zum Schlafen dienen. Die Toilette ist ein Plumpsklosett, von der vierten Etage hinab bis auf den Erdboden.

## Der König gibt uns eine Audienz

Beim ersten Mal in Lo Manthang erhielt meine Trekkinggruppe eine Audienz beim König. Es war die zweite Trekkinggruppe meiner Agentur, die Lo Manthang 1992 besuchen durfte. Die Audienz fand in den Wohnräumen des königlichen

Die Stadtmauer hat rundherum eine beachtliche Höhe, so wie in Asien, insbesondere in China, allgemein üblich.

► Der Haupteingang von Lo Manthang – ein Tor, das abends geschlossen und morgens wieder geöffnet wird.

◄ *Der Königspalast in Lo Manthang. Der König wohnt mit seiner Familie im obersten Stockwerk.*

*König Jigme Dorche Trandül.*

Palastes statt. Der Hausherr saß gemächlich auf einer mit einem Teppich belegten Erhebung und harrte der Dinge, die da kommen sollten. So hatten wir jedenfalls den Eindruck.

Jeder von uns überbrachte dem König eine »Katag«, einen Glücksschal (Begrüßungsschleife), die er, sich vor ihm verbeugend, mit beiden Händen überreichte. Der König nahm jeweils den Schal huldvoll und gab ihn jedem einzelnen zurück, indem er diesen um dessen Hals legte. Die Königin – zierlich und sicher einige Jahre jünger als der König – war eifrig beschäftigt, uns mit Tee und Keksen zu bewirten. Beide sprachen kein Englisch. So musste unser Sirdar unser Englisch ins Tibetische übersetzen. Dies tat er geflissentlich, jedoch ohne auch nur im Entferntesten den Kopf und die Augen zu erheben. Warum nicht? In seinen Augen war der König ein Halbgott, und dem konnte er nur leicht gebeugt, die Augen gesenkt, gegenübertreten.

Später waren wir uns nicht mehr ganz so sicher, dass der König kein Wort Englisch verstand. Aufgrund seines zurückhaltenden Lächelns meinten wir, das er wohl doch das eine oder andere englische Wort verstanden haben könnte. Wie auch immer – der König machte auf uns alle einen zurückhaltenden, angenehmen Eindruck.

Nachdem wir noch einige kleinere Geschenke überreicht hatten, dies mit beiden Händen uns vor dem König verbeugend, begann das Gespräch, das anfangs wenig aussagekräftig war. Es ging um allgemeine Dinge wie das Wetter, das im Oktober/November in Lo Manthang immer gut und trocken ist, aber schon bald recht kalt sein kann, vor allem in den Nächten. Als wir dann auf die Pferde zu sprechen kamen, die wir am nächsten Tag ausleihen wollten, um nach Nyiphu und Gharphu nördlich von Lo Manthang zu reiten, kam das Gespräch in Gang. Der König gab uns gute Ratschläge, denn er dürfte geahnt haben, dass wir alle keine besonders guten Reiter waren.

Wenige Jahre später war ich abermals mit einer Gruppe in Lo Manthang. Zu diesem Zeitpunkt war der König auf seiner Sommerresidenz in Tinkhar. Also machten wir uns nach Besichtigung von Nyiphu und Gharphu mit den Reitpferden auf zu dieser Sommerresidenz. Sie war schließlich zu finden. Dort angekommen, ließen wir uns melden. Aber der König konnte uns leider nicht empfangen. Wie es hieß, sei er »very busy«.

*Sechsspeichiger Vajra (tib. »Dorche«) aus einer messingartigen Legierung. Diese Art von Kunstgegenständen dürfte bis in die Zeit vor Buddha zurückreichen (500 v.Chr.).*

◄ *Das Kloster Nyiphu nördlich von Lo Manthang, nahe der tibetischen Grenze.*

*Die Pferde sind längst nicht so groß wie bei uns.*

*Mitten in Lo Manthang, wo die Zeit still zu stehen scheint.*

*Eine Geisterfalle, in der sich die bösen Geister verfangen, wenn sie in ein Haus eindringen wollen.*

## Schießübung

Noch einmal zurück in die 1950er-Jahre zu Toni Hagen. Auf dem Rückweg von Lo Manthang, noch einige Tage vor dem Hauptkamm Dhaulagiri–Annapurna, begegnete er mit seinen Sherpas und Trägern einigen Einheimischen mit uralten Vorderladern. Die traten ob ihrer Bewaffnung recht dominant auf. Beide Gruppen lagerten schließlich an gemeinsamer Stelle. Toni Hagen interessierte, wie solch ein Schießprügel funktioniert. So wurde vereinbart, im Laufe des Abends ein Schützenfest zu veranstalten.

Man fand einen mannshohen Stein, der als Zielscheibe dienen sollte. In sechs Meter Entfernung davor stellte man sich auf. Es dauerte gelinde zehn Minuten, bis einer der Vorderlader schussbereit war. Es waren noch Gewehre, deren Zündmechanismus aus einem eingeklemmten Feuerstein und Zunder bestand. Diese Schießeisen wurden in Europa im Jahre 1807 vom neu erfundenen Zündhütchenmechanismus abgelöst. Der Schießprügel dürfte also wenigstens um die 150 Jahre alt gewesen sein.

Schließlich wurde der Vorderlader auf die am Schießprügel befestigte zweibeinige Gabel gestellt und der Schuss abgefeuert. Es krachte fürchterlich – mit dem Ergebnis, dass alle in eine Rauch- und Staubwolke eingehüllt waren. Als sich diese verzogen hatte, stellte man fest, dass der Stein nicht getroffen worden war. Da kramte Toni Hagen schließlich seine Armeepistole aus dem Gepäck hervor und schoss ein ganzes Magazin leer. Jeder Schuss ein sichtbarer Treffer. Toni Hagen

*Namgyal Gompa, nicht weit von Lo Manthang entfernt – die typischen, genau genommen dreifarbigen Längsstreifen am Mauerwerk deuten darauf hin, dass es sich um eine Sakyapa Gompa handelt. Manche Gompas sind mit vier Farbstrichen bemalt, alles natürliche Farben, die vierte Farbe hat angeblich keine besondere Bedeutung.*

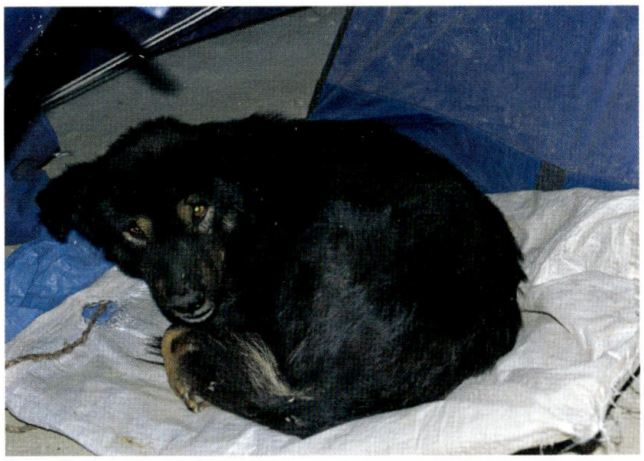

◄ *Der uns zugelaufene Hund, der unter einem Zeltvordach nächtliche Wärme gesucht hatte.*

beendete diese Story mit dem Hinweis, dass es eigentlich ein recht unfaires Schützenfest gewesen sei und er sich mit der modernen Technik geschämt habe. Aber – sein Ansehen sei bei allen Anwesenden, insbesondere bei seinen Sherpas und Trägern, daraufhin mächtig gestiegen.

## Zurück in die 1990er-Jahre

Auf dem Weg nach Lo Manthang ist uns ein Hund zugelaufen. Da von unserer Trekkingverpflegung immer etwas abfiel, hatte der Hund ein recht gutes Auskommen. Es schien ihm zu gefallen, uns begleiten zu dürfen. Doch einer unserer Teilnehmer mochte keine Hunde. Er hatte einen Widerwillen gegenüber jedem Hund. So versuchte er ihn immer wieder wegzujagen, was ihm aber nicht gelang. Die Verpflegung, die immer wieder abfiel, war offensichtlich zu verführerisch.

Eines Abends war es schon recht kalt. Unser Teilnehmer schlief allein in einem Zelt, und der Hund suchte sich zu später Stunde gerade dessen Zeltvordach aus, um es darunter etwas wärmer zu haben. Schließlich ist ein Hund auch nur eine Kreatur und mag nicht besonders gern frieren. Nachts bemerkte unser Teilnehmer gelegentliches Wackeln der Zeltwand. Neugierig schälte er sich aus dem Schlafsack heraus und kroch aus dem Zelt. Als er den Hund im Schein seiner Taschenlampe sah, packte ihn die Wut. Er jagte den Hund in die Dunkelheit hinaus und warf noch zwei Steine hinter ihm her.

Weil unser Teilnehmer nun schon mal auf den Beinen war, ging er noch etwas abseits, um Wasser zu lassen. Wenig später, als er ins Zelt zurückkam – da lag der Hund schon im Schlafsack drin und unser Teilnehmer hatte am nächsten Tag Hundeflöhe.

*Drei der typischen Sakyapa-Tschorten in den drei unterschiedlichen Farben.*

### Die Sakyapa-Tschorten

In Mustang findet man häufig drei Tschorten nebeneinander. Der mittlere, gewöhnlich immer der höchste, ist weiß, der auf der einen Seite blau-grau und der auf der anderen rot-braun. Man verwendet mineralische Farben, die das Land bietet und die man immer wieder einmal im Erdreich findet. Die Bedeutung ist wie folgt:

| **Farbe:** blau-grau |
|---|
| **Gottheit:**<br>Vajrapani – am Vajra in der linken Hand und an der Schlange in der rechten zu erkennen.<br>**Bedeutung:**<br>Hüter der geheimen tantrischen Lehren und unerschrockener Wächter über die Unzerstörbarkeit des Buddhismus. |

| **Farbe:** weiß (immer in der Mitte) |
|---|
| **Gottheit:**<br>Tschenresi – an den vielen Armen zu erkennen, mindestens vier, aber auch mit 1000 (!) Armen.<br>**Bedeutung:**<br>Avalokiteshvara (hindi) oder Tschenresi (tib.), der Bodhisattva der Barmherzigkeit, der Dalai Lama gilt als Inkarnation des Tschenresi. |

| **Farbe:** rot-braun |
|---|
| **Gottheit:**<br>Manjusri – am Schwert in der rechten Hand zu erkennen.<br>**Bedeutung:**<br>Bodhisattva der reinen Weisheit, der mit dem Schwert die Unwissenheit der Finsternis zerteilt und zerstört. |

In Mustang sind die Gompas mit den drei genannten Farben in senkrechten Streifenmustern bemalt. Jedoch gibt es eine Gompa in Lo Manthang, die Tschöde Gompa, mit einer vierten Farbe: gelb. Nach Auskünften von Einheimischen und nach Michael Hens, Autor des Buches »Mustang«, hat diese vierte Farbe keinerlei Bedeutung.

Um Lo Manthang (3740 m) herum werden Weizen, Buchweizen und Gerste sowie Kartoffeln und Mohrrüben angebaut (nur eine Ernte pro Jahr). Es gibt einige Apfelbäume, die Äpfel aber sind recht klein und hart. Das Vieh wird abends in die Stadt getrieben, weil es noch Wölfe gibt. Im Winter liegt eineinhalb Meter Schnee. Nur die älteren Einwohner bleiben zurück, um das Vieh zu versorgen, und die Kinder. Alle anderen sind im Winter in südlicheren Gefilden, wo es wärmer ist.

## Eine besondere Seltenheit

Auf dem Rückweg von Lo Manthang, auf der Ostseite des Mustang Khola, machten wir einen Umweg über das winzige und folglich nicht bewohnte Felsenkloster »Lori Gompa« (tib. Druk Pa). In den weiten Ausläufern des Damodar Himal muss man die Gompa regelrecht suchen. Sie ist merklich über dem Tal teils in den Fels eingelassen und von außen zwar zu erkennen, aber nur, wenn man weiß, wo die Gompa zu finden ist. Ein schmaler Steig führt hinauf. Im Tal ist eine neuere, erheblich größere Gompa errichtet, die meist verschlossen ist, die aber den Hinweis gibt, wo man zu suchen hat.

Die Lori Gompa war auch verschlossen. So machte sich ein Sherpa auf den Weg nach dem Schlüssel, was einige Zeit dauerte. Wie dann später die kleine Gompa geöffnet wurde, tat sich etwas ungemein Interessantes für uns auf. Zwei Räume, beide begeisternd interessant. Durch das Verschlossensein und das zwar erhoffte, jedoch nicht sichere Öffnen fühlten wir uns, als hätten wir das Grabmal des Tutanchamun entdeckt. Im ersten Raum waren einige Statuen, als Größte die von Padmasambhava, »dem aus dem Lotos Geborenen«, der Glotzaugen aufweist (Basedowsche Krankheit). Padmasambhava hat im 8. Jahrhundert dem Buddhismus in Tibet zum endgültigen Durchbruch verholfen, nachdem der tibetische König Srongtsen Gampo während seiner Regierungszeit (620–649 n.Chr.) den Grundstein für den Buddhismus in Tibet gelegt hatte. Der war mit sechs (!) Frauen verheiratet: mit der chinesischen Prinzessin Weng Cheng, mit der nepalischen Prinzessin Brikuti und mit vier tibetischen Frauen.

*◄ Bild linke Seite: Der Aufstieg zur Lori Gompa. Die Gompa befindet sich an einer Anhöhe in den Ausläufern des Damodar Himal.*

*Der erste Raum der Lori Gompa mit der Statue des Padmasambhava.*

Ferner etwas kleiner ein Shakyamuni mit korrekterweise langen Ohrläppchen. Weiter schöne, alte Thankas und auffallend große Tsatsas sowie vieles andere. So auch der Sitzplatz eines Lamas und schließlich im hinteren Raum, in einer Konglomerathöhle – ein traumhaft schöner Stupa, der den kleinen Raum beinahe ausfüllte. Man konnte gerade um den Stupa herumgehen. Der Stupa selbst ist wie üblich teils bemalt, die Decke mit einem Mandala, die Wände mit den acht Siddhas und mit überaus schönen Blumenmustern. Alles wohlerhalten. Angeblich aus dem 14. Jahrhundert zur Ehren einer Prinzessin aus Bhutan errichtet, die nach

*◄ Der Stupa – das Juwel der Lori Gompa ...*

*... umgeben von überaus schönen Blumenmustern.*

Die neuere Lori Gompa im Talboden ist meist nicht zugänglich.

Man reinigt – weil meist nicht anders möglich – mit Sand.

Lo Manthang geheiratet hatte. Dieses Felsenkloster gehört zum Allerschönsten, was Mustang an Kunstgeschichte zu bieten hat. Wie wir später erfuhren, hatten wir Glück, die Gompa überhaupt sehen zu dürfen. Da sie nicht dem üblichen Zugang unterworfen ist und niemand in unmittelbarer Nähe wohnt, verheimlicht man die Gompa gern den Fremden in dieser Gegend.

Ein Leben wie bei uns seinerzeit im Mittelalter.

## Heutige Zeiten

Zwei Storys, die verdeutlichen, dass in Mustang noch manches anders empfunden wird als wir uns dies vorstellen können:

Auf dem Rückweg von Lo Manthang wurden wir in Tangya von einer Mustanghi mit einem niedlichen, etwa halbjährigen Kind angesprochen. Da meine Gruppe zu zwei Dritteln aus Frauen bestand, waren bald alle zehn Frauen bei dem kleinen Erdenbürger und von ihm begeistert. Das Kleine sah herzig aus. Alle hätte es am liebsten mitnehmen wollen, wie man so zu sagen pflegt.

Die Verständigung zwischen der Mutter und uns war schwierig. Sie sprach wie zu erwarten kein Wort Englisch. Nach ein paar freundlichen Worten unsererseits kam es mit Hilfe eines übersetzenden Sherpas schließlich heraus. Die Mutter wollte, dass wir uns des Kindes annehmen – und es mitnehmen. Sie hätte bereits genug Kinder. Und das Leben sei mit vielen Kindern nicht gerade leicht. Da war aus der freudigen Erregung meiner Teilnehmerinnen plötzlich entsetztes Schweigen geworden. Abends sprachen wir darüber. Die Mutter hatte angenommen, dass es dem Kind in unserer Gesellschaft weit besser erginge als in ihrer. Dem konnte schließlich niemand von uns widersprechen.

Auch in Mustang wurde inzwischen gewählt. Schließlich braucht man in Kathmandu jetzt eine vom Volk gewählte Regierung. Erstaunlicherweise hat die Mehrzahl der Einwohner in Mustang die Kommunisten gewählt. Warum? – Die meisten können weder lesen noch schreiben. Weil dies nicht nur in Mustang so ist, sondern in vielen Teilen Nepals, haben sich die Parteien Symbole zugelegt. Die Kongresspartei hat einen Baum, die Kommunisten die Sonne. Und weil die Sonne das Lebenselixier im windgebeutelten Mustang ist – im Winter, wenn die Sonne niedrig steht, müssen alle frieren – haben die Einwohner von Mustang die Sonne wie schon immer als wünschenswert und notwendig erachtet und folglich die Kommunisten gewählt.

*Die vielen typischen Tschorten von Tangye.*

## Es ist nicht alles Gold was glänzt

Manche Einheimische bedienen sich inzwischen rauer Sitten. Die Thankas in den Gompas sind beliebte Objekte. So wurden in der Giling Gompa von einer aus 33 Leuten bestehenden Räuberbande um die 50 kostbarste Thankas gestohlen. Und die Spendenbox, mit einem für Nepal-Verhältnisse nicht unerheblichen Betrag für die Restaurierung der Gompa, wurde gleich mit entwendet. Der Schlüssel-Lama war mit einem größeren Messer bedroht und im Gesicht verletzt worden, weil er sich gewehrt hatte. Seine Narbe war noch nicht völlig verheilt. Obwohl die Namen der Räuber bekannt waren, haben die Polizei-Oberen in Kathmandu nichts unternommen. Bestechung dürfte im Spiel gewesen sein. Um weiteren Raubüberfällen vorzubeugen, darf in den Gompas nicht mehr fotografiert werden.

Seit 2008 ist der König Mustangs (ebenso wie der König Nepals) von der Regierung abgesetzt. Doch das interessiert die Leute von Lo Manthang wenig. Für sie bleibt Jigme Dorche Trandül ihr König. Nach seinem Ableben wird aber wohl keiner mehr folgen.

Seit 2011 ist geplant, Lo Manthang zum UNESCO-Weltkulturerbe zu ernennen. Dies mag einerseits anerkennenswert und für die Einwohner in vielem hilfreich sein, andererseits aber muss dies zu weiterem Verfall der ursprünglichen Kultur Lo Manthangs führen.

*Ein letzter Blick auf die sagenumwobene Stadt Lo Manthang hinter dem Himalaya-Hauptkamm, wo wir Anfang der 1990er-Jahre in dem wohl einzigsten Ort auf der ganzen Welt – noch das Mittelalter erleben durften.*

# Bhava chakra – das berühmte Rad des Lebens

Eigentlich heißt es »Rad des Werdens« oder »Rad des Wiederwerdens« oder noch treffender »Rad der Wiedergeburten«. Denn das ist der dargestellte Inhalt des berühmten »Rad des Lebens«. Der leidvolle Kreislauf der Wiedergeburten.

Das Lebensrad findet man als Wandbild im Eingangsbereich buddhistischer Klöster. Dem Betrachter soll vor Augen geführt werden, welche Möglichkeiten der Wiedergeburt auf ihn warten. Da die Mehrzahl der Tibeter weder lesen noch schreiben konnte und teils heute noch nicht kann, musste eine bildhafte Darstellung gewählt werden, die für jedermann verständlich ist.

Das Bhava chakra ist keine (!) ikonographische Darstellung der buddhistischen Lehre. Es ist die bildhafte Darstellung des auf dem Karma, der »Summe aller guten und schlechten Taten«, beruhenden Kreislaufs der Wiedergeburten, aus dem es sich zu befreien gilt. Das Bhava chakra gehört zur ikonographischen Tradition des Vajrayana-Buddhismus, der in Tibet verbreitet ist.

Das Lebensrad und dessen Deutung sind interessant. Manches mag uns – mit christlichen Vorstellungen aufgewachsen – durchaus bekannt vorkommen. Was vor allem fasziniert, ist die einfache Darstellung einfacher Wertvorstellungen.

Auf dem hier abgebildeten Lebensrad, auf das im Text immer wieder zurückgegriffen wird, sind nicht (!) alle Details korrekt dargestellt. Offensichtlich hatte der Zeichner keine besonders korrekte Ausbildung.

## Ein Ungeheuer

Zunächst fällt auf, dass das ganze Lebensrad von einem Ungeheuer in seinen Pranken und seinem Maul gehalten wird. Es gilt als nicht geklärt, ob es »Yama«, der buddhistische Totenrichter ist, oder »Mara«, der buddhistische Teufel. Wenn Yama, dann soll er den noch Lebenden Angst einflößen: »Denkt an euer Karma, an die Summe all eurer guten und schlechten Taten«. Wenn Mara, der buddhistische Teufel, dann ist es die Verkörperung von Leidenschaft und Tod. Die als Krone angeordneten Totenköpfe sollen die Vergänglichkeit des menschlichen Daseins symbolisieren.

## Die drei Grundübel

Mit der weiteren Erläuterung wird in der Mitte begonnen. Hier kann man drei Tiere erkennen, die sich gegenseitig in den Schwanz beißen. Man sieht einen Hahn, im allgemeinen einen Vogel, der die menschliche Gier, die Begierde und Wollust symbolisiert. Als weiteres Tier ist ein Schwein zu sehen, das die Unwissenheit, die Verblendung und Dummheit verkörpert, und schließlich eine Schlange, die Neid, Hass und Zorn symbolisiert. Das einander in den Schwanz Beißen symbolisiert, dass ein Übel das andere bedingt. Diese drei menschlichen Übel gelten als die drei Geistesgifte, als Ursache des ewigen Kreislaufs der Wiedergeburten.

*◄ Bild linke Seite: Das ganze Rad des Lebens – wenn auch nicht (!) in allen Details korrekt dargestellt.*

*Eines der vielen Bhava chakras, die sich im Detail immer wieder einmal unterscheiden.*

*Im Zentrum des Lebensrades sind die drei Grundübel dargestellt, die sich gegenseitig in den Schwanz beißen.*

Das Dasein im Zwischenzustand – im Bardo Thödol – im schwarz unterlegten Ring (hier nicht korrekt dargestellt, der Aufstieg muss hell unterlegt sein).

Eine korrekte Darstellung des Zwischenzustands – dies zeigt, dass jedes Bhava chakra in vielen Details jeweils andersartig dargestellt ist.

## Bardo Thödol – der Zwischenzustand

Es folgt ein breiter Ring, in dessen rechter Hälfte, dunkel unterlegt, unbekleidete Menschen herabstürzen. In der linken Hälfte, korrekt hell (!) unterlegt, findet man wohl gekleidete Menschen in die Höhe aufsteigen. Dies symbolisiert den »Bardo Thödol«, den Zustand zwischen zwei Leben, bevor man inkarniert wird. Der Absturz symbolisiert den Abstieg in eine niedrigere Wiedergeburt, der Aufstieg das Emporsteigen in eine höhere.

## Die Titanen – die Halbgötter

Im linken oberen Sektor findet man das Reich der Titanen, der Halbgötter. Ein Teil dieser ist auf einem Baum, der andere Teil auf dem Boden angesiedelt, die sich gegenseitig bekämpfen. Dies mit Pfeil und Bogen.

Das Reich der Titanen, der Halbgötter, der höchsten Möglichkeit einer Wiedergeburt.

Der Sinn dieser Darstellung ist interessant, weil er die gesamte Menschheit betrifft, dies in der Vergangenheit wie in der Gegenwart und mit ziemlicher Sicherheit wohl auch in Zukunft. Die Halbgötter auf dem Baum ernten die Früchte, dagegen müssen die, die auf dem Boden sind, die Arbeit verrichten, den Baum gießen und den Boden kultivieren. Letztere trachten natürlicherweise danach, sich die Früchte im Kampf gegen die oberen im Baum zu holen, die nur ernten müssen. Dies symbolisiert im Prinzip nichts anderes als das, was die Menschheit bisher nicht lassen konnte, nämlich Streitereien und kriegerische Auseinandersetzungen. Die einen besitzen etwas, das sie gegen die anderen, die neidisch sind und die es ihnen wegnehmen wollen, verteidigen müssen. Dieses Grundübel, das die Menschen schon immer plagt und von dem sie sich bislang nicht freimachen konnten, taucht bereits im Kindesalter auf. Ein Kind besitzt ein Spielzeug; kommt ein zweites hinzu, will dieses dem anderen das Spielzeug wegnehmen.

Und bei solchen Streitereien wird es wohl auch immer bleiben. Die Menschheit scheint dazu verdammt zu sein, einander zu neiden, zu hassen und sich schließlich zu bekriegen. Zumindest zeichnet sich bis heute keine grundsätzliche Besserung ab. Bestenfalls hier und da einmal und dann auch nur in Nuancen und nur für kurze Zeit. Es dürfte wohl daran liegen, dass sich der Homo sapiens über das Tierreich erhoben hat und zu denken begann. Denn Tiere, denen man nur instinktives Verhalten nachsagt – kein Denkvermögen –, töten nur ihres Selbsterhaltungstriebes wegen, wenn sie angegriffen werden oder Nahrung zum Überleben brauchen. Die Tibeter haben dieses Dilemma der Menschheit schon vor ewigen Zeiten erkannt und auf diese einfache Weise im Bhava chakra dargestellt.

## Ein »modernes« Lebensrad

In Kagbeni, im oberen Kali-Gandaki-Tal, gab es bis Mitte der 1990er-Jahre eine verfallene Gompa. Die Einheimischen hatten aber bald erkannt, dass sich mit Gompas in Form von Eintrittsgeldern von Touristen wirtschaftlicher Gewinn machen lässt. So hat man die Gompa restauriert. Im Herbst 1998 war sie soweit hergerichtet, dass man sie besichtigen konnte. Eine Besonderheit, die ich noch nirgendwo in einem Bhava chakra gesehen hatte, ist hier interessant. Die Mehrheit der

◄ *Kagbeni mit der roten Gompa.*

im Baum angesiedelten Titanen – die Großkopferten – kämpft hier statt mit Pfeil und Bogen wie auf allen Bhava chakras bereits mit Pistolen und Maschinengewehren gegen die unteren, die sich noch überwiegend mit Pfeil und Bogen wehren müssen. Hier hat die Moderne bereits Einzug gehalten. Dass man den unteren Titanen, die auf dem Boden kämpfen, mehrheitlich die modernen Waffen verweigert, ist ein deutliches Zeichen für den ungleichen Kampf. Bleibt noch zu erwähnen, dass wohl mehrere Maler mit der Erstellung dieses Lebensrades beschäftigt gewesen sein dürften, denn die Maschinengewehre haben nicht alle die gleiche Form. Zwei ähneln sehr einem Presslufthammer.

## Das Reich der Menschen

Rechts vom Reich der Titanen, der Halbgötter, ist das Reich der Menschen angesiedelt. Hier wird das tägliche Leben der Tibeter gezeigt, wie es auch in der naiven Malerei dargestellt wird. Tibeter beim Pflügen, im Hintergrund ein Tibeterhaus, Reiter, Yakkarawanen, Tibeterinnen bei der Hausarbeit, im Garten und vieles andere. Die menschliche Existenz gilt bei der Wiedergeburt als durchaus erstrebenswert. Zwar ist sie von Leiden begleitet, aber gleichzeitig auch mit den Freuden verbunden, die der Mensch schließlich auch genießen darf. So ist sie doch als durchaus erträglich zu bezeichnen.

◄ *Das Reich der Menschen, das nach wie vor durchaus erstrebenswert ist.*

▲ *Die »moderne« Darstellung der Titanen, der Halbgötter, in der Gompa von Kagbeni.*

## Das Reich der Tiere und das der Hungergeister

Links unterhalb des Reichs der Titanen, der Halbgötter, ist das Reich der Tiere angesiedelt. Es werden Yaks, Esel, Hunde, Schafe und manch anderes Getier gezeigt. Das Leben der Tiere ist schließlich nicht gerade erstrebenswert und somit keine anzustrebende Wiedergeburt.

*Das Reich der Tiere, das nicht erstrebenswert ist.*

Das Reich der »Pretas«, der Hungergeister.

Rechts, gegenüber dem Reich der Tiere, ist der Bereich der Hungergeister dargestellt, das Reich der »Pretas«. Die sind an ihren von Hunger aufgedunsenen Bäuchen und an ihren stecknadeldünnen Hälsen zu erkennen. Sie sitzen vor gefüllten Reisschalen und bekommen keinen Bissen hinunter, weil ihr dünner Hals nichts durchlässt. Es gilt, dass habsüchtige, geizige Menschen als Hungergeister wiedergeboren werden. Da früher das Bedürfnis vieler Menschen, ausreichendes Essen zu haben, nicht immer befriedigt werden konnte, war diese Darstellung naheliegend. Sie hat sich bis heute erhalten.

Die buddhistische Hölle ist unten angesiedelt – wie die in der westlichen Welt.

## Die buddhistische Hölle

Unten ist wie bei uns im Christentum die Hölle angesiedelt. In der Mitte thront Yama, der Totengott. Der hält den menschlichen Seelen gewöhnlich einen Spiegel vor, in dem sie ihre schlechten, unheilvollen Taten – bei uns würde man sagen: ihre Sünden – erkennen können. Der Gehilfe »Yamantaka« hält eine Waage in der Hand, mit der die guten, heilvollen Taten gegen die schlechten, unheilvollen abgewogen werden. Im Gegensatz zum Christentum wird in der buddhistischen Hölle nur gewogen, das Urteil nur festgestellt. Das Ergebnis hat jeder Buddhist während seines Lebens bereits gewählt, dies aufgrund seines Karmas (= Summe aller guten und schlechten Taten). Das Urteil wird von Yama – oder von Mara (?) – nur noch besiegelt.

In weiteren Darstellungen wird gezeigt, wie die menschlichen Seelen – offensichtlich die Sündigen – gepeinigt werden. Alle erdenklichen körperlichen Peinigungen und Torturen, die sich die Tibeter ausdenken konnten, kann man in diesem Sektor finden. Am häufigsten wird gezeigt, wie Menschen aufgespießt, gebraten, gesotten, verbrannt und gevierteilt, in Stücke gehackt oder zersägt werden. Nicht wesentlich anders als in unseren mittelalterlichen Höllendarstellungen. Im Kloster Lamayuru kann man sehen, wie männliche Seelen mit glühenden Zangen kastriert werden und wie weiblichen mit einem Trichter in der Vagina heißes Wasser eingefüllt wird. Man ist da nicht zimperlich und auch nicht schamhaft – ganz im Gegensatz zum täglichen Leben.

In manchen Darstellungen sind statt der fünf geschilderten Sektoren sechs dargestellt. Dann ist der linke obere Sektor, der der Halbgötter, in zwei Bereiche aufgeteilt, wobei der zweite über die Mitte hinausreicht. Links ist das »Reich der Freuden«, rechts davon die »Welt des Kampfes«.

## Der äußere Ring

Um die fünf (gegebenenfalls sechs) Sektoren herum gibt es einen Ring, der in zwölf Darstellungen die Kausalkette zeigt, die Kette von Ursache und Wirkung. Dieser Ring enthält Hinweise, was zu tun oder zu unterlassen ist, um eine höhere oder niedrigere Inkarnation zu erreichen. Die Erläuterung erfolgt im Uhrzeigersinn.

## Der rechte Teil, oben beginnend

Als erste Darstellung ist ein Blinder zu sehen. Zu erkennen an einem Stock (fehlt in der Darstellung), mit dem er sich weitertastet. Dies symbolisiert die Unwissenheit. Der Blinde weiß nichts von der Wirklichkeit. Vergleichsweise weiß er, der nicht Erleuchtete, auch nichts von der transzendenten Wahrhaftigkeit, die es anzustreben gilt.

◄ *Der Blinde – hier fälschlich ohne (!) Blindenstock dargestellt.*

Es folgt ein Töpfer. Dessen Tätigkeit symbolisiert das Karma, die Summe aller guten – »heilvollen« – und schlechten – »unheilvollen« – Taten und die daraus folgende Wiedergeburt: »Was du aus dem Ton schaffst, das ist das Ergebnis – ein guter Topf, eine gute Schale oder ein schlechtes Produkt«. Im Christentum heißt es vergleichsweise: »Was du säest, das wirst du ernten«.

◄ *Der Töpfer bei der Arbeit.*

*Der Affe und sein unstetes Leben.*

Die nächste Darstellung (oben) zeigt einen Affen. Er symbolisiert das Unstete des Menschen. Der Affe hüpft bekannterweise von einem Ast zum anderen, vergleichsweise der nicht erleuchtete Mensch von einem wiedergeborenen Leben in das nächste.

Weiter ist ein Yakhautboot (unten) dargestellt, wie es in Tibet verwendet wird, da Holz äußerst knapp ist. Das Boot folgt der Fließrichtung des Wassers. Es symbolisiert das Leben, das wie ein fließender Strom ist. So wie das Wasser nur in einer Richtung – nämlich nur abwärts – fließen kann, so verläuft die Zeit nur in einer Richtung. Das Wasser fließt nie bergauf, und die Zeit kann nicht zurücklaufen oder zurückgedreht werden. Dies symbolisiert: Was geschehen ist, ist geschehen! Sowohl die guten »heilvollen« wie auch die schlechten »unheilvollen« Taten. Wer jemanden umgebracht hat, kann diesen nie wieder lebendig machen.

*Das Boot im fließenden Wasser.*

Mehrere Häuser – als solche kaum zu erkennen (die Darstellung der Details weicht teilweise immer wieder von den Vorgaben ab).

► Ein Tibeter, dem der Pfeil im Auge fehlt.

Es folgt ein tibetisches Haus, am Flachdach zu erkennen (oben, hier schlecht dargestellt). Das Haus muss fünf Fenster und eine Tür haben. Die fünf Fenster symbolisieren die fünf menschlichen Sinne: Sehen, Hören, Riechen, Schmecken und Fühlen. Das Wichtigste aber ist die Tür, sonst ist ein Haus nicht zu betreten. Die Tür symbolisiert den menschlichen Verstand, um die fünf Sinne vernünftig zu beherrschen. Im Buddhismus gilt der Verstand als sechster Sinn. Der Mensch hat nicht fünf, sondern sechs Sinne.

Als unterste Darstellung findet man ein Liebespaar in inniger Umarmung. Dieses symbolisiert die Berührung der Objektwelt, das Gefangensein in dieser, aus der man sich so schwierig befreien kann.

Ein Liebespaar, als solches leicht zu erkennen.

## Der linke Teil, unten beginnend

Hier finden wir einen Tibeter (rechts oben), korrekt dargestellt mit einem Pfeil im Auge (der hier fehlt). Dies soll unsere Welt der Gefühle und der Empfindungen – auch der Schmerzempfindungen – symbolisieren, aus der wir uns nur so schwierig befreien können, wenn überhaupt.

Es folgt ein Weintrinker (unten), der die Welt der Begierde, die der Sinnlichkeit und des Trugschlusses symbolisiert. Schließlich empfindet man die Welt mit entsprechender Menge Alkohol im Blut etwas anders – leichter zu ertragen (wenn nicht zu viel Alkohol) – als in nüchternem, normalem Zustand.

► Ein Weintrinker, als solcher ebenfalls kaum zu erkennen.

Weiterhin folgt ein Früchtesammler (unten), häufig ein Affe, der die Gier des Menschen am Festhalten an irdischen Dingen symbolisiert. Es zeigt das Gefangensein in dieser unserer Welt, und zwar das »immer wieder Wiedergeborenwerden«.

► Ein Affe, der die Gier des Menschen symbolisiert.

Schließlich folgt (oben) eine schwangere Frau, die den Zeugungstrieb und das Entstehen jeden Lebens symbolisiert.

Der Tod bedingt die Wiedergeburt. Deshalb finden wir in der nächsten Darstellung (unten) den Beginn des Lebens – besser den Neubeginn desselben; es symbolisiert die Geburt bzw. die Wiedergeburt.

Abschließend wird ein Tibeter gezeigt (unten), der auf dem Rücken einen in Embryohaltung verschnürten Leichnam trägt. Der wird zur Leichenzerstückelung getragen (als Toter hier nicht erkennbar). Das symbolisiert den Tod, dem kein Lebewesen entkommt.

## Oberhalb des Bhava chakra

In der oberen, rechten Ecke ist ein stehender Buddha abgebildet. Dieser soll an den Religionsstifter erinnern und verdeutlichen, dass es eine Befreiung aus dem ewigen Kreislauf der Wiedergeburten gibt. Buddha hat diesen Weg während seiner Erleuchtung unter dem Bodhi-Baum gefunden, die Erleuchtung erfahren und später gepredigt. Buddha gilt nicht (!) als Gott – wie wohl Buddhastatuen in allen buddhistischen Ländern angebetet werden. Buddha gilt im strengeren Sinn nur (!) als Wegweiser, als einer, der den Weg zur Erleuchtung gefunden und gepredigt hat.

Der Buddha streckt seine rechte Hand aus, in Richtung eines Vollmondes auf der linken Seite der Thanka (in der Thanka nicht dargestellt), um so an die Nacht seiner Erleuchtung zu erinnern, die nach der Legende während einer Vollmondnacht im Mai stattgefunden hat. Meist ist in der linken oberen Ecke das »Darma chakra« dargestellt, »das Rad der Lehre«, das Buddha bei seiner ersten Predigt im Gazellenhain von Benares, in Sarnath, in Bewegung gesetzt hat. Deshalb findet man über den Eingängen aller Gompas ein vergoldetes Rad, das »Rad der Lehre«, und zur Erinnerung an den Gazellenhain

rechts und links je eine Gazelle. Das Rad der Lehre weist acht Speichen auf. Diese sind der Hinweis auf den »achtfachen, heiligen Pfad«, den Buddha gelehrt hat – vergleichbar mit unseren Zehn Geboten – damit sich jeder aus dem Kreis der Wiedergeburten für immer befreien kann.

◄ *Eine schwangere Frau, als solche aber kaum zu erkennen.*

*Buddha, der Religionsstifter.*

◄ *Kurz vor der Niederkunft.*

*Das Rad der Lehre mit den zwei Gazellen.*

◄ *Der Tote wird zum Zerstückelungsplatz getragen – als Toter jedoch nicht zu erkennen.*

# Licht und Schatten beim Höhenbergsteigen

Der Cho Oyu im Abendlicht.

Man geht heute allgemein davon aus, dass ein Schwerverletzter in großer Höhe nicht gerettet werden kann. Jeder Mensch, der in solche Höhen steigt, geht also ein besonderes Risiko ein. Umso mehr darf das, was sich in der Vormonsunzeit 1996 am Cho Oyu (8203 m) zugetragen hat, als beispielhaft bezeichnet werden.

## Eine kommerzielle Expedition

Erich und Stefan Gatt – Vater und Sohn – führten eine größere Gruppe zum Cho Oyu. Die ersten beiden Teilnehmer hatten den Gipfel erreicht und waren wieder ins höchste Lager IV (7500 m) zurückgekehrt – aber da war auch ein Teilnehmer, der sich beim Gipfelabstieg ein Bein gebrochen hatte. Der Teilnehmer war mit einem Fuß in eine verschneite Spalte eingebrochen. Um einen Sturz in die Spalte zu vermeiden, hatte er sich nach vorn geworfen. Leider konnte er den folgenden Sturz über einen Steilhang nicht verhindern. Der Versuch, den Absturz mit den Steigeisen bewehrten Füßen zu bremsen, führte zum Bruch eines Knöchels und zum doppelten Bruch des Unterschenkels (wie sich später herausstellen sollte). Glücklicherweise war dies wenig oberhalb von Lager IV passiert, sodass er sich, auf allen Vieren kriechend, zum Lager retten konnte.

Wenig später kam Stefan Gatt ins Lager. Sofort suchte er den Verletzten in seinem Zelt auf. Der lag nahezu leblos zur Hälfte im Schlafsack. Als der Verletzte merkte, dass jemand ins Zelt kam, richtete er sich unter Stöhnen etwas auf. Stefan schaute in zwei hilfesuchende, restlos verzweifelte Augen.

Stefan tastete das Bein ab und empfahl, den Bergschuh anzubehalten, damit die

Der Cho Oyu von Norden, von Tingri – das Wetter auf der Nordseite des Himalaya ist meist etwas besser als auf der Südseite.

Schwellung nicht größer werden konnte. Die psychische Verfassung des Verletzten war besorgniserregend. Er sprach vom bevorstehenden Tod und seinen Söhnen, die Stefan später besuchen und ihnen von seinem Ableben berichten sollte. Er konnte sich nicht vorstellen, wie er mit gebrochenem Bein hinunter kommen könnte. Er hatte auch noch nie von der Bergung eines derart Verletzten aus dieser Höhe gehört. Immer wieder stöhnte er: »Lasst's mi liegn – lasst's mi sterben«! Es hatte den Anschein, dass er keinen Willen mehr zum Überleben hatte.

## Gipfelversuch hintangestellt

Dem Stefan war klar, dass der Verletzte gerettet werden musste. Zwar war ihm nicht ganz klar, ob die Rettung gelingen würde. Doch der Versuch war mehr wert als alles andere. Und er machte dem Verletzten Mut.

Abends wurde nach unten gefunkt und die Kameraden über die Rettung informiert. Am anderen Tag stieg Vater Gatt zunächst hinauf zum Gelben Band, einer gelben Kalksteinschicht auf etwa 7750 Meter, um von dort ein möglichst langes Fixseil herunterzuholen. Ohne ein solches Seil war eine Rettung unmöglich. Stefan verpackte den Verletzten in zwei Schlafsäcke, zwei Matten und zwei Biwaksäcke. Die sollten den Verletzten vor der bevorstehenden Auskühlung im Liegen schützen. Der gebrochene Fuß wurde mit zwei Skistöcken und einer elastischen Binde geschient und der Brustgurt angelegt. Dann folgte die Biwaksackverschnürung, die zunächst zu einem Problem wurde. Mit dem extrem eiskalten Schnee war es unmöglich, Schneebälle zu formen, um mit diesen am Rand des Biwaksacks einen Widerstand zu formen, um den Biwaksack mittels Reepschnur verschließen zu können. Ein Blick in einen Verpflegungssack und Stefan verwendete zwei Packungen Leberwurstauf-

*Der Schwerverletzte hatte seiner Meinung nach wenig Aussicht auf Rettung, eigentlich gar keine.*

*Manistein mit dem berühmten »Om mani padme hum«.*

*Der Schwerverletzte mit dreifach gebrochenem Bein im Lager IV (7500 m), kurz vor dem Abtransport.*

Kurze Rast in Lager II – für den Verletzten immer eine Möglichkeit, durch die Ruhelage die Schmerzen etwas erträglicher zu gestalten, dafür aber war es für ihn umso kälter.

strich, halbe Schokoladentafeln, Erdnusssäckchen und Klopapierrollen. So gelang die Verschnürung des Biwaksacks.

## Gegen Mittag …

… war dann alles soweit. Vater Gatt hatte 80 Meter Reepschnur herab gebracht. Seil war keines vorhanden gewesen. Vier Firnanker, jeweils zwei als Fixpunkte an den beiden Standplätzen, sollten als Ankerpunkte dienen. Der Teilnehmer Hans Kroissenbrunner ging voran zum Lager II, um Tee zuzubereiten. Stefan ließ den wie zu einer Mumie verpackten Verletzten am Seil mittels Halbmastwurf hinab. Stefans Vater und die Teilnehmerin Siren Greve blieben jeweils bei der etwa 110 Kilogramm schweren Last, um diese zu dirigieren. Doch leider folgte die Last nicht immer der gewünschten Richtung entlang der Aufstiegsspur. Viel Mühe war notwendig, um sie in die richtige Richtung zu dirigieren, um so die gähnenden Gletscherspalten zu umgehen. War die Last eine Länge hinabgelassen, musste sie fixiert werden, um den Ankerpunkt oben abbauen zu können. Danach kam die nächste Länge dran. Der Vater übernahm das Ablassen, Stefan gab der Last die Richtung vor und übernahm die Sicherungstechnik am nächsten Standplatz.

Das war für alle vier das Schlimmste, weil nicht wirklich sicher war, dass nichts Unerwartetes passieren konnte.

So ging es langsam bergab, viel langsamer als bei einem gewöhnlichen Abstieg. An den vereisten Stellen konnten sie die Fixseilverankerungen als Ankerpunkte verwenden. Der Verletzte ertrug die ganze Prozedur mit stoischer Ruhe, hatte er doch so wieder etwas Hoffnung, überleben zu können.

Auf 7150 Metern kam es zu einem Zwischenfall. Die Anstrengungen der letzten Stunden und die daraus resultierende Müdigkeit führten zu einem Missverständnis, bei dem sich Vater Gatt, der den Verletzten abließ, die Finger im Karabiner quetschte. Stefan konnte unten nach einem Sprung über einen Abbruch das Seil mit dem Eisgerät gerade noch schnell genug kappen. Andernfalls wäre es wesentlich schlechter für den oben ablassenden Vater ausgegangen.

## Im Lager II …

… wurden sie mit heißem Tee vom vorausgeschickten Teilnehmer versorgt. Der Verletzte verlor trotzdem langsam den Mut. Man muss sich in seine Lage versetzen. Liegend verpackt, nichts tun können, eiskalt und frierend übers Eis hinabgelassen werden. Jede von außen initiierte Bewegung verursachte furchtbaren Schmerzen im verletzten Bein.

Im Gegensatz zum Verletzten stieg die Zuversicht der drei Retter mit jedem Meter, den sie tiefer kamen. Doch die Schlüsselstelle stand noch bevor: Die 60 Meter hohe Eismauer, ein fast senkrechter Abbruch. Der Verletzte wurde hinabgelassen. Wenn hier ein kleines Problem aufgetaucht wäre, hätte es zur Katastrophe kommen können. Der Verletzte hat dies gemerkt und sich sehr miserabel gefühlt. Stefan hatte den Eindruck, wenn der zu Rettende ein Messer gehabt hätte, der hätte die ihn ablassende Reepschnur gekappt, um die Schmerzen und seelischen Qualen zu beenden.

Nach dieser Tortur kam Schneesturm auf. Doch glücklicherweise war der Spuk nach

*Glücklicherweise ließ der Schneesturm bald wieder nach.*

einer Stunde wieder vorbei. Ein besonderes Problem war noch ein großer Granitblock auf einem Gratstück mit Gegensteigung, der nur 40 Zentimeter Freiraum zum Passieren bot. Alle drei mussten ihre letzten Kräfte mobilisieren, um dies zu meistern. Es gelang. Doch alle vier, einschließlich des Verletzten, waren dem Ende ihrer Kräfte nahe.

## Endlich

Abends erreichten sie Lager I. Dem Geretteten liefen die Tränen über die Wangen. Hatte er doch jetzt auch aus eigenem Gefühl die berechtigte Hoffnung, den größten Gefahren entronnen zu sein. Er wurde hier bei einem Teilnehmer zurückgelassen, der ihn die ganze Nacht mit heißen Getränken versorgte. Die drei Retter stiegen weiter ab, um sich im Basislager etwas zu erholen. Doch die Routenfindung wurde in der Nacht noch zur Tortur. Erst um zwei Uhr morgens erreichten sie das Lager. Der Arzt versicherte ihnen, dass alle Vorbereitungen getroffen seien, und die drei sanken in einen tiefen Schlaf.

Als sie am nächsten Tag gegen Mittag munter wurden, waren der Arzt und acht der Kameraden sowie tibetische Träger bereits zum Verletzten aufgestiegen und versorgten ihn. Der weitere Abtransport durch das teils steile, weglose Geröll war kräftezehrend, denn der Verletzte musste getragen werden. Endlich im Basislager eingetroffen, konnte der Arzt mit der Arbeit beginnen. Danach wurde eine Bahre aus Zeltstangen gebaut und der weitere Transport des Verletzten durch acht tibetische Träger, die eine ganze Nacht heraufgestiegen waren, konnte beginnen. Der Transport sollte noch den ganzen Tag und die folgende Nacht dauern.

Die Querung eines Gletscherbaches am anderen Morgen brachte das ganze Unternehmen in beachtliche Schwierigkeiten, da einer der Träger den Halt im hüfttiefen, eiskalten Wasser verlor. Doch die Rettung des Verletzten gelang schließlich zur Freude und Beruhigung aller Beteiligten.

Zehn Tage nach dem Unfall konnten das gebrochene Wadenbein und der doppelt gebrochene Knöchel des Verletzten in Innsbruck operiert werden. Er erfreute sich bald wieder bester Gesundheit und war folglich auch wieder beim Bergsteigen.

*Beim Sondieren eines sicheren Lagerplatzes.*

## Noch ein Versuch

Nach wenigen Ruhetagen hatten sich Stefan und Vater Gatt sowie die den Abstieg begleitende Siren Greve wieder soweit erholt, dass sie den Mut fassen konnten, einen abermaligen Gipfelversuch zu wagen. Der bereitete Stefan zwar erhöhte Schwierigkeiten, weil er während der Rettungsaktion ein Kleidungsstück verloren hatte und sich Erfrierun-

Im Abstieg zu Lager I – die schweren Rucksäcke machten jede Bewegung in dieser Höhe noch einmal so schwierig.

gen angebahnt hatten. Trotzdem erreichten die drei den Gipfel des Cho Oyu an einem der letzten Maitage 1996.

Rückblickend erwähnte Stefan Gatt, dass die Bergung des Verletzten letztlich weit mehr zählt als die Gipfelbesteigung. Darüber hinaus haben alle Beteiligten ein enormes Zusammengehörigkeitsgefühl gewonnen.

## Zwei weitere Fälle

An der Shisha Pangma (8013 m) ist es im Frühjahr 1995 zu einem Unfall gekommen. Ein Teilnehmer ist beim Aufstieg 200 Meter unterhalb des Gipfels gestürzt und hat sich durch einen 500 Meter hohen Absturz über geneigten Firn einen Beckenbruch zugezogen. Sein Partner – sie gingen seilfrei – hatte dies zunächst nicht bemerkt und war weiter aufgestiegen. Ein anderer Teilnehmer, Franz Böswald, erfuhr dies per Funkspruch nachmittags vom Gipfelbesteiger. Der hatte den Abgestürzten gefunden, der glücklicherweise überlebt hatte. Nun lief eine Rettungsaktion an, an der der Expeditionsleiter, Ernst Schwarzenlander, und alle Teilnehmer beteiligt waren. Am nächsten Morgen machte sich Schwarzenlander um vier Uhr von Lager III zum Abgestürzten auf, doch nach einer Stunde kam er erfolglos zurück; es war zu stürmisch und er war in eine Spalte eingebrochen. Beim Morgengrauen brach er erneut auf, später folgten zwei weitere Teilnehmer. Die konnten den Abgestürzten finden und ins Lager VI bringen. Am nächsten Tag wurde der Verletzte im Schlafsack verpackt und auf zwei Isomatten liegend in einen Biwaksack verschnürt. So wurde er übers Eis hinabgelassen, jeweils zwei Mann vorn dirigierend ziehend und hinten bremsend. Am nächsten Tag musste der Verletzte durch den Gletscherbruch gebracht und von neun Teilnehmern über unwegsames Gelände getragen werden. Am vierten Tag war der Verunfallte im Basislager. Zehn Teilnehmer – eine Frau und neun Männer – hatten dies fertig gebracht. Am folgenden Tag wurde der Verletzte von sechs Tibetern Richtung Fahrerlager getragen und zur Grenze gefahren, von wo er mittels Hubschrauber nach Kathmandu gebracht wurde und mit dem Flugzeug nach Europa. – Der Gipfel der Shisha Pangma wurde danach von insgesamt vier Teilnehmern noch erreicht.

Ein weiterer Fall: Gerlinde Kaltenbrunner, der als erster Frau die Besteigung aller vierzehn Achttausender ohne (!) Flaschensauerstoff gelungen ist – dies in den Jahren 1998–2011 – hat auch einmal, um ihrem Partner zu helfen, an einem Achttausender aufgeben müssen. Es war im Mai 2005 am Mount Everest. Sie war mit dem Japaner Hirotaka Takeuchi im Aufstieg. In einer Höhe von etwa 7650 Metern, also noch erheblich unterhalb des South Cols, erlitt der Japaner ein Hö-

Der Mount Everest – der Gerlinde Kaltenbrunner erst fünf Jahre nach ihrem ersten Versuch geglückt ist.

henhirnödem, wie sich später herausstellen sollte. Für Gerlinde Kaltenbrunner war sofort klar, dass sie den Aufstieg abbrechen musste, um ihrem Partner zu helfen und ihn hinunterzubringen, was auch gelang. – Die Besteigung des Mount Everest gelang ihr fünf Jahre später, 2010.

Die hier geschilderten Begebenheiten sind nicht die einzigen dieser Art im Himalaya. Glücklicherweise zählt nicht für alle Höhenbergsteiger das Erreichen eines Achttausendergipfels mehr als die Hilfe für einen in Not geratenen Kameraden. Allen, die auf einen Gipfelversuch verzichteten, um einem anderen zu helfen, ihn herunter- und zurück ins Leben zu bringen, sei an dieser Stelle eine besondere Anerkennung ausgesprochen.

## Noch einmal zurück zum Cho Oyu …

… in die Zeit der Erstbesteigung. Die gelang Herbert Tichy mit Sepp Jöchler und dem Sherpa Pasang Dawa Lama in der Nachmonsunzeit 1954. Es war gerade einmal der vierte Achttausender, dessen Gipfel erreicht worden ist. Auf dem Rückweg heiratete Pasang eine zweite Frau. Die Sherpas sind teilweise mit zwei (!) Frauen verheiratet. Unter den Sherpas ist dies üblich.

Wie kam es dazu? Auf dem Hinweg zum Cho Oyu hatte Pasang in Lukla eine junge, hübsche Frau, »Jang Tschin« (= Edelstein), kennengelernt und sich in sie verliebt. Es tauchten allerdings – wie Herbert Tichy berichtete – finanzielle Schwierigkeiten mit den Brauteltern auf. Üblicherweise zahlt der Bräutigam den Eltern einen entsprechenden Betrag für die Braut oder er arbeitet eine Zeit lang für diese kostenlos. Beides wollte Pasang nicht. Weder zahlen noch arbeiten. Deshalb hat er folgende Idee den Eltern seiner Braut unterbreitet: Schafft er den Cho Oyu, dann bekommt er die Jang Tschin ohne Kosten – schafft er den Gipfel nicht, dann können sie ihre Tochter behalten und er zahlt ihnen 1000 Rupien. Die Eltern der Braut waren damit einverstanden. – Andere Länder, andere Sitten.

Tausend Rupien waren damals, 1954, viel Geld. Pasang musste glücklicherweise nicht zahlen. Die Hochzeit wurde zu einem riesigen Fest, an dem die ganze Expedition teilnahm. Die Kosten dafür – wurden aus der Expeditionskasse berappt.

Das Eintreffen Pasangs mit seiner zweiten Frau in seinem Haus in Darjeeling sollte nach Meinung Tichys interessant werden. Denn die erste Frau Pasangs – seine Frau Nr. 1 – würde wohl arg erstaunt sein über die recht unerwartete Erweiterung des Familienstandes. So fragte Tichy den Pasang, was seine Frau Nr. 1 wohl zur neuen Nr. 2 meinen würde. Pasang war über diese Frage sichtlich erstaunt, konnte die Frage überhaupt nicht verstehen und meinte nur, dass das Haus ausreichend groß sei, und dass es folglich für seine zweite Frau genug Platz gebe. Und so dürfte es wohl auch gewesen sein. Von Unstimmigkeiten im Hause Pasangs hat Tichy nie irgendetwas gehört.

*Gerlinde Kaltenbrunner – sie hat seit 2011 als weltweit erste Frau alle Achttausender ohne (!) künstlichen Sauerstoff »in der Tasche«.*

**Lungta – das Windpferd**

Ähnlich den Gebetsfahnen verwenden die Buddhisten auch »Lungtas«, verschiedenfarbige Papierzettelchen, auf denen das Windpferd und vielfach das »Om mani padme hum« (= Oh, Du Juwel im Lotos) abgedruckt sind. Diese Lungtas werden stapelweise an Passübergängen in die Luft geworfen mit dem Wunsch für einen glücklichen Abstieg. Die Lungtas dienen als machtvolles Mittel zur baldigen Verwirklichung des Heils.

Seit das Bergsteigen im Himalaya gang und gäbe ist, werden die Lungtas auch an Gipfeln der Luft und dem Wind übergeben. Früher war dies insofern nicht üblich, weil die Tibeter wie auch die Sherpas keinen Grund kannten, einen Gipfel zu besteigen. Die Zeiten ändern sich.

# Buddhismus, die Tierwelt und die Praxis

*► Dass sich die indische Platte immer noch unter die eurasische schiebt, ist an den heißen Quellen im ganzen Himalaya immer wieder zu erkennen – hier eine solche in Tibet, im Tschangtang.*

Der Buddhismus ist eine äußerst tolerante Religion. Eine der Regeln, die Buddha im Rahmen des »Achtfachen heiligen Pfades« – vergleichbar mit unseren Zehn Geboten – gepredigt hat, heißt: »Bemühe dich, keinem lebenden Wesen ein Leid anzutun«. Nach der vom Hinduismus übernommenen Seelenwanderung, die nicht allein auf Menschen beschränkt ist, sondern auch ins Tierreich übergreift, lässt sich ableiten, warum dieser Grundsatz befolgt werden soll. Schließlich könnte ja ein Tier die Inkarnation eines verstorbenen Freundes oder gar die der eigenen Großmutter sein.

## Alles anders als bei uns

Das Opfern von Tieren zu Ehren hinduistischer Götter wurde von Buddha ins Gegenteil umgewandelt, in das Nichttöten und in das Freilassen der Tiere. Der Buddhismus entstand vor rund 2500 Jahren, auch aus dem Veränderungsbedürfnis des Hinduismus. Buddha war der Alleinvertretungsanspruch der Brahmanen, die die Verbindung zum hinduistischen Pantheon pflegen, zuwider. So darf Buddha im entfernten Sinn als Reformator – als Martin Luther des Buddhismus – bezeichnet werden.

*Tiere müssen im Himalaya oft mehr leisten als bei uns im Westen – hier musste ein vergletscherter Pass überschritten werden.*

Aus der Lehre Buddhas, keinem Lebewesen ein Leid zuzufügen oder dieses gar zu töten, folgt letztlich, dass Leben erhaltende Taten als religiöser Verdienst gelten. Dies ist nicht ganz ohne eigennützigen Hintergrund: Man will für sich selbst dadurch eine höhere Inkarnation erreichen. Dies führt so weit, dass es im Buddhismus nicht erlaubt ist, Honig zu sammeln, weil man den Bienen die Nahrung wegnimmt. Natürlich essen die Tibeter so gern Honig wie alle anderen Menschen auch. Doch die Tibeter halten sich an das Gebot. Das Plündern der Honigwaben überlassen sie den Nepali und inzwischen anderen Ländern – und importieren den Honig und zahlen dafür.

## Wenn eine Fliege …

… in einen gefüllten Bottich fällt, gleicht dies einem gläubigen Buddhisten einer kleinen Katastrophe. Die Fliege wird liebevoll herausgefischt und der Freiheit überlassen. In Swayambunath im Kathmandu-Tal habe ich bei einem buddhistischen Ritual einmal erlebt, wie der zelebrierende Lama ein Tuch vor dem Mund trug. Warum? – Während er mit dem »Phurbu«, dem buddhistischen Ri-

*Eine beneidenswerte, glückliche Kindheit.*

tualdolch, symbolisch das Böse tötete, wollte er nicht in Gefahr geraten, aus Versehen eine Mücke einzuatmen und zu töten.

Auch Heinrich Harrer und Peter Aufschnaiter berichteten von ähnlichem Verhalten der Tibeter. Als Harrer im Auftrag der Regierung einen Wasserschutzdamm am Kyitschu errichten ließ, um den Norbulingka, den Sommerpalast des Dalai Lama, zu schützen, und Aufschnaiter einen Bewässerungskanal anlegen ließ, mussten sie immer wieder den Respekt der Tibeter vor allen Tieren feststellen. Der ging so weit, dass sie bei Erdbewegungen Regenwürmer und Käfer vorsichtig aus der Gefahrenzone trugen. Dass darunter das Arbeitspensum litt, kann man sich leicht vorstellen. Harrer berichtet auch, dass die tägliche Arbeitsleistung bei Weitem nicht mit der eines Europäers zu vergleichen war. Dies ist auch heute noch nicht wirklich anders. Eine Schaufel handhaben zwei Mann, einer hält und führt die Schaufel, der andere zieht an einer Schnur, die oberhalb des Schaufelblattes angebracht ist. Man hat ja schließlich Zeit. Wie wohl sich natürlich auch in Tibet diesbezüglich schon manches inzwischen geändert hat.

## Heinrich Harrer berichtete weiter, …

… dass Mitte des letzten Jahrhunderts sogar noch Gurkhas, die in Lhasa waren und zu den Hindus zählen, ausgepeitscht wurden, wenn sie im Kyitschu fischten und das für sie unverständliche Gesetz, keinem Lebewesen ein Leid anzutun, brachen. Allerdings sei die Auspeitschung eher symbolisch erfolgt im Gegensatz zu Fällen, bei denen Tibeter die Sünder waren. Es gab aber auch Ausnahmen des Fischfangverbotes. In einer Gegend am oberen Tsangpo, wo eher nichts gedeiht, ist der Fischfang erlaubt und zwar im Dorf Yüng. Allerdings müssen die dortigen Einwohner ein Schimpfwort ertragen. Man nennt sie »die Fischetöter«.

*Schulterblattknochen werden beschriftet und ähnlich Manisteinen verwendet.*

Buddhas Lehre, Leben zu erhalten, geht so weit, dass in zugefrorenen Bächen und Tümpeln Löcher ins Eis gehackt werden, um die Fische zu retten. Nicht anders im Sommer, wenn kleinere Bäche zu versiegen oder Tümpel auszutrocknen drohen. Im Winter bringt man die Fische in größere Flüsse, die wegen ihrer Tiefe nicht bis zum Grund durchfrieren. Solche geretteten Tiere werden gelegentlich auch an wohlhabende Leute verkauft, die sie wieder aussetzen, damit auch diese Leute an dem Verdienst, Leben zu erhalten, mit wenig zeitlichem Aufwand teilhaben können. Wie in anderen Religionen kann sich der Wohlhabende leichter einen Ablass erwerben als der einfache Mensch, der sich schließlich um seine Existenz sorgen muss.

*◄ Eine Schaufel handhaben immer zwei Mann.*

*Das obere Tsangpo-Tal ist vielfach wüstenartig.*

Ein Yakhaut-Boot scheint Europäern meist nicht besonders sicher – doch man kann sich auf die Haut verlassen. Der Autor hat mit solch einem Boot den breiten Tsangpo überquert, was über eine Stunde dauerte.

Hier spielt man noch mit echten Tieren.

► Ohne Yaks wäre ein Leben im Himalaya oberhalb 3300 Meter auf Dauer kaum möglich.

## An heiligen Orten …

… werden keine Tiere geschlachtet. Wenn Fleisch verzehrt wird, dann wird es mitgebracht. Woher – ist eine andere Frage. Der Beruf des Metzgers ist unter den Buddhisten verachtet. Die Metzger leben immer außerhalb der Dorfgemeinschaft. Die Tiere werden an abgelegenen Orten geschlachtet, damit niemand Zeuge des Tötens wird.

In Tibet sind die Boote, weil Holz sehr rar ist, aus Yakhäuten, die auf ein trogähnliches Holzgerippe gespannt werden. Da dazu Tiere getötet werden müssen, ist der Beruf des Fährmanns ebenso verpönt wie der des Metzgers. Holzboote, wie wir sie kennen, gab es in Tibet nicht und gibt es vielfach auch heute noch nicht.

Aus der Lehre Buddhas, kein lebendes Wesen zu töten, folgt natürlich, dass es im Buddhismus keine Todesstrafe gibt. Im alten Tibet – vor der Okkupation durch die Chinesen – wurden Mörder ausgepeitscht. Oft derart fürchterlich, dass sie daran zugrunde gingen – aber man hatte sie ja nur auspeitschen und nicht töten wollen. Wenn Mörder oder andere Kriminelle das Auspeitschen überlebten, hat man ihnen eiserne, stangenartige Fesseln angelegt, sodass sie mit gespreizten Beinen gehen mussten. Sie mussten diese Fessel den Rest des Lebens tragen, waren also für ewig an den Pranger gestellt. Sie lebten von Almosen und hatten trotz ihres harten Loses insofern ein Auskommen, als jeder gläubige Buddhist – und alle Buddhisten sind gläubig – ihnen etwas zukommen ließ. Dies gemäß der Lehre Buddhas, Leben zu erhalten und Gutes für andere Menschen zu tun.

## Nicht sonderlich erbauend

Die Buddhisten legen ihre religiösen Regeln nicht immer korrekt aus (wie auch wir im Christentum). Als ich mit einer Trekkinggruppe die Annapurna umrundete und nach Dsharkot kam, wurden wir Zeuge einer für Buddhisten frevelhaften Tat. Wir standen am Rande eines reißenden Baches und ruhten uns etwas aus, als ein kleinerer Bub mit einem Korb daherkam, in dem sich drei offensichtlich gerade erst geborene Welpen befanden. Noch ehe wir ahnen konnten, was passieren könnte, kippte er die drei Welpen in den reißenden Bach. Die spülte es sofort davon. Die Damen meiner Trekkinggruppe standen entsetzt wie angewurzelt und waren nicht fähig, etwas zu sagen. Ich versuchte ihnen klarzumachen, dass im Himalaya andere Gesetze gelten als bei uns, und dass es hier ums Überleben des Stärkeren geht, und das sind nun mal die Menschen. Bei uns, in Euro-

pa, dürfte es ja vor wenigen Hundert Jahren nicht anders gewesen. Doch das half nichts. Die Damen erholten sich von diesem Schock nur auffallend langsam.

Als ich nach einem sechswöchigen Trekking rund um den Manaslu zum Schluss in einem Landrover durch Pokhara fuhr, stachelten die Sherpas bewusst den Fahrer an, auf der besseren Straße schneller zu fahren. Es war wohl die Freude, nach der vier Wochen langen Wanderung endlich einen fahrbaren Untersatz unter dem Hintern zu haben. So fuhr der Fahrer mit weit überhöhter Geschwindigkeit über den großen weiten Platz mitten durch Pokhara und zur Gaudi der Sherpas schnurstracks über einen schlafenden Hund. Dies zwar so, dass er ihn mit den Reifen nicht erwischen konnte, doch leider so, dass er lahmend zurückblieb. Den Fahrer und die Sherpas störte dies nicht im Geringsten. Andere Länder, andere Sitten.

## Anders als bei uns

Auf Trekkings konnte ich hier und da einmal erleben, wie ein Yak geschlachtet wurde. Da dies auch unter den Sherpas nicht zulässig ist, weil sie Buddhisten sind, durfte dabei keiner zusehen und schon gar nicht fotografieren. Die Sherpas waren diesbezüglich immer sehr besorgt. Sie schlachteten die Tiere jeweils weit abseits jeglicher Häuser und Wege, damit niemand Zeuge werden konnte. Sie fesselten dem Yak die Vorderbeine, banden ihn an einen größeren Stein, legten ihm ein Tuch über den Kopf und warfen ihm einen riesigen Stein auf den Schädel. Damit war das Tier besinnungslos, und sie konnten ihm mit einem Tibeterdolch die Kehle durchtrennen, ihn ausweiden und zerlegen.

## Die Lehre Buddhas …

… wird nicht überall wirklich ernst genommen. Und wenn es um ein Geschäft geht, meist schon gar nicht. So verkaufen die Bothias (Nepali tibetischer Abstammung) jährlich im Herbst viele Hundert Schafe und Ziegen an die Hindu-Nepali, die diese am Dashain-Fest schlachten, was den Bothias natürlich bekannt ist. Ich habe solche riesigen Herden jedes Mal im Herbst immer wieder gesehen, wie sie vom kargen Hochland ins Mittelland hinab getrieben werden. Heinrich Harrer berichtete, wie solche Herden von bis zu 15.000 Tieren jeden Herbst durch Kyirong nach Nepal getrieben wurden, und die Leute von Kyirong noch Zoll dafür erhoben. Verdient wird immer und überall.

*Dieses Schild ist auch Europäern verständlich – doch kein Mensch richtet sich danach.*

## Auch in Kathmandu

Da sich in Nepal Buddhismus und Hinduismus friedlich vertragen – religiöse Auseinandersetzungen hat es nie gegeben – sei erlaubt, dieses Kapitel mit etwas Hinduismus zu beenden.

In Kathmandu gibt es in der Nähe des Bagmati-Ufers einen Tempelbezirk, wohin sich nur selten Touristen verirren. Er heißt »Patchali Bhairab« und gilt als der Tempel für querschnittsgelähmte Menschen und Tiere. Hierher bringt man Verkrüppelte, querschnittsgelähmte Kinder, Erwachsene und auch Tiere, lahmende Hühner, Hunde und Katzen, letztere, die ihren Hinterleib hinter sich herziehen. Alle hoffen hier auf Heilung. Auf einem Stein ist eine Wirbelsäule eingraviert. Die Nepali wussten schon seit langem, dass die Querschnittslähmung etwas mit der Wirbelsäule bzw. mit den dort verlaufenden Nerven zu tun hat.

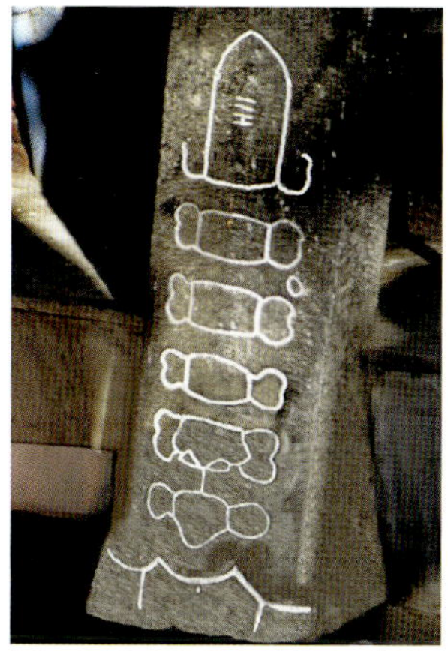

*Hier kann eine Wirbelsäule zum Zweck der Gesundung verherrlicht werden.*

*Das berühmte Kloster »Taktsang« (= Tigernest) in Bhutan. Der Sage nach sei Padmasambhava von Tibet auf einem Tiger fliegend nach Taktsang gekommen und habe das Kloster errichtet, das 1998 abbrannte, aber wieder aufgebaut wurde.*

# Tibet – seit der Geburt des Dalai Lama

Der Dalai Lama – geborener Tenzing Gyatso.

Die Ortschaft Tagtser in Amdo, der Geburtsort des Dalai Lama, ist von den Chinesen für alle Fremden gesperrt. Nach den chinesischen Vorstellungen soll nichts an den Dalai Lama erinnern. Der wurde dort am 6. Juli 1935 geboren und erhielt den Namen Tenzing Gyatso. Als Dreijähriger wurde er 1938 von einer Suchexpedition aus Lhasa gefunden – dies nach der üblichen Prozedur, wenn ein neuer Dalai Lama gesucht wurde. Den Hinweis dazu hatte das Staatsorakel in Nechung gegeben. Amdo stand damals bereits unter chinesischem Einfluss, sodass die Gesandten aus Lhasa mit dem chinesischen Gouverneur verhandeln mussten, um eine Genehmigung zu erhalten, den damals Dreijährigen nach Zentraltibet mitnehmen zu dürfen. Der Gouverneur ließ sich Zeit, ein ganzes Jahr, und stellte unverschämt hohe Geldforderungen, die er mit der Zeit noch erheblich erhöhte. Derartige Geldmengen – damals noch in Silber – hatten die Gesandten aus Lhasa nicht mit. So konnte der inzwischen vierjährige spätere Dalai Lama mit seiner Familie erst im Sommer / Herbst 1939 nach Lhasa gebracht werden. Dort wuchs er in der Obhut der Mönche im Potala heran, wurde 1940 als 14. Dalai Lama inthronisiert und im November 1950 unter Zeitdruck – weil die chinesische Armee in Richtung Lhasa marschierte – als Fünfzehnjähriger in sein Amt eingeführt.

## Der Beginn der Okkupation

Seit Anfang Oktober 1950 war die chinesische »Volksbefreiungsarmee« auf dem Weg nach Tibet. Die ließ verlauten, »Tibet von seinen Unterdrückern befreien zu wollen«. Die tibetische Armee, zahlenmäßig der chinesischen völlig unterlegen, konnte nur wenig Widerstand leisten, der bald zusammenbrach. Der Westen zeigte kein Interesse an einem Eingreifen zu Gunsten des schwachen Tibets, und so nahm der chinesische Eingriff in Tibet seinen Lauf.

Der Dalai Lama ist daraufhin an die Grenze von Sikkim geflüchtet, das noch ein eigenes, kleines Königreich war (Sikkim wurde erst 1974, wenn auch nicht ganz ohne Druck Indiens, dem indischen Bundesstaat eingegliedert).

Unter dem Druck der Chinesen, die Lhasa erreicht hatten, wurde im Mai 1951 der »17-Punkte-Vertrag« unterzeichnet, der dem tibetischen Volk vieles versprach, was von den Chinesen nicht im Geringsten eingehalten wurde. So ist, um nur drei Beispiele zu nennen, schriftlich vereinbart worden, die unbehinderte Glaubensfreiheit in Tibet zu garantieren, die Macht des Dalai Lama und die der Mönche nicht zu beschneiden und keinerlei Zwang auf die Bevölkerung auszuüben. Papier ist immer wieder geduldig.

Das Kloster Reting früher und heute – früher eines der bedeutendsten Klöster in Tibet, der Aufbau heute schreitet nur langsam voran.

*Das Kloster Ganden war 1985 noch größtenteils völlig zerstört.*

## Zurück in Lhasa

Der Dalai Lama kehrte im Sommer 1951 nach Lhasa zurück. Von chinesischer Seite wurde alles getan, um die Position Chinas in Tibet, insbesondere in Lhasa, zu sichern, ebenso den weiteren Nachschub. Anfangs schien für kurze Zeit ein Miteinanderauskommen möglich. Doch die chinesischen Machthaber zeigten bald, wer das Sagen hat. Dadurch kam es immer wieder zu Konfrontationen mit den Tibetern. Viele – Tausende (!) Tibeter – wurden gefoltert, in menschenunwürdige Gefängnisse gesteckt oder fanden gleich den Tod. Zu essen gab es in den Zellen kaum. Es gibt Schilderungen, wie die Gefangenen Würmer gegessen haben, die sie ihrem eigenen Kot (!) entnommen hatten, um nicht völlig zu verhungern.

Der Dalai Lama blieb zunächst in Tibet. Er und die Tibeter hofften auf Besserung der politischen Lage. Schließlich wurde der Dalai Lama von der chinesischen Regierung nach Peking eingeladen. Er traf mit Mao Tse Tung und Tshou En Lai zusammen, die ihm verdeutlichten, dass in Tibet nichts verändert werde, was nicht im Sinne des tibetischen Volkes sei. – Welch ein Hohn!

Durch den mit der Zeit überhand genommenen chinesischen Einfluss kam es 1956 zu einem Aufstand durch die Khampas. Weit über 12.000 Tibeter schlossen sich mit der Zeit an und leisteten enormen Widerstand. So in Nyemo, wo sie in einer Nacht tausend chinesische Soldaten umbrachten und fünfhundert Gewehre und Munition eroberten. Auch die Fähre über den Tsangpo wurde von ihnen zerstört, um den Chinesen die Ausbreitung zu erschweren. Die chinesische Übermacht war ins Wanken geraten.

Die Khampas überfielen 1958 Tsetang, den Eingangsort zum historisch ältesten Teil Tibets, südlich des Tsangpo. Die Chinesen hatten die Kaserne mit einem breiten Wassergraben umgeben. Die Khampas solidarisierten sich mit den Einwohnern und überfielen nachts die chinesische Bewachung. So konnte das Wasser abgelassen werden, und die Khampas brachten in einer einzigen Nacht 3000 chinesische Soldaten um. Die Khampas leisteten wei-

*Einsam im zerstörten Kloster.*

*Nur wenige Steine waren von den Roten Garden übereinander gelassen worden.*

Im Jahre 2005 war das Kloster Ganden zu einem gewissen Teil wieder aufgebaut.

Auch der Yumbu Lakhang im Yarlung-Tal südöstlich von Lhasa – das älteste Gebäude Tibets – aus dem 3. Jahrhundert v.Ch. wurde zerstört und schließlich wieder aufgebaut.

teren, harten Widerstand, der die Chinesen schließlich immer wieder in arge Bedrängnis brachte. Viele zig chinesische Soldaten fielen den Khampas zum Opfer.

Der Dalai Lama geriet durch die Überfälle der Khampas auf das chinesische Militär in eine arge Zwickmühle. Man kann sich vorstellen, dass er innerlich den Khampas zugestimmt haben dürfte, doch äußerlich musste er sich davon distanzieren. Schließlich gilt er als Inkarnation des Tschenresi, des Bodhisattvas des universellen Mitleids. Dies verbot ihm eine öffentliche Zustimmung zu kriegerischen Handlungen.

## Die endgültige Okkupation

Das Jahr 1959 sollte Entscheidendes bringen, wenn auch nicht im Sinne der Tibeter. Das Mönlam-Fest, das Neujahrsfest der Tibeter, wurde in Lhasa gefeiert, doch sollte es das letzte Mal sein. Im Frühjahr übernahmen die Chinesen die Macht in Tibet endgültig, was auch dazu führte, dass das Mönlam-Fest nicht mehr gefeiert werden durfte.

Der Dalai Lama legte seine letzten Prüfungen zum religiösen Oberhaupt der Tibeter mit positivem Ergebnis ab. Bald darauf wurde er vom chinesischen Kommandanten eingeladen, als Gast an einer Tanzvorführung teilzunehmen – begleitet nur von wenigen nicht bewaffneten Personen. Das sprach sich blitzschnell unter den Tibetern herum. Man befürchtete das Schlimmste. Der Dalai Lama könnte von den Chinesen entführt werden. Es kam zu einem friedlichen Aufstand vieler Tausend Tibeter. Die versammelten sich rund um den »Norbulingka«, den Sommerpalast, wo sich der Dalai Lama aufhielt. Sie wollten ihn daran hindern, der Einladung zu folgen, und sie wollten ihn mit ihrem eigenen Körper schützen. Die Chinesen setzten Granaten ein und beschossen noch etwas zurückhaltend den Norbulingka. So blieb dem Dalai Lama schließlich nur die Flucht. Verkleidet machte er sich nachts mit Khampas auf in Richtung Gyantse, von dort nach Süden, nach Indien. Als die Chinesen auf ihre Einladung keine Antwort erhielten, beschossen sie den Norbulingka intensiv. Viele Tibeter, die den Sommerpalast bewachten, verloren ihr Leben.

► Ein chinesischer Soldat – ein Aufpasser hinsichtlich möglicher politischer Unruhen – postiert auf einem Hausdach direkt gegenüber dem bedeutendsten buddhistischen Tempel in Tibet, dem Joklakhang in Lhasa, abgekürzt Jokhang.

Das Wetter war glücklicherweise die ganze Zeit ungünstig, sodass die Chinesen, als sie erkannten, dass der Dalai Lama nicht mehr in Lhasa war, zwar Flugzeuge einsetzten, die aber den Dalai Lama samt Begleitung nicht ausfindig machen konnten.

## Nach Indien

Am 31. März erreichte der Dalai Lama mit seiner Gruppe die indische Grenze, 16 Tage nachdem sie in Lhasa aufgebrochen waren. Er erhielt mit seinem Gefolge Asyl. Später folgten viele Tausend Tibeter nach Indien, Nepal, Bhutan und Sikkim, wo sie ebenfalls Asyl erhielten.

Die chinesischen Machthaber zeigten jetzt in Lhasa, wer das Sagen hat. Ohne auf das religiöse wie weltliche Oberhaupt der Tibeter Rücksicht nehmen zu müssen, krempelten sie Tibet völlig nach »sozialistischen« Vorstellungen um. Viele Tibeter wurden eingesperrt oder sofort hingerichtet, teils auf brutalste Art und Weise zuvor gefoltert. Nicht selten auch öffentlich. Die tibetischen Anwohner wurden teils gezwungen, sich dies anzusehen und positiv (!) zu beurteilen.

Die Khampas leisteten weiterhin Widerstand. Eine Gruppe nistete sich im Norden Nepals ein, im Bereich des Tilicho-Sees im Langpughyun Khola, einem Seitental des Kali Gandaki. Es sollen um die sechstausend Kampas gewesen sein. Die wurden mit militärischen Waffen und Geld von der CIA und von Taiwan unterstützt und unternahmen Überfälle gegen die Chinesen in Tibet.

## Die USA schwenkten um

Bis zu Beginn der 1970er-Jahre gab es keinerlei diplomatischen Beziehungen zwischen USA und China. Dann wurde vom US-Präsidenten Nixon und Mao Tse Tung die Aufnahme solcher Beziehungen vereinbart. Damit waren die Khampas in Nepal überflüssig. Sie wurden 1974 unter militärischem Druck von Nepal, das mit den USA unter einer Decke steckte, gezwungen, den Guerillakrieg aufzugeben. Der eine oder andere hohe Offizier wählte den Freitod. Die allermeisten gingen nach Indien, das zu dieser Zeit keine diplomatischen Beziehungen mit China hatte. So wurden die Khampas an der indischen Grenze zu Tibet stationiert und waren wenigstens in einem Land, das ihrem eigenen nicht völlig atypisch war.

Von den über 2000 Klöstern in Tibet wurden während der von Mao Tse Tung angezettelten Kulturrevolution alle bis auf ein gutes Dutzend zerstört, teils dem Erdboden gleich gemacht. Der Potala und der Jokhang in Lhasa sowie der Tashilunpo in Shigatse blieben erhalten. Dies jedoch nur, weil sich der Außenminister Tshou En Lai dafür stark gemacht hat. Warum – blieb ungeklärt.

Durch die politischen Veränderungen in China ist heute manches Kloster in Tibet mit chinesischen Mitteln wieder aufgebaut oder wird noch aufgebaut, wie das berühmte Kloster Reting nördlich von Lhasa. Teils gehen die Aufbauarbeiten langsam voran. Möglicherweise hängt es davon ab, ob die Gegend für westliche Touristen interessant sein könnte. Denn China hat erkannt, dass die Kultur Tibets – wenigstens äußerlich – erhalten bleiben sollte, um westliche Touristen anzulocken, die Geld ins Land bringen.

Die Tibeter haben sich mit ihrer Lage nicht abgefunden. Es kommt immer wieder zu politischen Zwischenfällen, die bei uns im Westen nicht weiter bekannt werden und durch brutale Eingriffe der chinesischen Übermacht niedergeschlagen werden.

*Das für die chinesischen Soldaten typische Fotografiertwerden vor dem Potala.*

*Während der von Mao Tse Tung angezettelten Kulturrevolution war in Tibet auch das Aufstellen von Blumen zur Zierde an Fenstern oder wo auch immer strengstens verboten (!).*

# Das Mönlam-Fest in Amdo

*Während des Mönlam-Festes Ende Januar / Anfang Februar ist es immer recht kalt.*

Der gesamte Osten und Nordosten Tibets, die Provinzen Kham und nördlich davon Amdo, sind von der chinesischen Regierung gegenüber Zentraltibet etwas begünstigt. Der Buddhismus ist dort wieder auffallend lebendig, wovon die Klöster mit einer Prachtentfaltung ähnlich wie früher, also in den Jahren vor 1950, zeugen. Die buddhistischen Feste dürfen wieder gefeiert werden. Dies deshalb, weil der chinesische Einfluss dort auch früher schon in gewissem Maß existierte, und sich die Tibeter und Chinesen schließlich seit Generationen aneinander gewöhnt haben. So findet man in den Klöstern Nordosttibets auch größere Bilder des Dalai Lama sowie auch solche öffentlich zum Verkauf in Souvenirgeschäften angeboten, was in Zentraltibet nicht im Entferntesten denkbar wäre.

## Das größte Fest der Tibeter

Das Mönlam-Fest, das für die Tibeter das Neujahrsfest ist, wird in Kham und Amdo wieder gefeiert. Der Termin hängt vom Kalender ab und ist Ende Januar / Anfang Februar.

Da dieser Teil Tibets früher schon unter chinesischem Einfluss stand, ist das Zusammenleben der Tibeter mit den Chinesen nicht derart kompromittierend wie heute in Zentraltibet. Es ist friedlicher. Dies obwohl die Klöster während der »Großen Proletarischen Kulturrevolution«, die von 1965 bis nahezu zum Tod Mao Tse Tungs wirkte, von den Roten Garden größtenteils völlig zerstört worden sind. Inzwischen werden die Klöster wieder aufgebaut oder sie sind es größtenteils schon, wie die beiden bekanntesten und größten Klöster – Kumbum und Labrang.

*Das Kloster Labrang in Amdo, das wie viele andere auch von den »Roten Garden« Mao Tse Tungs zerstört worden ist, später aber wieder aufgebaut wurde.*

◄ *Die eng aneinander gedrückten Mönche tragen die riesige Thanka.*

In Zentraltibet, in Lhasa, hat man Mitte der 1980er-Jahre auch einen Versuch unternommen. Unter der Duldung der chinesischen Regierung wurde das Mönlam-Fest wieder gefeiert. Doch nur einmal. Es kam zu Unruhen. Seitdem ist das tibetische Neujahrsfest in Lhasa leider wieder verboten.

Bleibt zu erwähnen, dass es auch in den Provinzen Kham und Amdo immer wieder zu vereinzelten Unruhen kommt, die Ausdruck der tibetischen Unterdrückung sind. Die eine oder andere Nonne oder auch einzelne Mönche wählen den Freitod durch öffentliches Verbrennen, um auf das chinesische Unrecht aufmerksam zu machen. Nur selten dringt dergleichen bis zu uns in den Westen.

Die ehemaligen tibetischen Provinzen Amdo und Kham sind nach der Annektion durch China teils auf die angrenzenden vier chinesischen Provinzen Qinghai, Gansu, Sichuan und Yünnan aufgeteilt worden. Dies reduzierte die Fläche Tibets und deren Bevölkerungszahl um etwa die Hälfte.

## Die Hotelerie …

… steckt noch in den Kinderschuhen. Wir waren gegen Nachmittag im Kloster Labrang angekommen und hatten uns in ein Hotel einquartiert. Vom Reinigungstrieb veranlasst drehten einige in der Dusche den Hahn auf – und kein Tropfen Wasser kam heraus. Daraufhin dürften einige den Wasserhahn nur halb oder gar nicht zugedreht haben. Wir gingen in die Klosteranlage, um uns etwas umzusehen. Als wir zwei Stunden später zurückkamen, stand der ganze Stock unter Wasser. Denn heißes Wasser gab es nur ab 18 Uhr. Folglich war das heiße Wasser dann aus den halb- oder überhaupt nicht zugedrehten Wasserhähnen herausgelaufen.

Ausgesprochene Wärmedämmung wie bei uns kennt man praktisch nicht. Heißes Wasser läuft nachts stundenlang auf die Straße, ohne dass sich jemand darum kümmert. In den Hotels wird geheizt, dass man wahrlich nicht frieren muss. Aber an den Fenstern, Türen und überall, wo eine Wärmedämmung notwendig wäre, gibt es diese nicht. Viel Energie wird maßlos vergeudet.

Am nächsten Tag war ich zeitig auf den Beinen und habe die Temperatur im Freien gemessen: –18 °C. Glücklicherweise ist es immer recht trocken, sodass man die niedrige Temperatur gar nicht glauben mag.

## Die Thanka-Prozession

Lange bevor die Sonne aufging, drängten viele Gläubige zum Kloster. Alle dick eingepackt, denn es war kalt. Wenig später ertönten laute Trommeln und Posaunen. Zunächst tauchten zwei Mann auf mit verkleideten Beinen, die einem Tigerfell entsprachen. Die krochen unter eine Tigerfigur, die am Eingang des Klosters postiert war, und das Tiermonster war fertig. Es hatte eine wichtige Aufgabe.

*Aufgrund der Kälte bewegt sich auch der fertige Tiger ständig, ist dabei sehr behände und nicht selten auch etwas gewalttätig.*

◄ *Bevor sich der Tiger rühren kann, müssen sich die Beine zum Tiger bewegen.*

Der Transport der riesigen Thanka auf den Schultern vieler Mönche über die Brücke zum Ausrollplatz.

► Die ausgerollte Thanka kurz vor dem Öffnen.

Es musste die Menschenmassen immer wieder disziplinieren, insbesondere von all jenen Stellen fernhalten, die freibleiben sollten. Das Tigermonster konnte sich durchaus überall Respekt verschaffen, denn es hatte eine beachtliche Masse, der sich keiner wirklich entgegenstemmen wollte.

Später, wieder völlig unerwartet, ohne jede Ankündigung, ertönten Knochentrompeten, Posaunen und die bis drei Meter langen Hörner, die immer einen sehr dumpfen Ton von sich geben. Aus dem Kloster kam ein langer Zug eng aneinander gedrückter Mönche hervor, die auf den Schultern eine zusammengerollte Thanka von gut und gern 30 Meter Länge trugen. Die Novizen und die Mönche, die für die dumpfe Musik sorgten, schritten mit ihren Musikinstrumenten voran. Andere Novizen trugen qualmende Räuchergefäße, wieder andere gelbe Ehrenschirme, worunter hohe buddhistische Würdenträger gingen. Die lange Menschenschlange wandte sich auffallend schnell vorwärts. Gläubige rechts und links folgten und versuchten vereinzelt Hand an die zusammengerollte Thanka zu legen. Es hinterließ den Eindruck, dass jeder unbedingt ein Zeichen seiner Gläubigkeit setzen wollte.

Ich hatte vorgehabt, die Menschenschlange mit der Thanka zu überholen, um sie noch einmal an mir vorbeiziehen zu lassen und sie abermals fotografieren zu können. Doch ein Überholen war auf dem engen Klosterweg und wegen der vielen Mitläufer nicht möglich. So nahm ich einen Parallelweg und musste mich arg beeilen, um mein Ziel halbwegs zu erreichen.

Die Menschenschlange mit der Thanka wandte sich über die Brücke, die die beiden Talseiten verbindet, und schließlich jenseits den Hang hinauf, wo die Thanka anschließend auf einem dafür vorgesehenen Platz ausgerollt wurde.

Der große Augenblick – die Thanka wird geöffnet.

## Der Höhepunkt

Die Thanka wurde oben am Hang horizontal befestigt und langsam von den Mönchen herabgelassen. Dabei war die Thanka zunächst noch völlig mit einem gelben Tuch abgedeckt, das an beiden Seiten rot abgesetzt war. Daraufhin waren wieder Musikinstrumente zu hören und alle warteten schließlich auf den großen Augenblick des Öffnens der Thanka.

Endlich war es soweit. Das die Thanka abdeckende Tuch wurde unten nach rechts und links zur Seite und schließlich hoch gezogen. In der Mitte der Thanka erschien »Buddha Amitabha«, das »unermessliche Licht«, der »Herr des Westens«, der das intuitive Bewusstsein darstellt. Dies war Anlass für einen gedämpften Jubel. Viele waren vom Anblick fasziniert, doch sie hielten sich eher etwas zurück, so wie das bei Tibetern häufig zu beobachten ist. Der Blick auf eine riesige Thanka soll dem Glauben nach von allen Sünden befreien. Viele weiße Glücksschleifen, tibetisch »Katags«, wurden als Zeichen der Verehrung auf die Thanka geworfen.

Viele Tibeter, auch Frauen, warfen sich angesichts des heiligen Bildes dreimal mit ausgestreckten Armen in Richtung der Thanka zu Boden. Andere drängten zur Thanka und berührten diese ehrfurchtsvoll mit der Stirn, wie es von Buddhisten überall an Heiligtümern geschieht. Frauen führten ihre Kinder zur Thanka und ließen auch diese die Thanka mit ihrer Stirn berühren.

Ein Tibeter versuchte, unter (!) der ausgerollten Thanka hinaufzukrabbeln, um die Buddha-Figur von unten zu erreichen und mit der Stirn zu berühren. Die Mönche halfen ihm beim Zurückkehren, indem sie die Thanka im unteren Teil etwas anhoben, um ihm das Abwärtskrabbeln zu erleichtern. Auf der Thanka hinaufzulaufen wäre ein Sakrileg gewesen.

Da das Mönlam-Fest das bedeutendste Fest für die Tibeter im ganzen Jahr ist, kleiden sich alle Frauen und Männer besonders festlich. Alle Tibeterinnen tragen eine Menge Schmuck, der immer recht auffällig ist, weil dieser nach unserem Empfinden recht groß ist. Frauen und Männer tragen wunderschöne Fuchsfellmützen und Fellmäntel mit für unsere Bedürfnisse überlangen Ärmeln, die

*Hilfe für den unter der Thanka hinaufgekrabbelten Tibeter.*

bis zum unteren Mantelrand, teils auch noch darüber hinaus reichen. Warum? Die Tibeter kannten keine Handschuhe. Deshalb und weil es in Tibet oft recht kalt ist, dienen die langen Ärmel als Alternative. Auch Fellmäntel werden getragen, weil es um diese Jahreszeit auffallend kalt ist.

Die Frauen tragen vielfach 108 dünne Zöpfe, deren Anzahl aber höchst selten stimmen dürfte. Denn viele können so weit gar nicht zählen. Die Zahl 108 gilt als heilige Zahl. Sie entspricht der Anzahl der Bände des »Kanjur«, das sind »Die Worte des Buddha«, die buddhistische Bibel. Die Bände des »Tanjur« sind die Kommentare dazu, es sind die »Lehrschriften«, allerdings ist ihre Anzahl unterschiedlich angegeben, gewöhnlich sind es um die 240 Bände.

*Sind es wirklich 108 Zöpfe?*

*Die bereits größtenteils geöffnete Thanka – ein besonderer Augenblick für alle anwesenden Buddhisten.*

*Um das geweihte Wasser reißt man sich.*

*► Der Tiger muss immer wieder für freie Sicht des Head-Lama sorgen.*

## Inzwischen war der Head-Lama …

… erschienen und hatte auf einem hergerichteten kleinen Thron relativ weit gegenüber der Thanka Platz genommen. Sein Sitz befand sich bald in der Sonne, während die Thanka noch im Schatten lag (bevor die Sonne sie trifft, muss sie wieder zusammengerollt und abtransportiert sein). Es folgte der Höhepunkt der ganzen Zeremonie: die Weihung des mitgebrachten Wassers. Ein Mönch hielt einen mächtigen, goldverzierten Spiegel so zur Buddhafigur auf der Thanka, dass diese auf dem Spiegel zu sehen war. Dann ließ ein anderer Mönch Wasser über das Spiegelbild laufen, das darunter aufgefangen wurde. Somit war das Wasser von der Buddha-Figur »geweiht«. Das Wasser wurde dem Head-Lama gereicht, der es zur Stirn führte und dann davon schlürfte. Das übrige Wasser wurde den umherstehenden Mönchen gegeben, die ebenso taten. Alle übrigen Gläubigen rissen sich förmlich um das geweihte Wasser, führten es auch zur Stirn und schlürften die letzten Tropfen von der Hand. Der Mönch konnte nicht genug geweihtes Wasser herbeischaffen.

Derweil disziplinierte der kostümierte Tiger die Menschenmassen im Umkreis des Head-Lama, damit dieser freien Blick zur Thanka hatte. Nicht selten wurden die Menschenmassen vom Tiger auffallend zur Seite gedrängt, und der Tiger war dabei keineswegs zimperlich. Der trat jedem, der nicht sofort Platz machte, in die Beine. Oder er warf ihn aufgrund seiner stabilen, großen Masse kurzerhand um, was immer allgemeines Gelächter hervorrief. Als Ausländer sollte man da unbedingt auf der Hut sein und nicht in der vordersten Reihe stehen, was wegen des Fotografierdrangs natürlich nicht ganz einfach ist.

## Das Ende der Thanka-Prozession

Bevor die Sonnenstrahlen die Thanka erreichen konnten, wurde das mitgeführte, riesige Tuch wieder über die Thanka herabgelassen,

*Der Head-Lama soll freien Blick auf die Tanzvorführungen haben – hier auf die zweier »Citipati« (Totentänzer) – und er soll auch immer den freien Blick auf die Thanka genießen können.*

◀ *Die Trompeten ertönen insbesondere dann, wenn ein neuer Auftritt bevorsteht.*

*Zwei »Shengos«, die als Zeichen ihrer Würde die Schultern mit einem Holzbrett unter dem Gewand verbreitert haben.*

diese zusammengerollt und feierlich zurück ins Kloster getragen. Dabei aber war die Aufmerksamkeit der Tibeter erheblich geringer als beim Zug der Thanka vom Kloster zum Hang, wo die Thanka ausgerollt worden war. Der Höhepunkt war vorbei. Im Kloster wurde die Thanka wieder für ein Jahr lang aufbewahrt, zusammengerollt, wie sie von der Vielzahl an Mönchen und anderen Gläubigen transportiert worden war.

Mit der Zeit gingen die vielen Gläubigen zum Kloster und umrundeten dieses, teils mehrfach. Das Verhalten der Gläubigen ist ganz anders als bei uns. Sie gehen miteinander auf dem Pilgerweg um das Kloster und schwatzen meist über tägliche Dinge, die sie bewegen. Wenn sie an einem Heiligtum sind, verbeugen sie sich und berühren mit der Stirn etwas Festes am Heiligtum, das sich anbietet, und sie gehen weiter und schwatzen miteinander wie zuvor. Dieses gläubige Verhalten ist für einen Menschen aus westlichen Gefilden viel menschlicher als das der Gläubigen bei uns, die mit todernsten Gesichtern ihr gläubiges Verhalten hinter sich bringen.

Bei der Umrundung des Klosters werden die Gebetsmühlen von jedem Gläubigen in Gang gesetzt und dies nicht selten durch mehrfache Umrundung der Gebetsmühlen, auch der bis zu zwei Meter großen. Und es ist eine ganze Menge an Gebetsmühlen. Zwischendurch lässt man sich nieder und nimmt etwas Essbares, meist mit viel Geschwätz, zu sich. Das gläubige Verhalten ist bei den Buddhisten im Himalaya den täglichen Bedürfnissen durchaus angepasst.

## Die Cham-Tänze

Es sind immer riesige Menschenmassen, die sich um den Festplatz, meist vor dem Haupteingang eines Klosters, versammeln, wo die Cham-Tänze aufgeführt werden. In den vorderen Reihen sitzt man fürchterlich eng aneinander gedrückt auf dem Boden, was bei der Kälte durchaus sinnvoll ist, weil es wenigsten seitlich etwas wärmt. Und wenn man einen vorderen Platz mit guter Sicht haben will, muss man wenigstens zwei Stunden vor Beginn seinen Platz einnehmen. Am besten gleich am zeitigen Vormittag, weil nie so genau bekannt ist, wann der Auftritt beginnt.

Da die Zuschauer vor wie auch während des Auftritts von hinten immer wieder nachdrängen und so den Auftrittsbereich für die Darstellungen immer wieder verkleinern, sind zwei kräftige Tibeter mit je einer langen Stange damit beschäftig, die Zuschauer immer wieder zurückzudrängen. Und dabei geht es teilweise auch recht rau zu. Man kann leicht mit den langen Stangen gezüchtigt werden. Wie auch immer – allein das Zuschauen bei den Cham-Tänzen gilt als eine verdienstvolle Tat.

Während der Vorführungen versuchen die Gläubigen die Schutzgottheiten wenigstens

*Bei diesem »Shengo« sind die verbreiterten Schultern besonders deutlich zu erkennen.*

*Dem Drängen der Zuschauer muss mit sanfter Gewalt begegnet werden.*

► Das Ohr des Trägers ist erkennbar und damit auch der Blick des Trägers durch das offene Maul der Figur.

Yamantaka – der von allen Gefürchtete.

ganz kurz zu berühren, um etwas von deren Kraft zu erhalten. Die wohlhabenderen Tibeter spendieren den Klöstern größere Geldsummen. Auf diese Weise wird ihnen ein besseres Karma zugesprochen.

Da im Nordosten Tibets das Zusammenleben der Tibeter mit den Chinesen wesentlich entkrampfter ist als in Zentraltibet, sitzen auf der Empore, gewöhnlich über dem Klostereingang, die chinesischen Oberen und nehmen als Zuschauer teil.

Die Schwarzhuttänzer sind die einzigen Tänzer ohne (!) Maske. Sie sollen an die Tötung des Königs Langdarma (Regierungzeit 836–841) erinnern. Der hatte versucht, die Verbreitung des Buddhismus in Tibet rückgängig zu machen und der Bön-Religion wieder zur Bedeutung zu verhelfen. Daraufhin hat sich der buddhistische Mönch Palgyi Dorje als Bön-Priester verkleidet und während eines rituellen Tanzes, dem der König beiwohnte, diesen getötet.

Die Schwarzhuttänzer tragen einen breitkrempigen, schwarzen Hut, daher ihre Bezeichnung. Auf dem Hut befindet sich ein Totenkopf, rechts und links mit größerem gewundenem Zierrat verdeutlicht. Ihr dunkles Gewand wird von einer großen Schürze bedeckt, auf der ein auffälliges Gesicht mit drei Augen und einem aufgerissenen Mund zu sehen ist. Manchmal befindet sich darüber noch eine Schürze aus einem Geflecht menschlicher Knochen.

In der rechten Hand halten die Schwarzhuttänzer meist den dreikantigen Ritualdolch, in der linken gewöhnlich eine – in der Tat (!) – menschliche Schädelschale, verziert mit herunterhängenden, farbigen Schnüren oder Bändern. Mit ihrem tänzerischen Auftritt – immer im Uhrzeigersinn (dem Drehen der Gebetsmühle entsprechend) – reinigen sie mit ihren magischen Fähigkeiten den Festplatz von allem Übel.

Der dem Ermordeten folgende König Thrison Detsen hat dem Buddhismus schließlich zum endgültigen Durchbruch in Tibet verholfen. Begonnen hatte der Buddhismus in Tibet

▼ Vier »Citipati«, die »Herren der Leichenäcker« beim Tanz.

► Ein Schwarzhuttänzer, der sein Gesicht mit dem breitkrempigen Hut verdeckt.

Beim bedeutendsten Fest wird die vornehmste Kleidung und jede Menge Schmuck getragen.

durch den König Srongtsen Gampo (Regierungszeit 620–649), der den Buddhismus von Indien einführte.

Im Gegensatz zu den Schwarzhuttänzern tragen alle anderen Figuren Masken und schauen durch den offenen Maskenmund. Dadurch ist ihre Figur zwar etwas größer, aber der Tanz auch relativ verhalten, weil die Sicht eingeschränkt ist.

Schließlich treten die »Citipati« auf. Dies sind die »Herren der Leichenäcker«. Sie treten immer paarweise auf, meist zu viert, seltener zu zweit. Sie tragen Totenkopfmasken, die rundherum auffallend farbig abgesetzt sind, sowie waagrecht farbig abgesetzte Gewänder. Sie hüpfen barfuß herum – gelegentlich in Socken – und, weil es immer recht kalt ist, ständig von einem Bein auf das andere. Sie erinnern die Zuschauer an die jedem Wesen übliche Vergänglichkeit, an den Tod und an den Kreislauf der Wiedergeburt.

Die Haare – auch hier 108 Zöpfe, wenn die Zahl stimmt – werden gern in voller Länge getragen.

## Der Schluss

Beim letzten Tanz sind gewöhnlich alle Masken noch einmal auf dem Platz und tanzen in großer Menge. Sie ziehen sich paarweise tanzend über die Treppe ins Kloster zurück, was – wenn es tatsächlich parallel stattfindet – ein gewisses Können darstellt. Alle Paare, kommen noch einmal von der Treppe herunter, tanzen noch einmal kurz auf dem Hof und verschwinden schließlich im Kloster.

Die Ärmel der tibetischen Mäntel sind auffallend lang, weil man früher keine Handschuhe kannte. Und weil man auf diese Weise seine gut bürgerliche Stellung verdeutlichen konnte.

# Über die Cham-Tänze in Ladakh

*Die Gemeinschaft der Gelbmützen – Gelugpa (»die Tugendhaften«) – wurde von Tsongkapa (1357–1419) gegründet. Sie vertreten die am weitesten verbreitete Lehrtradition im tibetischen Buddhismus.*

Die buddhistische Kultur ist im indischen Teil des Himalaya, in Ladakh, im Zanskar, in Lahaul, in Spiti und in den anderen Gebieten, glücklicherweise erhalten geblieben. Zum buddhistischen Neujahrsfest, Ende Januar / Anfang Februar, finden in den Klöstern die Cham-Tänze statt. Die in Stock und Matho sind auch im Winter leicht zu erreichen.

In den Klöstern Phyang und Hemis dagegen werden die Cham-Tänze in den Sommermonaten aufgeführt. Dies wohl, um als Anziehungspunkt für die Fremden zu dienen, die nur im Sommer nach Ladakh kommen, weil es dann ausreichend warm ist.

Zur tibetischen Jahreswende ist es tagsüber erheblich kälter und abends, morgens sowie nachts fürchterlich kalt. Die wenigen Hotels, die vereinzelte Gäste haben, sind nur in einem einzigen Raum beheizt. Man verkriecht sich abends bald ins Bett – so wie bei uns, als es noch keine Zentralheizung gab, nur einen Ofen in der Küche. Und so lange ist das gar nicht her.

## Die Orakel …

… treten im Rahmen der Cham-Tänze zuerst in Stock auf, danach in Matho, wo Touristen selten hinkommen. Das Cham-Fest

findet im Klosterhof statt, der insbesondere in Stock recht klein ist. Die üblichen Maskentänzer in den bekannten Verkleidungen vollführen ihre zahlreichen Tänze, immer paarweise. Erst danach tauchen als Höhepunkt die zwei Orakel auf – angeblich im paranormalen Trancezustand. Dieser Zustand wurde zuvor im Stillen mit Hilfe spezieller Rituale herbeigeführt, wobei die Orakel von Gottheiten besessen werden. Sie können auf Befragen angeblich Prophezeiungen von sich geben. Die Orakel zählen zu einer außerlamaistischen (!) Institution, die nicht von den dem buddhistischen Pantheon zugehörenden »Wesen« befallen werden, sondern von lokalen Schutzgottheiten.

*Das Kloster Matho zum buddhistischen Jahreswechsel mit den vielen Zuschauern bei den Cham-Tänzen.*

Die Orakel beginnen ihren Auftritt auf dem Flachdach des Klosters, wo sie mit je einem Schwert und einem Speer, an dem ein Tuch befestigt ist, wilde, furchterregende Tanzschritte aufführen, immer an der Hauskante entlang. Zwischendurch schärfen sie ihre Schwerter an der Mauer, um ihre Erregbarkeit zu demonstrieren, und streichen sich damit über die Zunge und den jeweils anderen Arm, was immer recht spektakulär aussieht. Ihr Auftreten macht einen wilden, aggressiven Eindruck. Zwei Mönche, die sie begleiten, versuchen sie von dem wilden Tun etwas zurückzuhalten, auf jeden Fall sich nicht zu verletzten. Die Orakel verschwinden anschließend vom Dach, jagen durch die Klosterräume und treten vor dem Klostergebäude auf, meist immer noch etwas erhöht über der Masse der Zuschauer, aber immer wieder recht wild gestikulierend, und verschwinden schließlich ganz.

Es gilt als Glück bringend, wenn man mit dem Schwert von einem der beiden Orakel berührt wird, gar einen leichten Hieb abbekommt. Damit sollen die bösen Geister im Körper vertrieben und dem Betreffenden Glück zugesprochen werden. Einer meiner Teilnehmer hatte sich in Stock etwas zu weit vorgewagt und dabei – welch Sakrileg (?) – die Orakel fotografiert. Das aber tolerieren diese – wie bekannt – keineswegs. Der unerlaubt Fotografierende bekam einen mächtigen Hieb von einem der beiden Orakel mit dem Schwert auf die Schulter, glücklicherweise etwas von hinten seitlich, weil er reflexbedingt versucht hatte, sich abzuwenden. Der Schlag muss eine beachtliche Wucht gehabt haben, sodass der Fotograf zunächst glaubte, er sei verletzt. Doch der Schlag war offensichtlich bewusst mit der Breitseite der Klinge erfolgt, sodass nur einige Zeit ein mächtiger blauer Fleck an der rückwärtigen Schulter zurückblieb. Etwas Ernstliches war glücklicherweise nicht passiert. Nur der Betreffende war beachtlich geschockt und hielt sich seitdem mit dem Fotografieren etwas zurück.

*Die verheirateten Frauen tragen zu Feierlichkeiten einen »Perak«, der mit einer riesigen Anzahl an Halbedelsteinen bestückt ist.*

## Die Skeletttänzer

Wie beim Mönlam-Fest in Amdo treten auch hier die »Citipati« auf, die »Herren der Leichenäcker«. Allerdings immer nur zu zweit. Sie stellen ebenfalls mit einer Kopfmaske und entsprechenden Kleidern den Tod dar. Bei der Kostümierung dominiert zwar eine Grundfarbe, letztendlich ist aber doch alles recht bunt gehalten und sieht weit weniger furchterregend aus als die Darstellungen des Todes bei uns in Europa. Die beiden Citipati führen eine dünne Leine mit, mit der sie kunstgerecht eine Totenpuppe tanzen lassen. Mit der Leine ist der Puppenkörper aus rotem Stoff oberhalb des Schwerpunktes durchdrungen, sodass die Puppe den Kopf in der Regel – wenn auch nicht immer – oben hat.

Auch in Ladakh tanzen die Citipati barfuß, manchmal in Socken. Sie tanzen folglich immer von einem Bein auf das andere, weil

*Einer der beiden Citipati.*

*◄ Eines der beiden wild herumturnenden Orakel auf dem Dach der Gompa in Stock.*

*Die beiden Citipati, die eine Totenpuppe tanzen lassen.*

Der Aufmarsch der Klosterkapelle in Phyang.

► Eine der Schutzgottheiten während des Mönlam-Festes.

es zur Zeit des tibetischen Jahreswechsels recht kalt ist. Um die Knöchel tragen sie kleine Schellen, die die Bewegung der Beine laut verdeutlichen. Die Citipati gelten als Diener von »Yama«, der als Herr des Todes, der Hölle und schließlich als Totenrichter gilt.

## Das »Lingam«

Schließlich wird ein Traggestell oder auch ein dreieckiger Kasten in der Mitte des Tanzplatzes abgestellt. Darin befindet sich eine kleine, häßliche Figur mit einem auffallend riesigen roten Penis (= Lingam). Die Figur soll das symbolisieren, was uns Lebende ständig anhaftet und nach dem Glauben der Buddhisten als unheilsam deklariert ist, als die Erlösung behindernd oder gar verunmöglichend, letztlich einer Reinkarnation entgegenstehend. Wird ein dreieckiger Kasten verwendet, so soll dies die drei menschlichen Grundübel symbolisieren, die drei Geistesgifte, die Ursache des ewigen Kreislaufs der Wiedergeburten: die Gier, die Unwissenheit und den Neid, wie diese im Zentrum des Lebensrades als ein Hahn, ein Schwein und eine Schlange dargestellt sind, die sich gegenseitig in den Schwanz beißen, was soviel bedeutet wie, dass ein Übel das andere bedingt (siehe hierzu im Kapitel »Bhava chakra – das berühmte Rad des Lebens«, Seite 125).

Mehrere Schwarzhuttänzer mit Dreikantdolch und Schädelschale in den Händen umtanzen das Lingam im Kasten. Bei den Schädelschalen handelt es sich um echte (!) menschliche Schädelschalen, nicht etwa um nachgebildete. Einer der Schwarzhuttänzer umkreist schließlich allein in rythmisch wiegenden Tanzschritten mal langsam, mal schneller das Lingam. Mit der Zeit wird der Rhythmus, den die Trommler und die Blä-

Der Schwarzhuttänzer, der mit Pfeil und Bogen das Lingam vernichtet, trägt keine Maske.

◄ *Eine Hirschgottheit, die als »Gehilfe des Totenrichters« Yama angesehen wird.*

*Die durchaus ansprechenden Hüte der Ladakhis, die überwiegend von Frauen, weniger von Männern getragen werden.*

ser von sich geben, schneller und schneller. Durch diesen Tanz wird alles Böse in das Lingam transformiert. Dann brechen die wilden Töne urplötzlich ab, der Höhepunkt steht kurz bevor. Vollkommene Ruhe unter den Zuschauern. Dann nimmt der Schwarzhuttänzer Pfeil und Bogen, zielt auf das Lingam und lässt den Pfeil los. Damit ist das Lingam vom abgeschossenen Pfeil endgültig vernichtet. In anderen Aufführungen ist es manchmal ein wohlgezielter Schwertstoß. Damit ist das Böse schlussendlich besiegt und beseitigt.

## Schließlich der Jahreswechsel

Zum Ende der Aufführungen wird ein großes, kegelförmiges »Torma« – das ist ein ritueller, mit farbigen Butterverzierungen geschmückter Tsampakuchen – in einer kurzen Prozession zu einem wenig außerhalb des Klosters befindlichen Platz gebracht. Alle Teilnehmer und Zuschauer folgen. Auf dem Platz wird das Torma, welches zuvor mit negativer Energie aufgeladenen wurde, mit der Spitze voran in ein entfachtes, wild flackerndes Feuer geworfen und verbrannt. Damit sind die Unglücke des vergangenen Jahres vernichtet. Das neue Jahr kann friedlich beginnen.

Danach geht es zurück ins Kloster. Von einigen der »Masken« wird meist noch einmal ein kurzer Tanz aufgeführt, die sich anschließend – paarweise wie immer – tanzend ins Kloster zurückziehen. Dies jedoch nicht ohne jeweils von den Klosterstufen noch einmal rythmisch herunterzusteigen und abermals einige Tanzschritte aufzuführen, um dann endgültig im Kloster zu verschwinden.

## Die Spaßmacher

Im Kloster Phyang treten in den Pausen zwischendurch immer wieder einmal zwei Spaßmacher auf, die so genannten »Atsaras«. Die unterhalten die Zuschauer mit dummen Späßen, die die Einheimischen zum Lachen anregen und natürlich nur von diesen verstanden werden. Das Aussehen der beiden Spaßmacher, der eine mit einer roten Maske, der andere mit einer dunkelbraunen und beide mit hellen, wirren Haaren, soll bei den Zuschauern die Furcht, die mit den Aufführungen zuvor verbreitet wurde, minimieren, das ganze Geschehen etwas auflockern. Wenn man einen Blick in die Gesichter der Einheimischen wirft, kann man dies durchaus nachempfinden.

*Die beiden »Atsaras«.*

*Das »Torma«, das ins Feuer geworfen wird, womit alle Unglücke des vergangenen Jahres beseitigt sind.*

*Die einfache Musikkapelle, die als erste vor der Präsentation der riesigen Thanka aufspielt; danach erscheint die Mönchskapelle.*

*► Die Cham-Tänze während der Neujahr-Aufführungen in Matho.*

Die Spaßmacher parodieren zwischendurch die aufgeführten Tänze, äffen diese in den Pausen teils nach und amüsieren so die Zuschauer. Darüber hinaus sammeln sie Geldspenden. Wenn man sich in der ersten oder zweiten Reihe befindet und folglich in die Fänge der Spaßmacher geraten kann, sollte man etwas Geld griffbereit haben. Dies sollte den Spaßmachern freundlichst übergeben werden, am besten mit einer kleinen Verbeugung, wenn die sich einem auffallend nähern. Andernfalls können die recht hartnäckig werden. Der Sinn ihres Tuns ist die Geldbeschaffung für das Kloster und zwar von solchen Zuschauern, die genügend davon zu haben scheinen – und da können die fremden Ausländer schließlich nicht aus. Dies immer zur großen Gaudi aller Einheimischen.

## Im Kloster Phyang …

… wird neben den üblichen Cham-Tänzen, die eine ganze Woche dauern, an einem Tag eine riesige Thanka an einer der rückseitigen Wände des Klostergebäudes ausgerollt. Es ist immer ein ganz besonderer Augenblick. Zunächst wird am Morgen nach längerer Trommel- und Blasmusik die zusammengerollte Thanka von einem guten Dutzend Trägern feierlich aus dem Klostergebäude

*► Die zusammengerollte Thanka wird unter feierlicher Musik auf den Klosterplatz getragen – dann folgt der große Augenblicks die Thanka wird aufgezogen.*

◄ *Noch ist das rote Leinentuch nicht hochgezogen, doch der Wind gibt unerwartet und für einen kurzen Augenblick die Sicht frei.*

Auch die beiden Atsaras sind wieder dabei und machen in den Pausen immer wieder einmal zur Freude aller Zuschauer ihre Späße. Wenn sie zwischendurch etwas abseits stehen und keine Späße machen, also sozusagen als ganz normale Menschen herumstehen, hat man den Eindruck – weil man sie als Zuschauer bis dahin so nicht erlebt hat – dass mit ihnen »etwas nicht stimmen kann«. Dies ist immer ein Zeichen dafür, dass der Mensch, wenn er mit etwas Neuem konfrontiert wird, sich auf dieses Neue einstellt, ohne in der Tat zu realisieren, was wirklich dahinter steckt.

*Endlich – die ganze Thanka ist sichtbar. Dies geschieht jährlich nur einmal, weshalb es immer ein besonderes Fest ist.*

herausgetragen und am Boden vor der Hauswand abgelegt. Nach weiterer Trommel- und Blasmusik wird die Thanka an Seilen an der Hauswand hinaufgezogen, wobei sie sich zwar öffnet, aber noch durch ein grünes und ein rotes Leinentuch verdeckt ist. Erst wenn die Thanka die richtige Hängelage erreicht hat und fixiert ist und der Head-Lama das dafür vorgesehene Handzeichen gibt, werden die beiden Leinentücher nacheinander emporgezogen. Dann ist der feierliche Augenblick gekommen, an dem die Thanka zum Vorschein kommt.

Als Hauptdarstellung auf der Thanka ist im Zentrum Buddha Shakyamuni – der historische Buddha – zu sehen. Er sitzt auf dem Lotosthron. Shakyamuni gilt als der erste Buddha. Er berührt mit dem Mittelfinger seiner rechten Hand den Lotosthron als Zeichen dafür, dass er die Erleuchtung erfahren hat und die Erde als Zeugin anruft. Von da an hat Buddha seine Lehre verkündet, der Buddhismus war ins Leben gerufen. Dies vor rund 2500 Jahren.

Unterhalb des Lotosthrons ist das »Rad der Lehre« dargestellt, wie es über dem Eingang aller Gebetshallen zu finden ist. Dort allerdings wird das Rad der Lehre rechts und links von einer Gazelle zur Erinnerung an den Gazellenhain von Benares flankiert, wo Buddha seine erste Predigt hielt.

# Im westlichen Teil Nepals – in Dolpo

► Die Swastika ist ein uraltes hinduistisches Glückssymbol, das auch im Buddhismus Eingang gefunden hat.

Westlich des oberen Kali-Gandaki-Tals, in jenem Teil Nepals, der lange Zeit für Fremde geschlossen war, ist noch die Bön-Religion verbreitet, die Vorläuferreligion des Buddhismus. Sie hat sich dort aufgrund der überwiegenden Abgeschlossenheit des Dolpo bis heute erhalten.

Die genaueren Unterschiede in den Götterdarstellungen beider Religionen sind überwiegend nur von Fachleuten erkennbar. Für jeden ersichtlich sind dagegen zwei Dinge: Zum einen umrunden die Bön-Anhänger ein Heiligtum links herum, im Gegenuhrzeigersinn, die Buddhisten wie bekannt rechts herum, im Uhrzeigersinn. Zum anderen findet man an vielen Stupas immer wieder das Hakenkreuz. Es ist das Hauptsymbol der Bön-Anhänger. Doch ist seine Symbolik »linksdrehend« ausgerichtet, also entsprechend der Richtung, in der Bön-Anhänger heilige Stätten umrunden und die Gebetsmühlen drehen.

## Die Bön-Religion

Am Südufer des Phogsumdo-Sees liegt der kleine Ort Ringmo. Auf der östlichen Seite des Sees, nahe Ringmo, befindet sich eine kleine Bön-Gonpa – in Dolpo heißt es »Gonpa«, nicht »Gompa« – die für Nepal-Enthusiasten äußerst interessant ist. Sie wird Besuchern gern gezeigt, denn viele verirren sich heute noch nicht ins Dolpo. Eine Straße wird inzwischen zwar in Richtung Ringmo gebaut, doch ist es bis jetzt die einzige im ganzen Dolpo, und das Dolpo ist groß. Und noch ist die Straße nicht fertig.

Der Phogsumdo-See mit Blick auf Ringmo, am südlichen Ende des Sees.

Die äußerlichen Unterschiede zwischen der Bön-Religion und dem Buddhismus sind – wie erwähnt – nicht sehr auffällig. Der Buddhismus hat manches übernommen, hat sich weiter entwickelt und die Bön-Religion schließlich wieder beeinflusst. Ebenso umgekehrt. Die gegenseitige Beeinflussung beider Religionen führte bis heute dazu, dass es nie religiöse Auseinandersetzungen gegeben hat.

Die Bön-Religion ist eine animistisch-schamanistische Naturreligion. Lange vor Einführung des Buddhismus in Tibet, also lange vor dem 7. Jahrhundert, wurden in der Bön-Religion noch Menschenopfer dargebracht. Später kam es zu einer Anlehnung an die buddhistische Nyingmapa-Schule, an die orthodoxen Rotmützen.

Die Bön-Religion ist auch im Nordosten Tibets, in Kham, verbreitet. Die Bön-Bibel ist ein vielbändiges Werk mit der Bezeichnung »Kanjur«, die dazu gehörigen Kommentare werden als »Tanjur« bezeichnet wie im Buddhismus – oder besser umgekehrt, weil die Bön-Religion ja älter ist: Im Buddhismus ist dies wie in der Bön-Religion.

*◄ Der Eingangstschorten von Ringmo, der Ort liegt rechts, im Hintergrund der Kanjelarwa (6612 m).*

*Der kleine Dolpo-Pa sah zum ersten Mal Europäer, und ihm war nicht ganz wohl.*

## Der Phogsumdo-See …

… ist der größte mehrerer, jedoch auffallend kleinerer Seen im Dolpo. Er befindet sich in einer Höhe von etwa 3600 Metern. Da man dort keine (!) Boote kennt, muss man, wenn man am See entlang will – zum Beispiel zur nördlich gelegenen Shey Gonpa – am Westufer knappe 1000 (!) Meter auf- und jenseits wieder absteigen und ist gerade einmal vier Kilometer weiter gekommen, nicht einen einzigen Meter höher – und das kostet immerhin gute vier Stunden. Das Seeufer und die Felsen darüber sind zu steil. Mit einem Ruderboot würde dies gerade einmal eine knappe Stunde dauern. Bleibt zu erwähnen, dass nahezu alle Nepali nicht schwimmen können, weil es kaum Gelegenheiten gibt. Deshalb kennt man auch keine Boote, denn die Flüsse sind allesamt zu reißend.

Der Phogsumdo-See, der durch einen Erdrutsch aufgestaut wurde, ist immerhin 145 Meter tief und sicher noch völlig unverschmutzt. Er weist begeisternde Farben auf – vom klaren Türkisblau bis zum weichen Hellblau jeder Schattierung. Nur in den beiden breiten Nordarmen, wo der See je einen Zufluss hat, erhellt das mitgerissene Geschiebe aufgrund der dadurch geringeren Tiefe den See im Bereich der Zuflüsse.

*Die Fenster in Dolpo haben eine etwas andere Form als sonst in Nepal.*

## Bis in die 1990er-Jahre gesperrt

Nur wenige Forschungsreisende dürften bis 1990 im Dolpo gewesen sein. Dolpo war bis dahin für Fremde gesperrt. Unter der Leitung von Ulrich Gruber hatten wir 1989 als erste Trekkinggruppe eine Sondergenehmigung für die Durchquerung des ganzen Dolpos, von Jumla bis Kagbeni im Kali-Gandaki-Tal. Die Genehmigung war von der Agentur in Kathmandu allerdings mit fragwürdigen Mitteln zuwege gebracht worden. So mussten wir an jedem Checkpoint lange verhandeln, denn keiner wollte unsere fragwürdige Genehmigung für bare Münze halten. Und eine Handyverbindung wie heute gab es damals noch nicht, und eine Telefonverbindung nach Kathmandu schon gar nicht. Wider Erwarten kamen wir

*Die Gonpa von Ringmo – eine Bön-Gonpa – etwas abseits des Ortes wenig oberhalb des Sees gelegen.*

*Der exotische Kopfschmuck der Frauen im Dolpo.*

aber nach langwierigen Verhandlungen letztlich doch immer wieder durch, was wir gar nicht so ohne Weiteres erwartet hatten.

Wir erlebten das Dolpo wohl noch nicht wesentlich anders als Herbert Tichy, der als erster Fremder 1953 den gesamten westlichen Teil Nepals mit vier Sherpas bis zur nepalischen Westgrenze durchstreifte. Dabei bestieg er mit den Sherpas auch die Gipfel von vier bis dahin unbestiegenen Sechstausendern. Darüber berichtete Tichy in seinem Buch »Land der namenlosen Berge«, erschienen 1954.

Jeder Nepalbesucher dürfte im Dolpo wohl auch heute noch so manches Neue entdecken. Vor allem die lokale Kopfbedeckung verheirateter Frauen. Die ist derart exotisch, wie man sie sich kaum vorstellen kann. Durchaus aber auch ansprechend. Aus versilbertem Blech dachartig gefertigt, leicht gewölbt, horizontal auf dem Kopf und aus vergoldetem Blech am Hinterkopf aufgestellt, teils am vorderen Rand mit Korallen und Türkisen verziert. Diese auffallend große, an Kopfbedeckungen weltweit alles in den Schatten stellende Verzierung wird »Thigpo« genannt. Leider nimmt das Tragen dieser sehr apart aussehenden Kopfbedeckung der Frauen im Dolpo offensichtlich ab, wie mir ein Freund, Werner Bauer, berichtete. Der war im Herbst 2011, über zwanzig Jahre nach uns, im Dolpo.

*Synchrones Pflügen will gelernt sein.*

## Echte Hautfarbe?

Der besagte Freund, der mich auf vielen Himalaya-Reisen begleitet hat, hatte nahe der Ortschaft »Do« ein interessantes Erlebnis. Er saß am Wegesrand, ruhte sich etwas aus und ließ die einsame, dem Tibetischen nicht unähnliche Landschaft in Ruhe auf sich wirken. Da kam eine ältere Frau, schon etwas humpelnd, langsam daher und beäugte den für sie Fremden vorsichtig, doch durchaus auch etwas neugierig. Dann setzte sie sich auf einen Stein und sagte einige Worte. Doch der Werner konnte damit nicht viel anfangen, denn den Dolpo-Dialekt verstand er nicht. Er kannte gerade einmal die allerwichtigsten Wörter. Schließlich rückte die Frau etwas näher an ihn heran. Da dachte sich der Werner – oha, was jetzt?

Doch die Frau blieb ruhig sitzen, so als könnte sie mit ihm nichts anfangen. Doch schließlich tat sie etwas, was der Werner bei weitem nicht erwartet hatte. Sie befeuchtete einen ihrer Zeigefinger kräftig mit Spucke, fuhr mit diesem meinem Freund ins Gesicht und kräftig über die Backe. Dann schaute sie sich ihren Finger wieder an und schien recht erstaunt. Mein Freund war sich – wie er später berichtete – erst Augenblicke später darüber im Klaren, worum es der Frau gegangen war. Sie hatte die helle Hautfarbe des Fremden für nicht echt gehalten und wollte prüfen, ob sein Gesicht wohl weiß eingeschmiert sei.

◄ *Eine Dolpo-Pa in vollem Schmuck – nur die Kopfbedeckung fehlt.*

## Eine uralte Begrüßungsart

Darüber hatte seinerzeit schon Heinrich Harrer aus Tibet berichtet. Ich erlebte es in Tibet nirgendwo, aber im Dolpo, in Chharkaboth. Dieser Ort liegt zwei Tagesetappen westlich des Kali-Gandaki-Tales. Er befindet sich auf einem höheren Absatz, der sich in früheren Zeiten gut verteidigen ließ.

Ich hatte immer wieder einmal von der besonderen Begrüßungsart der Tibeter gehört. Da China sich Tibet in den 1950er-Jahren mit Gewalt einverleibt hat, dürfte dieses Verhalten mit der Zeit verlorengegangen sein. Im abgeschiedenen Dolpo aber hat es sich erhalten. Was ist das für eine Begrüßungsart?

Wenn Einheimische fremden Menschen begegnen, dann strecken sie dem/den zu Begrüßenden die Zunge heraus (!). Ich erlebte dies in Chharkaboth. Zunächst war ich erstaunt, als ich derart begrüßt wurde, doch Sekunden später kam mir die Schilderung von Heinrich Harrer in Erinnerung. Das Herausstrecken der Zunge bedeutet, dass man seinem Gegenüber verdeutlichen will, nichts Böses im Sinn zu haben. Denn im Glauben der Einheimischen würde man, wenn man etwas Böses im Schilde führt, eine schwarze Zunge bekommen. Nirgendwo sonst im Himalaya habe ich dies noch erlebt, auch in Tibet nicht, obwohl ich seit Ende der 1960er-Jahre weit über sechs Dutzend Mal im Himalaya war, teils über ein Vierteljahr lang. Die besonderen Eigenarten der einheimischen Bevölkerung gehen – wie überall auf der Welt – leider verloren.

## Die Schule

In Dolpo gibt es nur in den wenigen größeren Orten eine winzige Schule. Und dort werden die Schüler – da es insgesamt recht wenige sind – alle in einer Klasse unterrichtet. Der Autor hat dies nach dem Krieg in einem Dorf im Taunus auch noch erlebt. Alle – von der ersten bis zur achten Klasse – waren in einem Raum, und der Lehrer hat mal die einen und mal die anderen unterrichtet. Die gerade nicht Unterrichteten mussten jeweils Schreib- oder Rechenaufgaben machen.

Im Dolpo kommt noch hinzu, dass der Unterricht von Nepali-Lehrern in Nepali erfolgt, in einer für tibetisch Sprechende völlig fremden Sprache mit vollständig fremden Schriftzeichen. In tibetischer Schrift – also in der volkseigenen Sprache – unterrichten nur Mönche gelegentlich.

*Ein Dolpo-Pa mit einer Haarpracht, die wohl selten eine Schere gesehen haben dürfte.*

*Die uralte Begrüßung der Dolpo-Pa und früher auch die der Tibeter – hier allerdings etwas zaghaft, gewöhnlich wird einem die Zunge in voller Länge herausgestreckt.*

◄ *Chharkaboth liegt, wie auf eine Insel gebaut, zwei Tage westlich des Kali-Gandaki-Tals.*

# Die Umrundung des Kailash und des Manasarowar-Sees

► *Im Westen Tibets müssen oft Flüsse durchquert werden.*

Der Kailash (6714 m) gilt unter den Tibetern als der »Heiligste Berg der Welt«. Eine Umrundung – als »Parikrama« bezeichnet – soll die Gläubigen von Sünden befreien. 108 Umrundungen sollen das Nirwana nach dem Ableben sicherstellen. Mancher Buddhist versucht, die 108 Umrundungen hinter sich zu bringen. Die Zahl 108 stammt vom Kanjur, der tibetischen Bibel, die 108 Bände umfasst, weshalb die Zahl 108 als verehrungswürdig gilt. Frauen tragen oft 108 dünne Zöpfe, wobei die Anzahl selten stimmt, da manche Tibeterin nicht so weit zählen kann.

Bis Mitte der 1980er-Jahre war der Kailash – von den Tibetern als »Kang Rinboche« (= kostbarer Schnee) bezeichnet – für Menschen aus der westlichen Welt kaum erreichbar. Sven Hedin war der erste westliche Fremde, der den Kailash im Jahr 1907 umrundete. Herbert Tichy gab sich 1935 als Inder aus, um in Begleitung zweier echter Inder den Kailash zu umrunden, was auch gelang. Wenn es brenzlich wurde und er beinahe als Europäer enttarnt werden konnte, spielte er einen halbwegs Irren, was ihm – wie er selbst berichtete – etliche Male recht gut gelungen ist. So wurde er als Europäer nicht entdeckt.

*Eine typische Darstellung des Kailash in einem Kloster.*

Auch der Schweizer Geologe Augusto Gansser hat den Kailash 1936 als buddhistischer Pilger verkleidet heimlich umrundet. Heinrich Harrer und Peter Aufschnaiter zogen Ende des Zweiten Weltkriegs auf ihrer 21 Monate dauernden Flucht aus dem indischen Internierungslager Dehra Dun am Kailash südlich vorbei. Der Sachse Anagarika Govinda (Ernst Lothar Hoffmann), der zum Buddhismus konvertierte und von dem das Buch »Der Weg der weißen Wolken« stammt, umrundete den Kailash 1948. Die chinesische Kulturrevolution führte zur Zerstörung aller Klöster im Kailash-Gebiet, ausgenommen das in Khojernath nahe der nepalischen Grenze; die Roten Garden hatten nicht angenommen, dass so nah an der Grenze noch ein Kloster ist, und Landkarten gab es noch nicht. Auch die Mehrzahl aller anderen Klöster in Tibet wurde (wie bekannt) zerstört. Erst Mitte der 1980er-Jahre öffnete China langsam Westtibet, wodurch der Kailash für Fremde erreichbar wurde, wenn auch zunächst nur sehr vereinzelt.

### Wie kommt man zum Kailash?

Man muss nach Westtibet, Luftlinie von Lhasa ungefähr tausend Kilometer, was weit über 2000 Pistenkilometer sind. Darchen ist der winzige Ort auf der Südseite des Kailash, von wo die Umrundung beginnt. Dorthin gelangt man von Lhasa aus über Shigatse, mehr oder weniger das Tsangpo-Tal aufwärts,

◄ Die Grenzbrücke zwischen Nepal und Tibet.

Die Klosteranlagen von Khojernath sind glücklicherweise nicht zerstört worden.

in drei Tagen mit Jeeps. Diese Möglichkeit ist die kürzeste, doch müssen im westlichen Teil der Strecke Flüsse durchfahren werden, deren Breite und insbesondere deren Tiefe nicht immer wirklich sicher abzuschätzen sind. Gelegentlich bleibt ein Wagen hängen, was meist mit beachtlichen (!) Verzögerungen und teils auch mit Beschädigungen an den Fahrzeugen verbunden ist.

Die zweite Möglichkeit ist die Nordroute, die auch über Shigatse führt, später aber relativ weit nach Norden ausweicht. Sie führt über Dongo, Gerze, Oma und Shiquahe nach Westen und schließlich zum Indus, nahe der indischen Grenze von Ladakh. Von dort südöstlich, sozusagen wieder zurück, anfangs das Indus-Tal aufwärts, nach Darchen. Das dauert mindestens fünf, manchmal auch bis zu sieben Tage.

Auch von Süden, von Nepal, kann man zum Kailash gelangen, was sicher nicht weniger interessant ist. Per Flugzeug geht es von Kathmandu über Nepalgunch (Nächtigung), nach Simikot. Von hier zu Fuß in sechs Tagen das Karnali-Tal aufwärts und später in westlicher Richtung über den Pass Nara La (4620 m) nach Khojernath, dem ersten nennenswerten Ort in Tibet, direkt hinter der Grenze. Ab hier, spätestens aber ab Purang (auch Taklakot), nimmt man einen Jeep. Über den Gurla La (La = Pass, 4590 m) und über den Landstrich zwischen dem Manasarowar-See und dem Rakas-Tal (Tal, tib. = See) erreicht man Darchen.

## Vier Religionen

Der Kailash ist nicht nur für Buddhisten ein heiliger Berg, wenn er auch von Buddhisten am meisten umrundet wird. Dies im Uhrzeigersinn. Der Kailash ist ebenso heilig für die Hindus, die im Kailash den Thron Shivas sehen und diesen verehren.

Ebenso ist der Kailash für die Bönpo ein heiliger Berg. Die Bönpo gehören dem vorbuddhistischen Glauben der Tibeter (Bön) an und umrunden den Kailash ebenso wie alle anderen heiligen Stätten im Gegenuhrzeigersinn.

Der Kailash ist auch der heilige Berg für die »Jain« (auch »Dschain«), eine aus einer nordindischen Asketenbewegung im 8.–5. Jahrhundert v.Chr. hervorgegangenen Erlösungsreligion. Der Jainismus ist gemeinsam mit dem Buddhismus eine oppositionelle Religion gegenüber dem dominanten Hinduismus. Die Anzahl der Jain-Anhänger liegt bei etwa fünf Millionen.

Am Kailash und am Manasarowar-See entspringen vier bedeutende Flüsse. Dies ist der Indus, der zunächst nordwestlich nach Pakistan und schließlich südlich ins arabische Meer fließt, dann ist es der Sutlej, der westlich fließt und in den Indus mündet. Schließlich sind es noch der Karnali, der sich südlich in den Ganges ergießt, und der Tsangpo, der in östlicher Richtung, immer nördlich des Himalaya-Hauptkammes entlang, fließt und in einem gewaltigen Bogen den Himalaya

Beim ersten Blick auf den Kailash fühlt sich jeder Buddhist verpflichtet, sich wenigstens dreimal den Berg verehrend niederzulegen.

Immer wieder Mani-Knochen und in der Mitte die Blätter eines tibetischen Buches.

durchbricht und als Brahmaputra in den Golf von Bengalen mündet.

Alle vier Flüsse werden verehrt. Der Indus gilt als »der Fluss aus dem Maul eines Löwen«, der Sutlej als »der Fluss aus dem Schnabel eines Pfauen«, der Karnali als »der Fluss aus dem Maul eines Pferdes« und der Tsangpo als »der Fluss aus dem Maul eines Elefanten«. Der Quellbereich der vier Flüsse kann als Laune der Natur bezeichnet werden, da sie in dem relativ kleinen Bereich Kailash-Manasarowar-See in über 4500 Meter Höhe entspringen und in vier verschiedene Richtungen fließen, und je zwei etwa zweieinhalbtausend Kilometer voneinander entfernt ins Meer münden.

Der Kailash auf dem Weg ins Westtal – das Tal des Buddha Amitabha.

## Bisher unbestiegen

Der Kailash gilt bisher als unbestiegen. Für einen Buddhisten wäre es ein Sakrileg, den Gipfel besteigen zu wollen. Nur der Legende nach sei der Gipfel des Kailash einmal erreicht worden. Der buddhistische Yogi und Dichter Milarepa (1040–1123), der »Yogi der hunderttausend Gesänge«, dargestellt mit seiner rechten gewölbten Hand an seiner Ohrmuschel, um dem Widerhall seiner Gesänge zu lauschen, ließ sich in einen Kampf mit dem Bön-Schamanen Naro Bön Tshung ein, der die Kailash-Region seit langem beanspruchte. Beide führten Wettkämpfe durch, aus denen Milarepa jeweils als Sieger hervorging. Schließlich habe Naro Bön Tshung einen letzten Wettstreit vorgeschlagen. Derjenige, der am Morgen des Vollmondtages im Mai als erster auf dem Gipfel des Kailash sein würde, der sollte der Sieger sein. Also machte sich der Bön-Schamane schnellstens auf den Weg durch die Lüfte. Milarepa aber ließ sich unerwarteterweise Zeit. Als Naro Bön Tshung schon hoch in den Lüften war, da erst ließ sich Milarepa durch die Strahlen der aufgehenden Sonne in die Lüfte tragen und war als erster auf dem Gipfel.

Doch dieser Legende nach war er letztendlich nicht auf dem höchsten Punkt des Kailash – sein Höherschweben sei in Trance erfolgt. Über das Ende des Bön-Schamanen gibt es zwei legendenhafte Erläuterungen. Laut der einen Legende soll Naro Bön Tshung, als er erkannte, dass er verloren habe, vor Schreck seine Doppelschädelschalentrommel fallen gelassen haben, die über den Gipfel des Kailash hinabgestürzt sei, wodurch die markante Schneerinne auf der Südseite des Gipfels entstanden sein soll. Die andere Legende erzählt als Ursache für die Schneerinne, dass sich der Bön-Schamane beim Erkennen seiner Niederlage selbst hinabgestürzt habe.

► Der Tschorten in Darchen, zu Beginn der Kailash-Umrundung.

Der Sage nach sei der Kailash auf diese Weise zu einem buddhistischen Heiligtum geworden – wie wohl der Kailash nach wie vor auch ein Bön-Heiligtum geblieben ist. Die Bön-Religion ist weit älter als der in Tibet im 6. und insbesondere im 8. Jahrhundert verbreitete Buddhismus. Beide Religionen sind sich in so manchen Dingen auffallend ähnlich.

Die oben angedeutete religiöse Auseinandersetzung zwischen Bön und dem tibetischen Buddhismus (hinter der möglicherweise etwas mehr stecken könnte?) ist angeblich die einzige in der Geschichte dieser beiden Glaubensrichtungen gewesen. Alles andere sei zwischen beiden Religionen friedlich verlaufen. – Und wie war es bei uns in Europa? Da gab es Inquisition und Glaubenskriege im Mittelalter, und sogar heute noch gibt es handgreifliche Auseinandersetzungen zwischen Protestanten und Katholiken in Nordirland.

## Der Beginn der Kailash-Umrundung

Man nächtigt in Darchen, südlich des Kailash, entweder in einem der für Pilger angebotenen Räume oder im Zelt. Die vielen Hunde in der Umgebung sollte man respektieren, denn die scheuen sich nicht, kräftig zuzubeißen. So lange man ausreichend Abstand hält, sind sie halbwegs friedlich.

*Der berühmte Tschorten im Eingangsbereich zum Westtal mit der Kleiderablagestelle.*

Der Weg um den Kailash – etwa 55 Kilometer lang – beginnt am berühmten kleinen Tschorten westlich und folgt dem Weg, der anfangs mit Steinen rechts und links begrenzt ist. Die Steine enden aber bald, wie in solchen Fällen üblich. Wenn man im August unterwegs ist und schon nachts startet, kann man so viele Sternschnuppen sehen wie sonst selten irgendwo auf der Welt, weil der Himmel in dieser Höhe sehr klar ist. Darchen liegt immerhin auf 4585 Meter.

Anfangs trifft man auf Steinmänner, die den Weg verdeutlichen, der letztlich nicht zu verfehlen ist. Auf dem Weg ins Westtal, ins Tal des Lhachu, auch »Tal des Buddha Amitabha« genannt, gelangt man an jene Stelle, an der man zum ersten Mal auf der Umrundung den Gipfel des Kailash sieht. Dieser Besonderheit wegen ist diese Stelle eine Niederlegestätte. Jeder Gläubige legt sich wenigstens dreimal ehrfurchtsvoll nieder. Eine erste Rast ist angesagt.

Später trifft man auf den Eingangstschorten zum Westtal. Der Tschorten wird von Buddhisten links umgangen. Im Tschorten findet man hinterlegte Kleidung (zur Bedeutung der-

*Die Sonneneinstrahlung in Höhen bis fünfeinhalbtausend Meter wie hier ohne Sonnenbrille zu ertragen, bringt immer eine negative Beeinträchtigung der Augen mit sich.*

*Natürliche Besonderheiten erfahren eine göttliche Verehrung.*

Die Tshukku Gompa auf der talaus rechten Seite, etwas oberhalb des Westtals.

selben siehe Seite 170). Hier am Tschorten findet jährlich während der Zeit des Vollmondes im Mai das berühmte »Saga-Dawa-Fest« statt, während dessen der Geburt, der Erleuchtung und des Todes Buddha Shakyamunis gedacht wird. Etliche tausend Buddhisten nehmen daran teil.

Die erste Gompa (talaus auf der rechten Seite) ist die Tshukku Gompa. Man muss etwas aufsteigen, doch der Abstecher lohnt sich. Besonders interessant ist ein Elefantenzahn, der im Kloster aufbewahrt wird und der die Zerstörungen durch die Roten Garden auf nicht bekannte Weise überstanden hat. Wie und wodurch der Elefantenzahn den Weg ins Kloster gefunden hat, war nach den Angaben eines Mönches in der Gompa – auch nach wiederholtem Nachfragen Jahre später – leider nicht korrekt zu erfahren. Die dazu geäußerte Meinung des Mönchs entsprach mythischen Vorstellungen.

Nach dem Abstieg zurück ins Tal erreicht man einen exotisch geformten Stein, der von Gläubigen verehrt wird. Sie verneigen sich und berühren den Stein mit der Stirn. Später erreicht man am frühen Abend die Dirapuk Gompa auf der Nordseite des Kailash. In den unterhalb in den Fels gehauenen Höhlen nächtigten früher die Pilger, als es die Gompa noch nicht gab. Doch geschieht dies bei weniger gutem Wetter auch heute noch, wenn größere Menschenmengen unterwegs sind. Von hier hat man am Abend den schönsten Blick auf den Kailash – wenn das Wetter mitspielt. Meist ist es sehr kalt, sodass sich alle bald im Zelt bzw. im Schlafsack verkriechen.

Schnee stört die Yaks nicht.

## Der zweite Tag mit dem Höhepunkt

Wenn man am Abend zuvor vom Kailash nichts gesehen hat, sollte man am nächsten Morgen zeitig aus dem Schlafsack kriechen. Im Herbst herrscht am Morgen nahezu immer gutes Wetter. Der morgendliche Anblick des Kailash ist der eindrucksvollste. Die Nordwand ist am steilsten und ragt um die 2000 Meter in den Himmel. Je nach Wetterverhältnissen kann sie mehr oder weniger vereist sein. Wie auch immer – man wird versucht sein, den Fotoapparat wieder und wieder zu zücken, um ein grandioses Bild nach dem anderen festzuhalten. Es gibt viele interessante Blicke auf Berge im Himalaya – doch dieser Blick ist sicher einer der faszinierendsten.

*Zeitig am Morgen ist der Blick auf den Kaillash am beeindruckendsten – es ist der heiligste Berg der Buddhisten, der Bön- und Jain-Anhänger sowie der Hindus. Nach der buddhistischen Mythologie gilt der Kailash als die geografische Entsprechung des mythischen Weltenberges »Meru«, der als der (!) Mittelpunkt der Welt gilt. Der Kailash ist auch der Sitz des Samvara, der »höchsten Glückseligkeit«. Die Praxis dieses Kultes wird im tibetischen Buddhismus insbesondere von den Kargyüpa – einer der vier buddhistischen Lehrtraditionen (auch so genannte »Schulen«) – ausgeübt (siehe Seite 218 und Seite 221).*

*Der Vereisungszustand der Nordwand ist – wie der jeder anderen höher gelegenen Bergwand – von Jahr zu Jahr unterschiedlich, in manchen Jahren ist sie stärker vereist, in manchen Jahren weniger.*

Der Aufstieg am zweiten Tag zum Dölma La ist nicht besonders steil, der Pass aber immerhin fünfeinhalbtausend Meter hoch.

Eine Tibeterin, die versucht, ihre Augen vor der Sonneneinstrahlung zu schützen.

Wenn man sich von dem grandiosen Blick losgerissen hat, sollte man ohne wesentlichen Zeitverzug starten, da nie so recht klar ist, wie sich das Wetter während des Aufstiegs zum Dölma La entwickeln wird. Im Herbst, im Oktober, ist es zwar am sichersten, doch sind die Tage leider schon auffallend kurz.

Nach kürzerem Aufstieg trifft man auf etwas, das einen, wenn man nichts davon ahnt und auch nichts von dergleichen weiß, sehr erstaunt. An einem riesigen Platz, der durch nichts Besonderes gekennzeichnet ist, findet man viel abgelegte Kleidung. Dies ist eine heilige Stätte, an der jeder Buddhist ein mehr oder weniger großes Kleidungsstück oder wenigstens einen Fetzen seiner Kleidung als Opfergabe hinterlegt. Manche schneiden sich auch eine Haarsträhne ab und hinterlegen diese. Der Grund liegt darin, dass damit der Seele während ihres 49-tägigen Aufenthaltes im Bardo Thödol, im »Zwischenzustand zwischen zwei Leben«, geholfen werden soll, bevor die Inkarnation erfolgt.

Nach dem Ermessen der Buddhisten soll das Leben, in das man wiedergeboren wird, möglichst auf einer höheren, wenigstens jedoch auf gleichwertiger, nach Möglichkeit aber nicht auf einer minderwertigeren Stufe stehen (siehe das Kapitel »Bhava chakra – das berühmte Rad des Lebens«, Seite 125).

Da die Buddhisten wie schließlich alle Menschen auf der Welt praktisch zu denken pflegen, findet man an den Kleiderablege-Stellen häufig Kinderkleidung. Dies deshalb, weil die Eltern annehmen, dass das inzwischen aus der Kleidung herausgewachsene Kind ihr letztes sei, das sie groß ziehen müssen. Die Anzahl der Kinder ist in Tibet bei weitem nicht so groß wie in niedrigeren Regionen Nepals und in Indien.

Hier lassen alle Buddhisten ein Kleidungsstück zurück, wenigstens einen Fetzen davon oder auch eine Haarsträhne.

## Weiter geht es …

… in nahezu gleichmäßiger Steilheit bergauf, bis das Gelände langsam etwas flacher wird und man schließlich den Dölma La (5470 m), den Pass der Dölma, erreicht. Es ist der Pass der »Retterin«, der bedeutendsten weiblichen Gottheit des tibetischen Buddhismus, die aus einer Träne des Avalokiteshvara hervorgegangen ist und allen Gläubigen hilft.

*Am Dölma La, dem höchsten Punkt der Kailash-Umrundung, wird geopfert im Glauben an eine gute, möglichst bessere Wiedergeburt.*

Wenn die Buddhisten den Dölma La erreichen, rufen sie »Ki ki, so so – la giallo«, so wie beim Erreichen eines jeden anderen Passes oder einer anderen heiligen Stätte. Sie umrunden ehrfurchtsvoll den großen Stein der Dölma, an dem sich viele aufgemalte Mantras und Gebetsfahnen befinden, und sie werfen sich mehrfach nieder, wenn es der Boden zulässt. Häufiger sieht man, wie die Gläubigen den Stein der Dölma mit der Stirn berühren. Meist bringen sie Opfergaben dar, indem sie Butter und/oder Tsampa an die größeren Opfersteine streichen. Auch Münzen und Papiergeld werden hinterlassen, indem sie mit Butter festgeklebt werden, ebenso wie Haarsträhnen. Besonders Gläubige klettern auch auf den Stein und hinterlassen dort ihre Opfergaben.

Auch hier am Dölma La wird ab und zu ein Kleidungsstück hinterlassen, eigenartigerweise sind es aber nur wenige. Gelegentlich stößt man auch auf gehörnte Schaf-, Ziegen- oder Yakschädel. Außerdem werden von nahezu jedem Buddhisten Gebetsfahnen (tib. »Darlog«) an den vielen Strängen, die vom Dölma-Stein und von anderen erhöhten Punkten zum Erdboden führen, hinterlassen, wo sich schon nahezu unendlich viele befinden. Der Wind treibt das sich vielfach wiederholende Gebet »Om mani padme hum« (= »Oh, du Juwel im

*Neben Gebetsfahnen werden vor allem auch Geldscheine zurückgelassen, letztere gut sichtbar platziert.*

*Jeder gläubige Buddhist – und jeder Buddhis ist gläubig – verehrt am Pass die Göttin Dölma.*

Lotos«, gemeint ist damit Avalokiteshvara) über die Berge. Jeder Buddhist will etwas Gutes tun, denn die Gebetsfahnen tragen den Wunsch für das Glück aller Lebewesen in alle Richtungen. Auf diese Weise bedanken sich die Gläubigen für den glücklichen Aufstieg und bitten für einen ebenso glücklichen Abstieg.

Wenn man Glück hat, trifft man auf Bön-Anhänger, die die Umrundung im Gegenuhrzeigersinn unternehmen. Sie sind seltener anzutreffen, da sie weit weniger verbreitet sind. Sowohl am Höhepunkt der Umrundung wie auch sonst ist zu erkennen, dass ihr Verhalten – von der Umrundungsrichtung abgesehen – nicht wesentlich verschieden ist gegenüber dem der Buddhisten.

*Gebetsfahnen – und immer wieder viele Gebetsfahnen.*

## Jenseits hinab

Auf der anderen Passseite, kurz unterhalb des Dölma La, trifft man auf einen See, bei niedrigem Wasserstand auch auf mehrere kleinere Seen, eigentlich eher Tümpel, die »Gauri Kund« genannt werden. Deren Wasser wird von den Gläubigen zur Seelenreinigung verwendet. Dies erfolgt korrekterweise mit einem Kübel Wasser über Kopf und Oberkörper. Da das Wasser meist eiskalt ist, wird diese seelische Reinigung recht selten vorgenommen. Auch die Tibeter lieben die Kälte nicht, obwohl sie diese viel besser aushalten als wir Europäer.

Gelegentlich trifft man auch auf Niederleger, allerdings weniger im Herbst, wenn es in der Nacht bereits recht kühl ist. Für die Umrundung braucht ein Niederleger immerhin gute vier Wochen, was schließlich dazu führt, dass die meisten Niederleger im Sommer unterwegs sind. Unabhängig von der Länge der geplanten Niederlegestrecke wird der Vor-

Eine Niederlegerin auf dem Weg rund um den Kailash. Sie hatte bereits mehr als drei Viertel des Weges hinter sich.

gang immer in der gleichen Weise vorgenommen. Ob dies die Umrundung der Stupa in Bodnath (Kathmandu) ist, die eines Klosters, die des Kailash, oder ob es darum geht sehr große Entfernungen zurückzulegen, um zum Beispiel Lhasa zu erreichen, bleibt gleich. Der Autor hat Niederleger erlebt, die ein Dreivierteljahr unterwegs waren, um Lhasa zu erreichen. Doch auch das wird streckenmäßig und zeitlich noch überboten. Manche Niederleger, meist nur einzelne, sind bis zu drei Jahre lang unterwegs.

Weiter bergab gelangt man in das Tobchen-Tal, wo man wieder auf grünes Gras trifft. Hier werden gewöhnlich die Zelte das letzte Mal aufgeschlagen. Die Yaks finden genug zum Fressen. Es kann durchaus passieren, dass am anderen Tag Zelte und Yaks eingeschneit sind. Den Yaks macht dies nichts weiter aus, die schütteln sich kurz und beginnen erneut mit dem Äsen.

## Der letzte Tag …

… der drei Tage dauernden Umrundung des Kailash beschert uns einen gemütlichen Ausklang. Bergab erreichen wir ohne große Anstrengungen bereits nach wenigen Stunden die Zutulpuk Gompa, wo der bereits erwähnte buddhistische Yogi und Dichter »Milarepa« längere Zeit verbracht hat. Er soll nach Ausübung der Schwarzen Magie schließlich den »Weißen Weg« gefunden haben, wobei seine Belehrung oft unbarmherzig, regelrecht grausam gewesen sein soll. Den Rest seines Lebens soll Milarepa dann überwiegend in der Einsamkeit, meist in Meditation versunken, verbracht haben.

◄ Die Zutulpuk Gompa, auf die man am letzten Tag trifft.

Der restliche Abstieg nach Darchen ist eine gemütliche Wanderung, wobei eigenartigerweise alle Einheimischen ein immer schneller werdendes Tempo vorlegen, als ob sie auf der letzten Wegstrecke noch einmal zeigen wollen, wozu sie fähig sind.

Die Einheimischen benötigen für die 55 Kilometer lange Umrundung des Kailash gerade einmal einen (!) Tag. Allerdings beginnen sie mit der Umrundung bereits kurz nach Mitternacht und gehen recht intensiv und ständig voran, etwa so wie die Yaks, von denen man immer annimmt, sie gingen recht langsam, was ein Irrtum ist.

Jede Umrundung eines Heiligtums – so auch die des Kailash – wird im Tibetischen als »Kora« bezeichnet.

## Die Umrundung des Manasarowar-Sees

Wenn man die Zeit hat, sollte man auch die Umwanderung des Manasarowar-Sees unternehmen. Diese ist zwar nicht so berühmt wie die des Kailash, aber nicht weniger interessant. Sven Hedin war von diesem See und der ihn umgebenden Landschaft derart fasziniert, dass er diese als »die harmonischste Landschaft der Welt« bezeichnet hat.

Man benötigt zur etwas mehr als hundert Kilometer langen Umwanderung vier Tage, wenn man sich die Klöster in Ruhe ansehen will. Man kann allerdings nicht überall am See entlang wandern, teilweise ist es recht sumpfig; so muss vor allem am nordöstlichen Ufer auf festeres Land ausgewichen werden.

Milarepa – immer an der rechten Hand am Ohr zu erkennen – wie er dem Widerhall seiner 100.000 Gesänge lauscht.

*Die Gossul Gompa wenig oberhalb des Manasarowar-Sees – rechts ein kleiner Teil der Bücherei.*

Üblicherweise nächtigt man das erste Mal am See, unterhalb der Tshiu Gompa (Tshiu = Vogel). Am nächsten Tag wandert man am See entlang nach Süden zur Gossul Gompa, die sich etwas oberhalb des Sees befindet. Die Lage und die Gompa selbst sind beeindruckend. Die Gossul Gompa ist die bedeutendste und glücklicherweise nach den Verwüstungen durch die Roten Garden wieder aufgebaut worden, ebenso wie die anderen beiden auf der Ost- und der Südseite des Sees. Insofern findet man allerdings keine historischen Besonderheiten.

Am Nachmittag macht man sich auf den Rückweg und nächtigt wieder unterhalb der Tshiu Gompa, deren Besichtigung in jedem Fall vor oder nach der Gossul Gompa empfohlen sei, weil sie ebenfalls sehr interessant ist. Ein wunderschöner Padmasambhava ist mit seinen wie immer auffallend großen Augen zu bewundern. Der historische Padmasambhava litt offensichtlich an der Basedowschen Krankheit, an Glotzaugen, die damals – weil auffallend selten – als etwas besonders Positives angesehen wurden und heute noch in den allermeisten Darstellungen Padmasambhavas deutlich zu erkennen sind.

Am zweiten Tag kommt man an den Ruinen der nahe am See gelegenen Cherkip Gompa vorbei und schließlich zur Gompa von Langbona. Nordöstlich des Sees muss aufgrund des großen Sumpfgeländes, das an den See anschließt, recht weit ausgewichen werden, bevor man anderntags wieder an den eigentlichen See gelangt.

Am dritten Tag geht es zur Seralung Gompa, einer Rotmützen-Gompa, im Osten des Sees. Eine Besichtigung ist unbedingt zu empfehlen, da die Rotmützen-Gompas weit seltener sind als die der Gelbmützen. Die Rotmützen sind die Anhänger der Nyingmapa-Schule, letztlich aber auch die der Kargyüpa- und die der Sakyapa-Schule, nur die weit verbreiteten Gelugpas, deren Oberhaupt der Dalai Lama ist, sind Geldmützen. Die Seralung Gompa ist wie alle anderen nach der Zerstörung durch die Roten Garden mit viel Enthusiasmus wieder aufgebaut worden.

Am vierten und letzten Tag muss ein breiterer, aber wenig tiefer Fluss durchquert werden (bei Hochwasser kann dies Probleme bereiten); es ist ein Abfluss aus dem Bereich der berühmten Tsangpo-Quelle. Schließlich geht es weiter über die Thugolho Gompa im Süden, die nicht immer zugänglich ist. Wenn man korrekt ist und die Umrundung komplettieren möchte, begeht man den ganzen Weg bis zur Gossul Gompa. Die meisten Trekker

*Die Tshiu Gompa – einzigartig oberhalb des Manasarowar-Sees gelegen – mit einer Statue des Padmasambhava.*

◄ *Die Durchquerung des Ganga Tshu, der Verbindung des Manasarowar-Sees mit dem Rakas-Tal.*

*Der Ganga Tshu soll angeblich in manchen Jahren ausgetrocknet sein.*

allerdings weichen südwestlich aus, was schließlich eine nicht ganz vollständige Seeumrundung ist.

Ein Bad im eiskalten See ist für Hindus immer anzustreben und gilt als rituelle Reinigung. Das komplette Untertauchen im See soll dazu dienen, eine höhere Stufe bei der künftigen Reinkarnation zu erreichen. Die Tibeter dagegen – obwohl an kältere Temperaturen durchaus gewöhnt – meiden ein Bad im See. Sie nehmen einige Schluck des heiligen Wassers zu sich und schütten sich den Rest ehrfurchtsvoll über den Kopf.

## Der Rakas-Tal

Der westlich des Manasarowar-Sees gelegene Rakas-Tal (»Tal«, nepal. = See) ist bei Weitem weniger berühmt und folglich weniger besucht. Dies dürfte auch mit dem Phänomen zusammenhängen, dass der Rakas-Tal, obwohl er vom Manasarowar-See nur durch eine teils schmälere, teils breitere hügelige Landbrücke getrennt ist, ein meist völlig anderes und zwar ein überwiegend schlechteres, raueres Wetter aufweist. Diese Wetterverhältnisse können dazu führen, dass man auf der Landbrücke in einen Schneesturm gerät, der über dem Rakas-Tal wütet, während am Manasarowar-See schönstes Wetter herrscht. Deshalb wohl widmen sich die meisten Buddhisten weit weniger dem Rakas-Tal als dem Manasarowar-See.

◄ *Der Rakas-Tal, der von vielen Buddhisten aufgrund des meist weniger günstigen Wetters weit seltener besucht wird als der Manasarowar-See.*

Die Verbindung beider Seen ist ein mäanderförmiger, flacher Wasserlauf im Bereich der nördlichen Enden der Seen, zu Füßen der Tshiu Gompa. Dieser Wasserlauf wird »Ganga Tshu« genannt. Mal führt der Fluss mehr, mal weniger Wasser. Manchmal trocknet er nach Angaben der Einheimischen auch völlig aus. Die Höhendifferenz zwischen beiden Seen beträgt nur wenige Meter. Der Manasarowar-See ist der höher gelegene.

## Eine erdgeschichtliche Besonderheit

Südlich des Manasarowar-Sees befindet sich ein hoher, markanter, breiter Berg, die Gurla Mandhata (tib. »Nam Nam Nji« = Gesang des Himmels). Der Berg liegt nahe der nepalischen Grenze und wenig weiter von der indischen Grenze entfernt. Die Höhenangabe ist noch uneinheitlich, meist wird eine Höhe von etwa 7728 Meter angegeben. Das Besondere an der Gurla Mandhata aber ist beim Blick von Norden der deutlich zu erkennende Hinweis auf die frühere und heute noch anhaltende Hebung des Himalaya.

Zur Erläuterung zunächst zurück in die Zeit vor 200 Millionen Jahren. Damals befanden sich alle Erdteile als zusammenhängende Landmasse etwa dort, wo sich heute der Südpol befindet. Dann zerbrach diese Landmasse

Am Manasarowar-See auf über 4500 Meter kann es im Oktober schon recht kühl sein.

Ein Steinausbruch – als »Shabtshe« verehrt (= Fußabdruck Buddhas).

in Kontinentalplatten, die angetrieben durch Konvektionsströme mit der Zeit langsam auseinander-, im weiteren Geschehen aber auch teilweise wieder gegeneinanderdrifteten. Diese Verschiebung der Kontinentalplatten ist ein langsamer, aber unentwegter Vorgang, der auch gegenwärtig noch stattfindet.

Die Kontinentalplatte, auf der das heutige Indien liegt, bewegte sich so in Richtung der eurasischen Platte, kollidierte vor etwa 35 Millionen Jahren mit dieser und schiebt sich seither unter diese. Dies führte sehr vereinfacht gesagt zu einer partiellen Anhebung der Landmasse (des Himalaya), die bis heute anhält. Der sich heute auftürmende Himalaya – und er befindet sich immer noch im »Wachstum« – gehört zur eurasischen Kontinentalplatte und lag vor 50 Millionen Jahren noch (wenn auch in anderer Form) am Grund des Tethysmeeres.

Nach den Berechnungen Ardito Desios (Seite 22–29) sind es jährlich gute fünf Zentimeter, die sich der indische Subkontinent unter die eurasische Platte schiebt. Dies heißt, dass Indien hochgerechnet alle 18 Jahre um einen Meter »kürzer« wird. Rechnet man dies über die Breite Indiens hoch, dort wo sich der Himalaya beginnt aufzutürmen, sind dies immerhin 2,4 Quadratkilometer innerhalb der genannten 18 Jahre.

Dass die Gesteine des Himalaya einst unter dem Meer lagen, verdeutlichen auch die Meeresfossilien, die Ammoniten, die im Himalaya gelegentlich zu finden sind, insbesondere im oberen Kali-Gandaki-Tal. Diese werden von den Einheimischen als »Shaligram« bezeichnet. Der Autor fand Ammoniten im Dolpo in über 4200 Meter Höhe. Der Geologe Noel Odell fand 1924 während der britischen Everest-Expedition einen Ammoniten auf der Nordseite des Mount Everest in einer Höhe von etwa 8000 Meter.

Die Theorie von der Kontinentalverschiebung geht auf Alfred Wegener zurück. Seine Theorie fand 1915, als Wegener sie in einem Buch publizierte, das immerhin vier Auflagen erfuhr, noch keine wissenschaftliche Anerkennung, wenn auch seine Thesen das Interesse vieler Normalbürger fanden. Die Fachwelt war damals noch zu sehr der Kontraktionstheorie des französischen Geologen Beaumont verhaftet. Nach dessen Theorie schrumpfte die Erde und bekam Falten, die Faltengebirge.

Doch ein Wissenschaftler erlaubte sich nach seinem eigenen Wissen eine Ausnahme. Es war der österreichische Geologe Otto Ampferer, der Wegeners Theorie unterstützte. Ampferer war kein geringerer als einer der beiden Erstbesteiger der Guglia di Brenta. Gemeinsam mit Karl Berger war ihm 1899 die epochemachende Erstbesteigung gelungen, die an die damalige Grenze des Menschenmöglichen im Fels führte, worauf die Schwierigkeitsskala um einen Grad erhöht wurde. Es war schließlich Ampferer, dem der Durchstieg durch die Schlusswand an der Guglia gelang, die bis dahin als undurchsteigbar gegolten hatte.

Zurück zu Alfred Wegener. Der sollte die Bestätigung seiner Theorie nicht mehr erleben. Er starb mit 50 Jahren 1930 im Grönlandeis auf dem Rückweg zur Ostküste. Sein Begleiter hat nach allem, was zu erkennen war, überlebt, ist aber nirgends mehr aufgetaucht. Die Theorie

Auf der Suche nach Ammoniten, die schon auf 8200 Meter Meereshöhe gefunden wurden.

Wegeners von der Kontinentalverschiebung setzte sich schließlich erst in den 1950er-Jahren langsam weltweit durch.

Schlussendlich nun zur eingangs erwähnten Gurla Mandhata. Diese besteht eigentlich aus zwei Bergen, genauer aus zwei Teilen eines Berges, die durch ein V-förmiges Tal voneinander getrennt sind. Die oberen Ränder beider Teile sind leicht gewellt und passen – wie auf einen Blick leicht zu erkennen ist – exakt aneinander. Beide Teile sind regelrecht kongruent (= deckungsgleich). Daraus lässt sich ableiten, dass der Meeresboden, der vor der Hebung an der Stelle der Gurla Mandhata existierte, bei der Hebung schlussendlich auseinander gebrochen ist. Wenn man den Grund wieder absenken könnte, würden sich beide Berge wieder zusammenfügen, passten exakt aneinander und würden wieder eins werden. Nirgends auf der Welt gibt es ein ähnlich deutliches Zeichen für die Hebung eines Gebirges.

Herbert Tichy versuchte 1936 auf seinem Weg zum Kailash die Gurla Mandhata mit dem Sherpa Kitar zu besteigen. Beide kamen am fünften Aufstiegstag bis auf 7200 Meter und mussten aufgrund ungünstiger Wetterbedingungen aufgeben. Hätten sie den Gipfel erreicht, wäre dies der damals höchste bestiegene Berg der Welt gewesen. Da Tichy die Reise heimlich, als Inder verkleidet, unternahm – sonst wäre sie nicht möglich gewesen – hätte ihm die Erstbesteigung der Gurla Mandhata, wie er später einmal meinte, sicher niemand geglaubt.

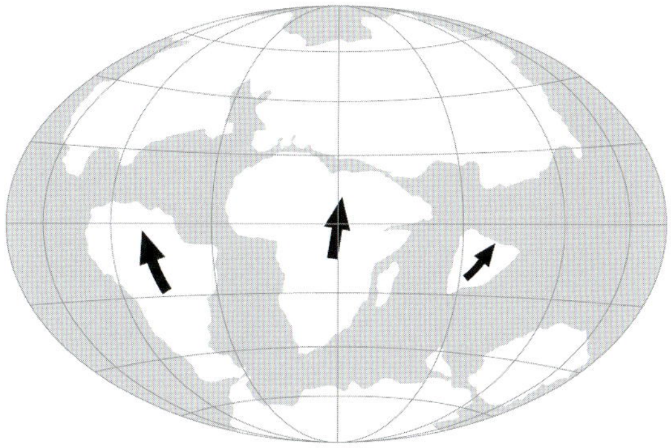

*Die Verteilung der Kontinente und deren Driftrichtung vor etwa hundert Millionen Jahren.*

*Die Gurla Mandhata, südlich des Manasarowar-Sees – deutlich zu erkennen die Abtrennung des kleineren, nördlichen Teils.*

# Von den Niederlegern

► *Der junge Bursche rechts hatte einen Unterschenkel amputiert.*

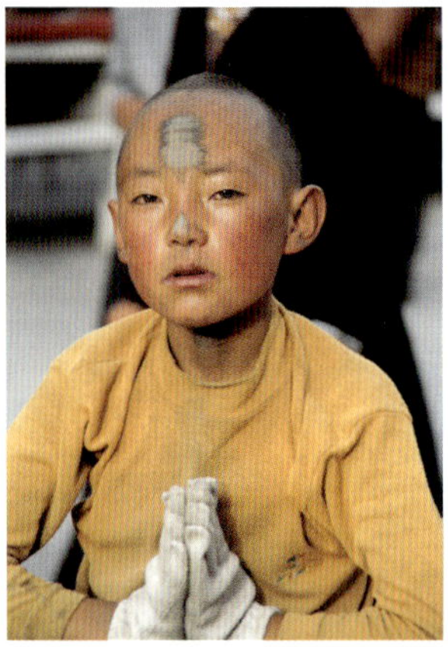

*Manche Niederleger berühren mit Stirn und Nase den Boden.*

*In Bodnath im Kathmandu-Tal sind die meisten Niederleger am Feierabend unterwegs.*

Die Buddhisten bedienen sich exotischer Übungen im religiösen Sinn. Eine davon ist die vielfache Niederlege-Übung (Prostration = liturgisches Niederstrecken, bei katholischen Priestern geschieht dies nur einmal, und zwar bei der Priesterweihe).

Der gläubige Buddhist dagegen legt sich eine gewisse Strecke, die durchaus recht lang bemessen sein kann, x-mal hintereinander mit ausgestreckten Armen nieder. Er misst die Strecke mit seiner Körperlänge plus Arme aus. Diese Übung ist mit der Zeit anstrengend. Sie kann kurz bemessen sein. Sie kann aber auch tage-, wochen- oder gar monatelang dauern, auch über ein, zwei Jahre hinausgehen. Einige Niederleger vollziehen diese Übung sogar länger als drei Jahre (!).

## Heinrich Harrer …

… hat während seines siebenjährigen Aufenthalts in Tibet in der Zeit bis nahezu Ende 1950 – bevor die Chinesen Tibet widerrechtlich vereinnahmt haben – über die Niederlege-Übungen berichtet. Der Lingkhor, die äußere Umrundung von Lhasa, die es größtenteils heute nicht mehr gibt, war acht Kilometer lang. Immer wieder zogen ganze Gruppen von Niederlegern auf dieser Strecke um Lhasa herum. Sie benötigten

dazu knappe drei Tage, wobei sich die Niederleger ungefähr 3500 Mal (!) niederlegen mussten. Der Parkhor, die innere Umrundung um den Choklakang, das größte Heiligtum Tibets, ist erheblich kürzer und wird von Gläubigen am Tag vielfach bewältigt. Da dort die meisten Touristen sind, haben die Niederleger durch Opfergaben ein brauchbares Auskommen.

Niederleger sieht man in Lhasa meist nur noch am Parkhor, besonders vor dem alten Eingang in den Choklakang, den bedeutendsten Tempel in ganz Tibet, sowie vor dem Potala und den übrigen größeren buddhistischen Heiligtümern und am winzigen Rest des Lingkhors. Auffallend ist immer wieder, dass auch jüngere Menschen darunter sind, Frauen und Männer.

## Bei den Niederlege-Übungen, …

…die länger als einen Tag dauern, beginnt man am nächsten Tag an der Stelle, wo man tags zuvor aufgehört hat. Ich traf einmal etwa 300 Kilometer östlich von Lhasa auf zwei Tibeter, die bereits 800 Kilometer hinter sich hatten und dazu ein Dreivierteljahr gebraucht hatten. Sie waren immer noch mehr als 300 Kilometer von ihrem Ziel – dem Choklakang in Lhasa – entfernt, was sie noch einmal gute drei Monate gekostet haben dürfte. Sie hatten grob geschätzt immer noch 150.000 Niederlege-Übungen vor sich. Mit den üblicherweise notwendigen Pausen schafft man etwa 150 pro Stunde, am ganzen Tag gerade einmal etwa 1200. Das ist ein Verhältnis im Vorwärtskommen von etwa 15:1 zwischen normalem Gehen und Niederlegen.

Die Niederleger bekommen von Anwohnern oder Passanten gelegentlich Geld zugesteckt, auf dem Land eher etwas Essbares. In Kham bin ich auf Niederleger gestoßen, die schon mehr als ein halbes Jahr unterwegs waren, und sie waren bester Dinge, auch den Rest von noch etwa einem Dreivierteljahr bis nach Lhasa hinter sich zu bringen. Da die Gruppe aus mehreren Frauen und Männern bestand, die natürlich einiges mitführen mussten, insbesondere für die kalten Nächte – es musste ein Pass von über 4400 Meter überwunden werden – zog jeden Tag ein anderer einen zweirädrigen Karren, worauf ihr weniges Mitgeführte transportiert wurde. Die anderen machten in kleineren Gruppen ihre Niederlege-Übungen. Für den, der den Karren zog, war dies aufgrund der erheblich geringeren körperlichen Anstrengung jeweils ein Erholungstag.

## Rationalisierung

Ich erlebte einmal am Parkhor einen besonderen Niederleger. Der hatte sich seine Hände – wie alle anderen Niederleger auch – mit Handschuhen geschützt. Die waren sehr stabil. An den Handflächen bestanden sie aus einem stabilen Holzbrett. Seinen Körper schützte er – wie alle anderen ebenfalls – mit einer langen Schürze. Diese war bei ihm aus Leder. Er ging vor jedem Niederlegen zunächst einmal drei Schritte zurück. Dann nahm er Anlauf, warf sich dort, von wo er zurückgegangen war, auf den Boden und rutschte so durch Schwung in einer kleineren Staubwolke etwa einen guten halben Meter weiter als dies bei normalem Niederlegen seiner Körperlänge entsprochen hätte. So konnte er mit jeder Niederlegung etwa das Eineinhalbfache seiner Körperlänge zurücklegen und war damit erheblich schneller als ein normaler Niederleger.

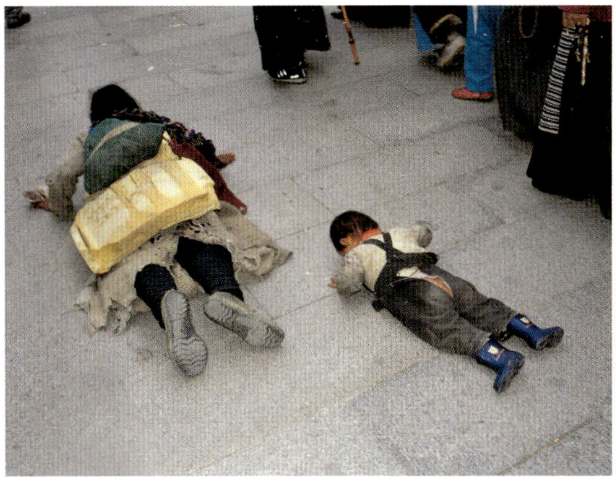

*Eine Mutter mit ihrem Buben auf dem Parkhor in Lhasa.*

Es gibt auch Niederleger, die die Bußübung für andere, reichere Tibeter durchführen, die dafür keine Zeit haben. Dafür erhalten sie ein angemessenes Entgelt. Auch im Christentum, bei den Katholiken, lässt man gelegentlich beten und zahlt dafür, wenn einem die Zeit zu knapp ist. Überall auf der Welt das Gleiche.

Wenn man den Niederlegern ein kleines Entgelt zusteckt, dann sollte man wissen, dass keinerlei Dankeswort zu vernehmen ist, das ist in solchen und vielen anderen Fällen unter den Einheimischen nicht üblich. Dafür wird der Geldbetrag mit einer leichten Verbeugung an die Stirn geführt und im Brustbereich des Gewandes verstaut – das übliche Verhalten bei Dankbarkeit.

*Auch begüterte Tibeter sind als Niederleger unterwegs.*

## Eine Gruppe von Niederlegern …

… erlebte ich einmal am Parkhor. Die maßen die Niederlege-Strecke mit ihrer Körperbreite (!) aus. Dazu benötigten sie viermal so lang wie ein Niederleger mit seiner Körper-

*Niederlege-Übungen vor dem Choklakang in Lhasa, dem bedeutendsten Tempel in Tibet.*

*Fünf Niederleger, die den Parkhor mit ihrer Körperbreite ausmaßen; den Kleinsten hatten sie in die Mitte genommen.*

länge. Den Kleinsten – etwa sieben Jahre alt – hatten sie in die Mitte genommen. Der Größte, der gleichzeitig der Älteste war, führte die Gruppe an. Der – und nur der bekam immer wieder einmal von vorbeigehenden Passanten einen Geldschein zugesteckt.

Was machte er? Zunächst sah er sich den Geldschein an und begann offensichtlich mit dem Rechnen. Dies dauerte einige Zeit. Dann ließ er den Geldschein in einer Hosentasche verschwinden, holte aus der anderen Kleingeld heraus und gab jedem seiner Begleiter einen angemessenen Anteil. Der Kleinste allerdings bekam nur bei jedem dritten oder vierten Mal etwas ab – wie das mit den Kleinen überall auf der Welt so gemacht wird.

*Wer solche Handschuhe trägt, ist meist auf einer längeren Strecke unterwegs.*

Niederleger, die die Pilgerstrecke mit ihrer Körperbreite ausmessen, haben das Gesicht immer in Richtung des Heiligtums gerichtet. Die Umrundung erfolgt im Uhrzeigersinn wie das Drehen der Gebetsmühle. Solche Übungen werden allerdings nur auf kürzeren Parikramas durchgeführt, so zum Beispiel um Bodnath, die größte aller Stupas im Kathmandu-Tal. Nicht etwa um den Kailash oder andere höher gelegene Berge, da dies in den Wintermonaten unmöglich wäre und mit dem Niederlegen ausgesetzt werden müsste.

## Im Norden Tibets

Es war zum tibetischen Neujahrsfest Ende Januar / Anfang Februar, wenn es nicht übermäßig warm ist. Auf dem Parkhor in Labrang hatte eine Niederlegerin ihr Kleinkind gut eingepackt und jeweils 50 Meter voraus seitlich ablegt. Während sie ihre Übungen vollführte, war das Kleine friedlich und hat ruhig geschlummert.

Während längerer Pilgerwege müssen die Niederleger natürlich ihre Habe mitführen, in der Regel ein kleines Bündel, das sie jeweils etwa 50 bis 100 Meter vorantragen und seitlich ablegen. Wenn sie es mit den Niederlege-Übungen erreicht haben, machen sie weiter, bis sie etwa die gleiche Entfernung hinter sich haben, um es dann wieder in einer Pause zu holen und abermals vorauszutragen. Währenddessen können sie sich auch etwas ausruhen und mit anderen einen kleinen Schwatz halten.

Wenn man dies als Zuschauer erlebt, wird man beeindruckt sein von der Inbrunst, aber

*Zwei Niederleger/innen auf dem Weg rund um den Amnje Machin (6282 m).*

*► Zwei Niederleger auf dem Weg nach Lhasa, sie hatten grob überschlagen noch ein halbes Jahr vor sich.*

genauso auch von der Lockerheit, mit der die Bußübungen durchgeführt werden. Es gibt keineswegs ernste oder gar verbissene Gesichter. Man unterhält sich zwischendurch beim Ausruhen über alles Mögliche und lacht über Scherze. Dabei muss der Plausch nicht unbedingt etwas mit dem gläubigen Verhalten zu tun haben. Man könnte glauben, es ist eine rein körperliche, keinerlei religiöse Übung. Zwischendurch sprechen die Tibeter über alles, was sie bewegt. Oder es wird abseits des Weges etwas gegessen. Alles geschieht ganz natürlich.

## In Ladakh

In der Hauptstadt Leh kann man Niederlege-Übungen größerer Menschenmassen erleben. Zur tibetisch-buddhistischen Jahreswende ziehen Hunderte von Niederlegern gemeinsam durch den Ort und um den nordöstlichen Teil der Stadt herum. Dies dauert zwei Tage. Zur Erleichterung zwischendurch werden von Händlern Tische und Stühle aufgestellt und zur Stärkung Buttertee angeboten. Diese Niederlege-Übungen werden vorne und hinten, ebenso wie seitlich, von Polizisten begleitet, die dafür sorgen, dass der Verkehr umgeleitet wird.

Mehrere Vor-Niederleger gehen voran und geben das Tempo an. Alle legen sich wie auf Kommando jeweils zur gleichen Zeit nieder und erheben sich zur gleichen Zeit wieder. Nahezu so, als wäre es militärisch eingeübt. Wenn einer einen zeitlichen Fehler macht und so nicht ganz zum allgemeinen Verhalten passt, bemüht er sich so schnell wie möglich, sich wieder anzupassen. Zwischendurch werden auch immer wieder Pausen eingelegt. Denn das ständige Niederlegen ermüdet beachtlich. Ärmere Nomaden machen ihre Niederlege-Übungen direkt neben reichen Kaufleuten. Heinrich Harrer hat es seinerzeit in Tibet erlebt. Eine der Schwestern des Dalai Lama – dessen Familie aufgrund seiner obersten buddhistischen Stellung zu den angesehensten Familien in Lhasa zählte – war neben einer armen Nomadenfrau unterwegs, »um ohne Unterschied von Rang und Stand Buße zu tun«.

*Auf dem Parkhor in Lhasa – den Niederlegern wird immer wieder etwas zugesteckt.*

*Niederlege-Übungen in Leh – einige Hundert Niederleger, Männer und Frauen, jung und alt, sind zwei Tage lang unterwegs; die Polizei (siehe linkes Bild) achtet darauf, dass alles seine Ordnung hat.*

# Über die Bestattungsriten im Himalaya

*Die Verbrennung eines verstorbenen Hindu ist für westliche Menschen, die dies das erste Mal miterleben, in der Regel recht ungewöhnlich.*

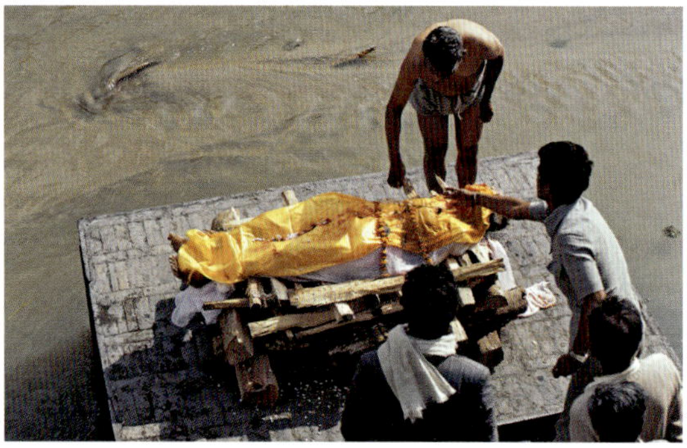

*Eine solche Verbrennung erfolgt ohne jede Ansprache, ohne eine besondere Trauerfeier, letztlich ohne erkennbare Trauer, da man im Glauben der Einheimischen wiedergeboren wird. Auch eine Trauergemeinde wie bei uns kennt man ebenfalls nicht. Bei höheren, politischen Würdenträgern erscheinen eine Militärkapelle, die ein Trauerstück spielt, und schließlich viele Zuschauer. Eine bescheidene Stille wie bei uns kennt man nicht. Das Leben nebenher, in unmittelbarer Umgebung, nimmt seinen gewohnten Gang.*

Andere Länder – andere Sitten. Dies trifft auch auf die »Beerdigungszeremonien« zu, besonders für die im buddhistischen Kulturkreis. Beerdigungen wie bei uns gibt es praktisch nicht (nur bei christlichen und muslimischen Minderheiten). Wenn der Titel dieses Buches »Im Himalaya ist vieles anders« auf etwas zutrifft, dann in jedem Fall auf die Bestattungsriten.

Kein toter Hindu oder Buddhist kommt unter die Erde. Ausgenommen Diebe und Mörder oder die Toten nach einem Massensterben. Wenn man einer Leichenbestattung beiwohnen möchte, sollte man gute Nerven haben. Für die Beseitigung der menschlichen Überreste werden unterschiedliche rituelle Methoden angewandt, je nachdem, ob es sich um Hindus oder Buddhisten handelt. Bei Buddhisten hängt es zudem davon ab, in welchem Landstrich die Bestattung stattfindet, ob in Nepal, Ladakh oder in Tibet.

## Hindus in Nepal

Sie werden in ein Tuch eingewickelt und an einem Flussufer auf einem Holzpodest aufgebahrt, das in seiner Länge der Körperlänge des Toten entspricht. Aufgebahrt wird mit den Füßen in Flussrichtung. Nach der Verbrennung des Leichnams erfolgt die Beseitigung des Restes, also der Asche und der kleineren, nicht völlig verbrannten Knochenstücke, kurzerhand im Fluss.

Die Leichen vornehmerer Bevölkerungskreise in Kathmandu werden nach Pashupatinath ans Ufer des Bagmati gebracht. Die Leiche ist ebenfalls in Tücher eingehüllt. Das Gesicht ist bei der Verbrennung bedeckt. Ein Hindu-Priester und der älteste Mann der Familie – ersterer voran – gehen dreimal mit einem brennenden Stück Holz im Uhrzeigersinn um den auf einem Holzstoß befindlichen Leichnam. Gibt es in der Familie des Toten keinen Familienältesten, übernimmt diese Rolle ein naher Verwandter. Frauen und andere Familienangehörige sind nicht zugegen. Der Mann zündet den Holzstoß an und kümmert sich darum, dass Holz

*Das Feuer muss am Brennen gehalten werden, bis vom Leichnam nichts mehr übrig ist.*

und Leiche völlig verbrennen. Dabei wird dem Holzstoß meist etwas Butter, Honig, Zucker und Yoghurt beigegeben. Schließlich geschieht alles ohne Eile und ohne Beileidsbezeugung. In Nepal ist vieles anders als bei uns – und man hat Zeit.

## Zuschauer

Bei den Verbrennungen in Pashupatinath sind meist auch Fremde aus Europa, den USA und sonst woher zugegen. Das für Nicht-Hinduisten unbekannte Verkrümmen des Leichnams aufgrund der Hitze erschrickt die Fremden immer wieder einmal, weil sie auf diese Weise den Eindruck gewinnen, »die Leiche hat sich ja bewegt – die ist noch gar nicht tot«.

Schließlich dauert es einige Zeit, bis die Leiche und das Holz verbrannt sind. Asche und alle Holzreste werden dem Fluss übergeben. Obwohl die Holzreste für die nächste Verbrennung verwendet werden könnten, trennt man sich von diesen, weil es Unglück bringen würde. Der älteste Mann der Familie entnimmt dem Verbrennungsplatz ein kleines Knochenstück, wickelt es in ein Tuch und verschnürt es fest. Dieses gibt er von Hand in den Fluss. Ist der Fluss weder tief noch reißend, sondern ausreichend seicht und langsam dahin fließend wie der Bagmati in Pashupatinath, wird das eingewickelte Knochenstück mit der Asche von Hand im Boden des Flusses versenkt.

Der älteste Mann der Familie, der die Verbrennungszeremonie durchführt, darf kein Leder tragen und er darf nicht berührt werden. Er darf ferner 13 Tage nicht in einem Bett schlafen, sondern auf Stroh. Er darf ein Jahr keinen Alkohol zu sich nehmen und kein

*Der Älteste der Familie, der die Verbrennung vornimmt, lässt sich zur Trauer alle Haare bis auf einen dünnen Büschel scheren; wenn die Haare nachgewachsen sind, ist die Trauer beendet.*

*◄ Zum Schluss werden die Asche und das restliche Holz in den Fluss befördert.*

*Vorbereitung der Verbrennung eines angesehenen, zu Lebzeiten wohlhabenden Hindu – in solchen Fällen gibt es immer zahlreiche Zuschauer.*

*Wenige Meter neben einer Leichenverbrennung waschen sich zwei Kinder seelenruhig und vergnügt im seichten Bagmati.*

Fleisch essen. Er muss sich seinen Kopf scheren lassen, wobei am Hinterkopf eine Strähne, etwa fingerdick, nicht abgetrennt wird. Wenn das Haar nachgewachsen ist, gilt die Trauer als beendet.

Die Brücke über den Bagmati in Pashupatinath trennt die Verbrennungsplätze auf der rechten Flussseite in zwei Gruppen. Die beiden Podeste flussaufwärts sind nur für allerhöchste Persönlichkeiten vorgesehen wie Minister, Generäle und andere hohe Würdenträger. Die flussabwärts auf beiden Seiten für alle anderen, für Normalsterbliche. Sandelholz können sich nur die sehr Reichen leisten.

## Buddhisten in Nepal

Die Bestattungsriten der Buddhisten haben sich in Nepal jenen der Hindus angepasst. Der Leichnam wird ebenfalls auf einem Holzstoß verbrannt, jedoch auf einem quadratischen. Der Leichnam wird in Embryohaltung verschnürt transportiert und auch so »sitzend« auf dem Holzstoß platziert, nicht liegend wie bei den Hindus. Die Verbrennung erfolgt sonst auf die gleiche Weise, jedoch ohne zum Schluss etwas Asche und ein Knochenstück dem Fluss zu übergeben.

Wenn ein Lama verbrannt wird, vermischt man die Asche und zermahlenes Knochenmehl mit Lehm sowie mit wenig Wasser und fertigt daraus mit einer recht kunstvoll gestalteten, metallenen Negativform ein »Tsa-tsa«.

Das sind kleine, einseitig mit Reliefs verzierte Täfelchen. Sie werden in der Größenordnung von wenigen Quadratzentimetern bis gut handtellergroß hergestellt und nicht gebrannt, sondern nur an der Luft getrocknet. Ihre Anfertigung gilt als verdienstvolles, buddhistisches Tun. Dargestellt sind meist Buddhafiguren oder andere buddhistische Gottheiten. Besonders wertvolle sind bemalt oder mit Goldpuder bestreut. Diese Votivgaben werden daheim in der Gebetsecke oder in größeren Häusern im Gebetsraum als Devotionalie aufgestellt. Auch in einem »Gau« kann ein Tsa-tsa aufbewahrt werden. Ein Gau ist ein kunstvoll gefertigtes, kleineres oder auch etwas größeres Metallkästchen. Die kleineren werden am Hals getragen, größere an einem Band über der Schulter.

Die Tsa-tsas werden außerdem auch an heiligen Orten, in den Nischen von Tschorten, in Höhlen, wo früher Lamas gehaust haben,

*► Verbrennung eines buddhistischen Leichnams – wie üblich in sitzender (!) Stellung.*

*Zwischendurch wird Abfall in den Bagmati gekippt.*

oder an sonstigen buddhistisch bedeutenden Örtlichkeiten platziert.

Dies immer zur ehrfurchtsvollen Erinnerung an den Toten. Ein Vermerk, um welchen Toten es sich dabei handelt, erfolgt am Tsa-tsa jedoch nicht.

## Buddhisten in Ladakh

Die übliche »Bestattung« erfolgt in Ladakh auf ähnliche Weise wie in Nepal. Der Leichnam wird verbrannt, was als Himmelsbegräbnis, als »schnelle Beförderung in den Himmel« gilt. Zunächst wird der Leichnam in Embryohaltung zusammengebunden und in einen innen mit Blumen ausgeschmückten Holzkasten gesetzt und verschlossen. In Ladakh hat jede Familie einen eigenen Verbrennungsofen (auf Ladakhi »Romkhang«), der sich gemeinsam mit den Öfen anderer Familien jeweils außerhalb, abseits der Ortschaften, in einem sonst nicht genutzten Gelände befindet.

Auf dem Weg von Leh nach Thiksey kommt man nach der Shey Gompa, die sich oberhalb befindet, an einer solchen »Bestattungsgegend« vorbei, die sich links der Straße befindet. Nach einer rituellen Zeremonie verlassen alle den Verbrennungsort, ausgenommen die Mönche. Der Leichnam wird in den Verbrennungsofen gesetzt und verbrannt. Noch bevor das Feuer verglimmt, verlassen auch die Mönche den Ort. Frauen nehmen an der Verbrennung nicht teil.

Einige Tage später, meist sind es vier Tage, finden sich die Mönche abermals am Verbrennungsofen ein. Sie mischen die verbliebene Asche mit Lehm und etwas Wasser und formen daraus wie bereits beschrieben ein recht kunstvoll gestaltetes »Tsa-tsa«, das zur Erinnerung an den Toten verehrt wird.

*Verschiedene Tsa-tsas, die von der Größe eines Fingergliedes bis zu riesiger Handtellergröße reichen können.*

*Metallene Negativ-Formen zur Herstellung von Tsa-tsas.*

*Vornehme und einfachere Leichenverbrennungsöfen in Ladakh.*

Wenn sich am Morgen an der Leichenzerstückelungsstelle etwas rührt, sind die Geier sofort zur Stelle.

Nur Verbrecher, Kriminelle und von Seuchen Befallene werden begraben, damit diesen der Eingang in eine Wiedergeburt verwehrt wird. Bei von Seuchen Befallenen können es viele sein, wodurch auch Holz gespart wird, das in Tibet immer knapp ist.

## Normalsterbliche in Tibet

► Ein Mönch ist gewöhnlich immer dabei.

Werden die Geier hinzugelassen, stürzen sie sich wie wild auf den Leichnam.

Die für Europäer wohl befremdlichste Bestattungsweise wird im tibetischen Kulturkreis praktiziert. Der Leichnam wird zunächst mindestens drei Tage lang im Haus belassen, um ausreichend Zeit für die Totengebete zu haben (und um einen Scheintodzustand auszuschließen).

Danach wird der Leichnam am frühen Morgen von einem professionellen Leichenzerstückler (auch: Leichenschneider, tib. »Ragyapa«) in Embryohaltung zusammengeschnürt, in Tücher gehüllt und auf dem Rücken zu einer »seit ewigen Zeiten bestimmten« Stelle gebracht, die auch »Mandala« genannt wird. Dies ist immer ein recht abseits gelegener Platz, z.B. ein flacher Fels oder auch der höchste Punkt eines Hügels, gelegentlich mit einem Tschorten gekennzeichnet und immer mit Gebetsfahnen geschmückt. Die Geier kennen diese Stellen (meist sind es Bartgeier, auch Lämmergeier genannt), sie warten jeden Morgen auf eine Leichenzerstückelung.

Die Geier, die einen Leichnam über größere Distanz erkennen und sich am liebsten sofort darauf stürzen würden, werden von einigen Helfern mit Stöcken zunächst zur Seite gedrängt. Frauen sind mittätig. Eine Trauergemeinde ist nicht zugegen.

Der Leichenzerstückler gehört einer niedrigen, eher verachteten Kaste an. Meist lebt er außerhalb der üblichen Dorfgemeinschaft. Der Beruf wird vererbt. Beim Tod eines Leichenzerstücklers – so die Meinung der Tibeter – geht die Seele in einen Tierleib über oder in den Körper eines schlechten Menschen. Die erduldeten Erniedrigungen können aber auch dazu beitragen, ihm ein noch schwereres Schicksal im nächsten Leben, nach seiner Wiedergeburt, zu ersparen.

## Der Beginn

Schließlich wird der Leichnam an der Zerstückelungsstelle niedergelegt. Da er meist in Embryostellung transportiert und zuvor so aufbewahrt wird, bedarf es beachtlicher Mühe, den Leichnam gerade zu richten, da die Totenstarre bereits eingesetzt hat.

Bevor der Leichzerstückler mit seiner Arbeit beginnen kann, wird von einem Mönch dem Leichnam meist ein stark vereinfachtes »Mandala« auf die Brust gemalt. Dies ist eine quadratisch in einem äußeren Kreis dargestellte »Daseinssphäre« buddhistischer Gottheiten. Daraufhin lässt sich der Mönch in unmittelbarer Nähe, in der Regel etwas oberhalb, nieder, murmelt immer wieder Gebete und bewegt die Doppelschädelschalentrommel.

Derweil werden die Geier, die bereits in unmittelbare Nähe herangeflogen sind und gierig warten, mit Gerten und Stöcken im Zaum gehalten. Denn die würden sich sofort auf den Leichnam stürzen. Schließlich kann der Leichenzerstückler mit seiner Arbeit beginnen. Mit einem Messer trennt er die Brust quer (!) auf und entnimmt die inneren Organe, die er neben der Leiche platziert. Danach tritt der Leichenzerstückler zur Seite und die Helfer, welche die gierigen Geier bisher im Zaum gehalten haben, geben diesen den Weg frei. Die stürzen sich wie besessen auf den Leichnam, sodass aufgrund ihrer Vielzahl und ihrer riesigen, größenteils ausgestreckten Flügel vom Leichnam nichts mehr zu sehen ist. Man hat den Eindruck, vom Leichnam wird gleich nichts mehr da sein. Doch der Schein trügt.

## Es wiederholt sich

Nach wenigen Minuten scheucht der Leichenzerstückler die Geier wieder weg und die Geieraufpasser halten diese wieder im Zaum. Der Leichenzerstückler beginnt abermals mit der Arbeit, zerkleinert die Leiche weiter, indem er zunächst Fleischstücke entnimmt, die er für die Geier ebenfalls neben der Leiche lässt. Er hat dabei keinerlei Eile. Die folgende Pause, während der die Geier wieder zur Leiche gelassen werden, nutzt der Leichenzerstückler gewöhnlich, um sein Messer an einem Stein nachzuschärfen. Man hat den Eindruck, dass seine Tätigkeit die eines gewöhnlichen Handwerkers ist. Man sieht auch deutlich, dass er sein Geschäft beherrscht und dass ihm dieses nicht das Geringste ausmacht.

Weiteres Fleisch wird dem Leichnam entnommen, wobei auch die Glieder drankommen. Später gibt der Leichenzerstückler abermals den Hinweis, die Geier herbeizulassen. Die stürzen sich wieder auf den Leichnam bzw. auf das, was von diesem noch vorhanden ist. Und so geht dies mehrfach fort, bis die Knochen peinlich von jedem Fleisch befreit sind. Diese werden mit einem Stein, heutzutage eher mit einem Hammer, zerhackt, in kleine Stücke zermalmt und mit Tsampa – das ist Gerstenmehl – vermischt,

▲ *Die Arbeit – die schließlich getan werden muss – erfolgt so selbstverständlich wie die eines jeden anderen Arbeiters.*

*Wenn die Geier über den Leichnam herfallen, ist von diesem nichts mehr zu sehen.*

◄ *Wenn sich die Geier wieder auf den Leichnam stürzen, wird schwereres Zerstückelungsgerät herbeigebracht.*

*Nachschärfen ist zwischendurch immer wieder einmal angesagt.*

Die Geier warten jeden Morgen hungrig – doch nicht an jedem Morgen gibt es was für sie.

► Auch in der naiven Sherpa-Malerei wird die Leichenzerstückelung als letzter, ganz normaler Lebensvorgang dargestellt.

weil die Geier sonst die zermahlenen Knochen nicht fressen würden. Der Tote soll komplett vertilgt werden. Es soll von ihm nichts übrig bleiben. Im Glauben der Tibeter hat der Körper ohne Seele keinerlei Sinn mehr.

## Zum Schluss …

… wird schließlich noch der Kopf des Leichnams vom Mönch mit einer langen, stabilen Nadel in der Mitte des Schädeldaches durchstoßen. Auf diese Weise kann das Bewusstsein austreten. Schließlich wird der Schädel mehr oder weniger zerschlagen und insbesondere das Gehirn den Geiern überlassen.

Aufgrund der Totensezierung kannten die Tibeter die inneren menschlichen Organe schon zur Zeit des Mittelalters recht gut. Dies ist durch entsprechende Medizinthankas belegt. Zu dieser Zeit herrschte in Europa noch völlige Unwissenheit darüber, weil die Kirche im Sezieren toter Menschen einen Gottesfrevel sah und dies verboten hatte. An den ersten europäischen Universitäten haben die Mediziner noch heimlich sezieren müssen. So gab es z.B. in der Universität von Padua für den Fall einer Überraschung durch kirchliche Obere einen Hebel, der den Tisch, auf dem sich das Seziergut befand, nach unten klappen ließ, sodass alles, was sich auf dem Tisch befand, durch einen Kanal im darunter befindlichen Fluss verschwinden konnte.

Die Arbeit des Leichenzerstücklers ist recht mühsam und dauert seine Zeit.

## Gutes tun mit dem letzten

Die »Bestattung« durch die Geier ist in Tibet auch insofern naheliegend, weil Holz (für eine Verbrennung) selten zur Verfügung steht und viel zu teuer ist und weil der Boden (für eine Beerdigung) oft felsig und in den Wintermonaten gefroren ist.

Mit der Zerstückelung erlaubt man dem Toten, mit dem letzten, was er besitzt, Gutes für sein Umfeld zu tun. Also nichts anderes als Verdienste zu erwerben, indem er den Geiern als Nahrung dient. Dies führt nach dem Glauben der Tibeter zum Seelenfrieden des Toten.

Die Himmelsbestattung veranschaulicht den Tibetern deutlich – im Gegensatz zu unserer westlichen Beerdigung – die Vergänglichkeit des Menschen bzw. die unumstößliche Gewissheit des Todes.

Es geschieht nicht alle Tage, dass Fremde einer Leichenzerstückelung beiwohnen. Diese wird – wie bereits erwähnt – immer an besonders abgelegenen Plätzen meist ohne die Anwesenheit von Fremden vorgenommen. Ich habe immerhin 38 (!) Jahre darauf warten müssen. (Nur einmal zuvor konnte ich aus sehr großer Entfernung eine Leichenzerstückelung in der Nähe von Lhasa beobachten, wovon man allerdings nicht viel sah.) Dafür konnten wir in diesem Fall aus weniger als zehn Metern Entfernung der Zerstückelung beiwohnen. Keiner meiner Trekkinggruppe hatte dies zuvor erlebt, und keiner hat während der ganzen Zeit – wir waren allesamt sehr beeindruckt – auch nur ein einziges Wort von sich gegeben.

An solchen Leichenzerstückelungsplätzen, die gewöhnlich sonst nicht aufgesucht werden, findet man immer wieder noch vereinzelte Knochen. Häufig sind es Schädelknochen. Die Tibeter sind keineswegs zimperlich. Für den Buddhisten hat der Tod anderer nicht den Schrecken wie für die Menschen in der westlichen Welt. Auf jeden Fall wird das Bedauern nicht so auffallend zur Schau gestellt wie bei uns. Im Glauben der Buddhisten wird der Mensch ja wiedergeboren. Und der durch den Verlust verursachte Schmerz wird mehr oder weniger mit der Überzeugung einer baldigen Wiedergeburt – nach 49 Tagen – verdrängt.

*Eine menschliche Schädelschale (tib. »Thodpa«) für buddhistische Weiherituale, die oft mit Silber und Halbedelsteinen verziert ist – sowie eine Knochentrompete (tib. »Rangdung«) aus einem menschlichen Oberschenkelknochen, die zur Geister- und Dämonenaustreibung dient.*

## Geistliche in Tibet

Nur inkarnierte Lamas oder andere hohe geistliche Würdenträger werden verbrannt Dies deshalb, weil – wie bereits erwähnt – in vielen Teilen Tibets keinerlei Holz wächst, in anderen Teilen sehr wenig. Folglich ist Holz sehr, sehr kostbar und teuer.

Der Leichnam der höheren und natürlich der höchsten Lamas, beispielsweise der des Dalai Lama und der des Panchen Lama, werden nicht (!) verbrannt. Der Leichnam wird in Sitzstellung balsamiert und nach längerer Zeit, nach ein, zwei oder gar drei Jahren, in einem Tschorten eingemauert. Die Dalai Lamas bisher im Potala und die Panchen Lamas im Kloster Taschilunpo, in Shigatse. Die riesengroßen Tschorten sind mit massivem Silberblech beschlagen und reich verziert mit riesigen, Fremden als weit überdimensional anmutenden Halbedelsteinen sowie mit auffallenden Reliefdarstellungen, diese teilweise aus Goldblech geformt.

Der Ritus läuft wie folgt ab. Zunächst wird der Leichnam gewaschen, nach alten Riten

*Das riesige Kloster Tashilunpo ist ebenso sehenswert wie der Potala in Lhasa.*

Die Gebäude sind auffallend prachtvoll gestaltet – ein Vormittag reicht kaum für eine Besichtigung, will man nicht nur hindurchrennen.

ausgeweidet und mit einer Quecksilberlösung behandelt. Ferner wird der Leichnam mittels eines Gestells, das in den Leichnam eingebracht wird, aufrecht sitzend, und zwar im Lotossitz, einbalsamiert. Die Haare werden schwarz gefärbt. Der Leichnam wird in Gewänder gekleidet, die seinem hohen Rang zu Lebzeiten entsprachen. Die Hände ruhen auf den Knien der gekreuzten Beine. In den Händen hält der Leichnam die Ritualgegenstände »Ghanta« (= die Glocke) und den »Dorche« (= das Diamantzepter, siehe nachfolgend) oder den »Phurbu« (= den dreikantigen Zauberdolch). Die Augen sind geöffnet. Die Hände und das Gesicht sowie der Hals sind, soweit letzterer sichtbar ist, goldbemalt.

Offensichtlich besteht hier ein Zusammenhang mit der Goldbemalung kostbarer Statuen. Deren Gesicht und Hals sind ebenfalls goldbemalt im Gegensatz zum übrigen Teil der Bronzestatuen, die – wenn vollständig vergoldet – dann feuervergoldet sind.

Der Dorche ist das bedeutendste Ritualinstrument im tibetischen Buddhismus; es versinnbildlicht das selbstlose Wirken zum Wohle der buddhistischen Lehre und aller Lebewesen.

Der Panchen Lama, dargestellt in einem Kloster in Kham.

## Der balsamierte Leichnam …

… verbleibt bis zur Einbringung in den Tschorten in einem der Körpergröße in Sitzposition angepassten, klimatisierten Glasbehälter, in den er in der Haltung des Lotossitzes eingebracht wird. Im Beisein des sitzenden Leichnams werden »Puchas« (Gottesdienste) abgehalten. Auf diese Weise hergerichtet verbleibt der Tote, bis seine neue Inkarnation gefunden ist. Und das kann lange dauern, bis zu zwei, drei Jahre, vereinzelt auch noch länger. Dann wird der balsamierte Leichnam in einem großen, mit vielen Halbedelsteinen versehenen Prachttschorten eingemauert, welcher nie mehr geöffnet wird. Wie bereits erwähnt – der Dalai Lama bisher im Potala, der Panchen Lama im Taschilunpo.

Der letzte Panchen Lama – er galt als der Zehnte – starb im Januar 1989. Mit seinem Leichnam wurde verfahren wie beschrieben. Im Kloster Taschilunpo wurde der Leichnam sitzend platziert, und zwar im großen An-

dachtsraum der Tara Gompa, direkt westlich der mittleren, roten Gompa, in der sich der große Silbertschorten mit dem in gleicher Weise einbalsamierten Körper des vierten Panchen Lama befindet (1570–1662 n.Chr.). Der »Vierte« gilt in Tibet als der »Große« Panchen Lama, auf den der größere Teil des Klosters zurückgeht.

## Keine Ähnlichkeit mehr

Der Autor hat im Herbst 1989 in Shigatse im Kloster Tashilunpo den Leichnam des 10. Panchen Lama gesehen. Er war in der beschriebenen Weise »präpariert«. Sein Leichnam befand sich im Lotossitz in einem hochkastenähnlichen Glasschrein, der offensichtlich klimatisiert war. Seitlich des sitzenden Leichnams war ein Thermometer und so etwas wie ein Klimagerät mit Lüftungsschlitzen montiert. Der Leichnam war in prächtige Brokatgewänder gehüllt und hielt in der rechten Hand die »Ghanta« (= die Glocke), die als weibliches Symbol gilt, in der linken Hand den »Dorche« (= das Diamantzepter), das männliche Symbol, und den tibetischen Rosenkranz. Am Handgelenk trug er seine Armbanduhr – wie zu Lebzeiten. Dabei waren die Arme bis zum Handgelenk bandagiert, Gesicht, Hals und Hände goldbemalt. Die Augen waren nicht entstellt. Das Gesicht allerdings ließ eine Ähnlichkeit mit den Bildern, die zu seinen Lebzeiten entanden waren, nicht mehr erkennen, es war weniger pausbackig, eher etwas eingefallen. Fotografieren war nicht erlaubt. Man sagte uns, dass der Leichnam hier bleiben würde, bis die neue Inkarnation gefunden sei. Vielleicht in zwei oder drei Jahren. Danach würde der Leichnam in einen Tschorten im Taschilunpo eingemauert werden.

Der dem Verstorbenen später folgende Panchen Lama ist von den Tibetern gefunden worden, doch wurde er bald samt seiner Familie von den Chinesen festgenommen und an einen unbekannten Ort gebracht. Ein anderer Panchen Lama wurde von den Chinesen eingesetzt, der aber keinerlei Anklang bei den Tibetern fand – und auch heute noch nicht findet.

Wie es mit dem Dalai Lama einmal sein wird, steht in den Sternen. Nach der derzeitigen politischen Situation dürfte er seine letzte Ruhe wohl nicht im Potala finden, wo bisher alle seine Vorgänger in Tschorten eingemauert sind.

*Der Eingang zu einem der Klostergebäude von Taschilunpo mit dem Rad der Lehre und den beiden Gazellen, wie diese über dem Eingang nahezu jeden Klosters dargestellt sind und an die erste Predigt Buddhas im Gazellenhain von Sarnath bei Benares erinnern.*

# Von den Ärmsten der Armen

► *Edmund Hillary (links), einer der beiden Ersbesteiger des Mount Everest, hat sich immer wieder intensiv für die Kranken und Gezeichneten in Nepal, insbesondere im Everest-Gebiet, eingesetzt.*

Es sind die Blinden, die Gelähmten, die Lepraverstümmelten. Es sind die, die ihren Lebensunterhalt durch Betteln bestreiten müssen, weil sie einer Arbeit nicht mehr nachgehen können. Sie finden im Himalaya durchaus die Hilfe ihrer Mitmenschen. Sei es in der örtlichen Dorfgemeinschaft, wo sie meist ein halbwegs brauchbares Auskommen finden, sei es in den größeren Städten, wo es für sie schwieriger sein kann. Doch sie müssen nicht hungern wie anderswo auf der Erde. Soweit funktioniert das soziale Netz im Himalaya. Wenn auch auf dem niedrigsten Level, der vorstellbar ist.

## Was diese Menschen …

… aber viel mehr brauchen, ist das persönliche Gespräch. Doch damit sind auch die Einheimischen oft recht zurückhaltend. Es sei denn, es ist ein Bettler aus der Nachbarschaft, den sie kennen und mit dem sie über das Wetter oder worüber auch immer einmal reden. Die Europäer dagegen machen angesichts eines Bettlers immer einen ablehnenden Eindruck. Wenn sie einem Bettler tatsächlich etwas zukommen lassen, dann meist so, dass sie den Bettler keines Blickes würdigen.

*Beine verloren – glücklicherweise hat er überleben können.*

Und was tut der Bettler, wenn er eine milde Gabe erhält? Er bedankt sich mit der für besondere Güte üblichen Geste. Er führt die Gabe mit der Hand zur Stirn. Erst danach steckt er sie ein. Warum führt er sie an die Stirn? Die Stirn ist der Sitz der Seele. In Asien zählt die Seele mehr als das Herz.

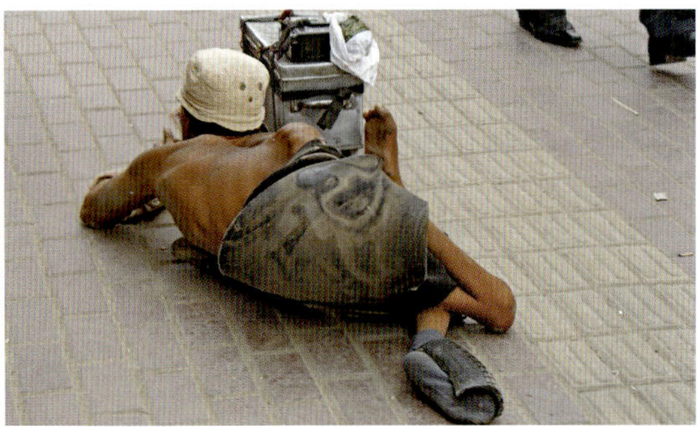

*Das Ganze Hab und Gut in einem winzigen Wägelchen vor sich hinschiebend.*

Es ist durchaus sinnvoll, einen Bettler auch mal anzusprechen. Sollte der Bettler verkrüppelt sein, könnte man nach »Duksha« (Schmerzen) fragen. Das versteht man fast im ganzen Himalaya, außer in Tibet. Dort heißt es »Suigino«.

Mit einer solchen Frage hat man den ersten Kontakt hergestellt. Zum Dolmetschen kann man sich eines der vielen Neugierigen bedienen, die immer bald zur Stelle sind. Und man kann sich zum Gezeichneten hinabbeugen. Dies wird immer dankbar angenommen. Und es zeigt uns Gesunden, aus welcher Perspektive der Gezeichnete die Welt und seine Mitmenschen sehen muss. Von unten. Aus der Hundeperspektive. Das Nachempfinden der Perspektive eines solchen Gebrechlichen – wenigstens einmal im Leben – kann den persönlichen Horizont ungemein erweitern.

## Auf einem winzigen Karren

In Kathmandu begegnete ich einem an beiden Beinen gelähmten Bettler. Er bewegte sich auf einem wenige Zentimeter hohen Wägelchen mit Hilfe zweier Griffstützen fort. Die Räder seines Wägelchens waren ausrangierte Kugellager.

Ich sprach ihn an. Wo er herkomme? – »Aus Madras« (im Süden Indiens). Wie lange er bereits gelähmt sei? – »Seit der Geburt«. Nach diesen zwei Fragen huschte ein bescheidenes Lächeln über sein pockennarbiges Gesicht. Der Kontakt war hergestellt. Inzwischen waren wir von einer kleineren Menschenmen-

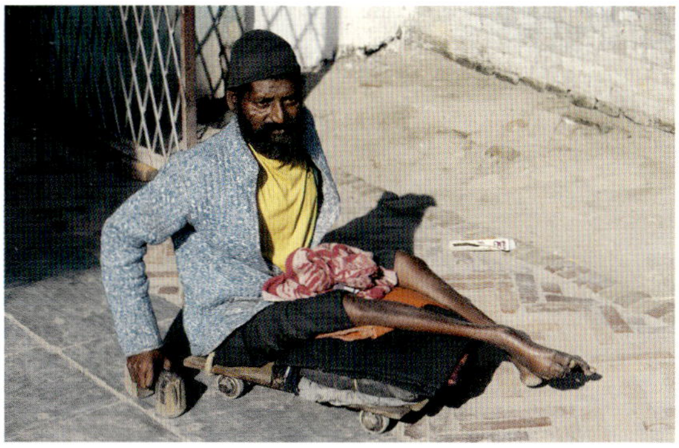

◄ *Von Geburt an gelähmt – und immer nur auf diesem winzigen Wägelchen.*

ge umringt. Als meine Nepalikenntnisse nicht mehr ausreichten, bot sich ein Einheimischer als Dolmetscher an. Wie lange er schon in Kathmandu sei? – »Zwei Wochen«. – Was er zu tun gedenke? – »Zurück nach Indien«. – Warum? – »Weil ein auf einem winzigen Karren herumkriechender Bettler kein schöner Anblick für Touristen sei«. – Ich traute meinen Ohren nicht. Er sagte dies ohne jeden bitteren Unterton. Mir kamen Zweifel, ob ich das in seiner Lage auch so wertfrei hätte sagen können.

Ich kauerte auf der Straße, um nicht von oben herab zu ihm sprechen zu müssen. Nun halten die Knie älterer Europäer solche Strapazen nicht lang aus. Ich schickte mich deshalb an, neben ihm auf dem Rinnstein Platz zu nehmen. Eine schnelle, geschickte Handbewegung des Bettlers, und noch bevor ich saß, lag seine Jacke, die er zuvor auf seinem Schoß liegen hatte, unter meinem Hinterteil. Sekundenlang war ich betroffen, hätte beinahe falsch reagiert und ihm die Jacke zurückgegeben. Das typisch europäische Verhalten. Von einem Wenigerbemittelten ja nichts annehmen! Ich besann mich rechtzeitig eines Besseren und blieb sitzen, nahm seine Geste des Entgegenkommens an, als sei diese selbstverständlich. Seine Jacke war das einzige, was er mir anbieten konnte. Er saß auf einem zusammengedrückten Kissen aus Stroh auf seinem winzigen Holzwägelchen. Ein billiger Blechnapf hing an einem Nagel auf der linken Seite. Das, ein Hemd, eine dünne Jacke und eine kurze Hose, die er am Leibe trug, waren sein ganzes Hab und Gut.

## Die Polizei in Nepal

Ich fragte ihn, ob er denn nicht den Touristenpfaden ausweichen könnte? – »Ja, doch die Polizei will das nicht, denn nächste Woche käme eine hohe Regierungsdelegation von Indien, und da darf kein Bettler in Kathmandu zu sehen sein«. – Als ob die Inder nicht selbst in allen Großstädten genügend Bettler hätten. Doch – in diesem Zusammenhang muss man die nepalische Polizei kennen, um kein falsches Bild von ihr zu bekommen. Der nepalische Polizist dürfte einer der freundlichsten, höflichsten und liberalsten Polizisten auf der ganzen Welt sein. Zumindest solange sein Gegenüber nichts Ernstliches verbrochen hat.

*Griffstützen können sehr hilfreich sein.*

*Dieser Behinderte konnte sich nicht einmal mehr aufrecht sitzend fortbewegen. Seine Art vorwärts zu kommen war der einer Spinne ähnlich, weshalb er von den Einheimischen »Makura manchhe« genannt wurde, der Spinnenmensch.*

► Der Nepali mit der Elefantiasis, der trotz seiner Behinderung quietschvergnügt war.

Ich suchte den Gelähmten in den folgenden Tagen immer wieder einmal auf und fragte ihn schließlich auch, was er denn für Wünsche hätte. – »Die Götter mögen ihn vor Hunger und Kälte schützen.« So gering waren seine Ansprüche. Augenblicklich kam mir in den Sinn, dass dies die zwei Grundbedürfnisse des Menschen sind, wie ich sie so oft selbst erlebt hatte. Das Hungern nach dem Krieg, zweieinhalb Jahre lang selten einmal satt gewesen, und später das ewige Frieren während über 200 Biwaks am Berg. Ich verstand ihn. Mir war klar, dass ich verständnisvoll zustimmen musste – das höfliche, asiatische Erkennen der Situation eines anderen, das auch immer Verständnis für den anderen ausdrückt.

Als wir uns voneinander verabschiedeten, bedankte er sich nach nepalischem Brauch und wünschte mir viel Glück und ein langes Leben. Ich erwiderte beides. Eine andere Möglichkeit, als ihm einen kleinen Geldbetrag in die Hand zu drücken, fiel mir nicht ein. Es ist ein besonderes Armutszeugnis für uns aus der sogenannten zivilisierten Welt, dass wir für alle Probleme eine Lösung wissen – nur wenn es um das Existenzminimum anderer geht, dann fällt uns gewöhnlich keine wirklich brauchbare Lösung ein.

## Erkrankt an der Elefantiasis

In Kathmandu begegnete ich einmal einem lustigen Bettler, der an der Elefantiasis (Dickhäutigkeit, Elefantenhaut) litt. Es ist eine krankhafte Verdickung der Haut und des Unterhautzellgewebes mit Bindegewebswucherung infolge von Lymphstauungen. Der Bettler hatte diese Elefantiasis nur einseitig, am linken Bein, was sein Aussehen besonders exotisch gestaltete. Er hatte beim Gehen keinerlei Schwierigkeiten, wiewohl sein

Gang etwas bedächtiger war und unwillkürlich an den eines größeren Tieres, eines Elefanten, erinnerte. Ich fragte ihn, ob er Schmerzen habe. Er lachte und verneinte. Wir unterhielten uns ein wenig. Er gehörte den Jappus an, die zu der niedrigsten Kaste gehören, und kam aus Kirtipur, einem kleinen Städtchen südwestlich von Kathmandu. Ich fragte ihn, wie lange er denn das dicke Bein schon habe. Seit zehn Jahren. Er sei zu dieser Zeit einmal in Indien gewesen und möglicherweise hatte er sich die Krankheit dort geholt. Durch die Gelbfiebermücke wird auch die Elefantiasis übertragen.

Er machte einen durchaus recht lockeren Eindruck. Jedenfalls nicht den eines Gezeichneten. Er schien mit seinem Los zufrieden zu sein. Wahrscheinlich trug ihm seine Krankheit auf dem Bettelweg so viel ein, dass er davon leben konnte. Er saß auch nicht in einer der Hauptstraßen, sondern spazierte durch die Altstadt, um sein Bein zur Schau zu stellen. Dies geschah aber keineswegs aufdringlich.

Ich fragte ihn, ob ich ihn fotografieren dürfte. Er war damit einverstanden, denn das bedeutete für ihn ein kleines Bakshish. Ich gab ihm einen angemessenen Rupien-Schein. Zunächst wusste er damit nichts an-

Lepra – eine bakterielle Infektionskrankheit, die zur Verstümmelung führt.

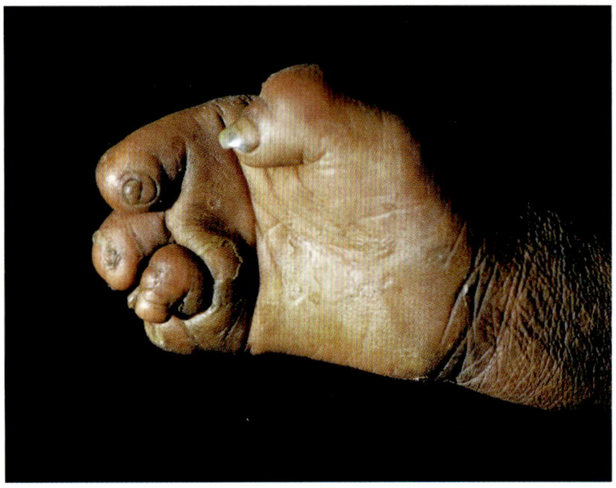

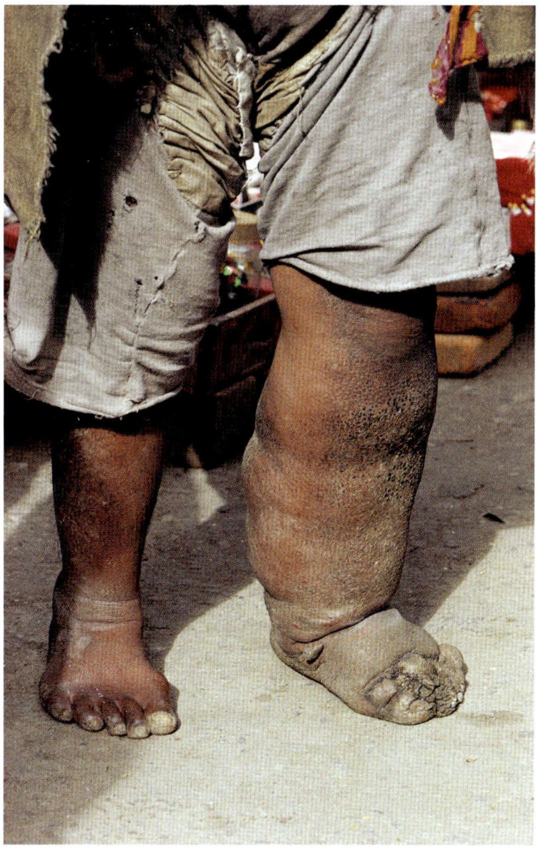

*Der mit der Elefantiasis zwei Jahre später – nach wie vor vergnügt.*

zufangen. Möglicherweise kannte er keine größeren Zahlen. Wahrscheinlich konnte er überhaupt nicht lesen. So fragte er mich, wie viel das sei. Als ich es ihm sagte, lachte er lauthals. Es konnte wohl nur die unerwartete Höhe des Betrages gewesen sein, die ihn so lustig stimmte. Er steckte den Schein sichtlich zufrieden ein, nachdem er ihn zuvor zur Stirn geführt und sich vor mir verbeugt hatte.

Zwei Jahre später habe ich ihn wieder in Kathmandu getroffen. Die Elefantiasis hatte er immer noch. Sein ganzes Hab und Gut, das aus einem winzigen, unterm Arm getragenen Bündel bestand, hatte sich noch nicht vergrößert, sah man von ein paar Plastiktüten ab, die er sich ins Hemd gesteckt hatte. So hatte er einen riesigen künstlichen Bauchumfang, der irgendwie recht gut zu seinem dicken Bein passte. Er konnte auf diese Weise immer noch alles, was er sein eigen nannte, mit sich herumtragen. Er war noch der gleiche lustige Kerl wie zwei Jahre zuvor.

**Lepra**

Als Aussatz seit Urzeiten bekannt, aus historischen Quellen in Indien seit dem 7. Jh. v.Chr. Lepra ist auch in der Bibel erwähnt. »Der Aussätzige soll eingerissene Kleider tragen und das Kopfhaar ungepflegt lassen; er soll rufen »Unrein – Unrein«. Er soll abgesondert leben, sich außerhalb des Lagers aufhalten« (Lev. 13, 45–46).

Es ist eine Haut- und Nervenkrankheit, deren Keime die Gefäße und Nerven angreifen, die absterben, wobei das Tastgefühl und die Schmerzempfindung verloren gehen. Es treten zwei Formen auf: die knotige (lepromatose) Form und die Flecken und Blasen bildende (tuberkuloide) Form; beiden Formen sind meist gemischt und führen zu Geschwüren und Verstümmelung. Nach Europa kam die Lepra durch die Kreuzzüge.

Derzeit gibt es auf der Welt noch etwa vier Millionen Leprakranke, überwiegend in den Elendsvierteln Indiens und Brasiliens, aber auch in Teilen Mittelafrikas. Nepal hat die höchste Anzahl an Infizierten, nämlich zwei pro 10.000 Einwohner. Die jährliche Zunahme an Infizierten ist glücklicherweise rückläufig. Noch gibt es keinen Impfstoff, obwohl der Erreger bereits 1873 durch den Norweger Gerhard Hansen entdeckt wurde. Der Erreger ließ sich noch nicht züchten. Lepra ist zwar ansteckend, doch nur schwierig übertragbar, keineswegs in dem Maß, wie – wohl auf dem abschreckenden Erscheinungsbild basierend – allgemein befürchtet wird. Nur durch Tröpfcheninfektion, durch Speichel beispielsweise oder durch Niesen. Die Keime können eigentlich nur durch Hautverletzungen und über die Schleimhäute aufgenommen werden. Es ist also nicht notwendig, einen großen Bogen um Leprakranke zu machen. Man kann ihnen ohne Sorgen einen Geldschein zustecken. Schließlich sind meist die Finger befallen, was sie zur Untätigkeit verdammt. Unter Kindern ist die Ansteckungsgefahr größer; die Inkubationszeit liegt zwischen wenigen Monaten und 20 Jahren (meist 4–8 Jahre).

Bleibt zu erwähnen, dass die Krankheit schließlich nur bei etwa fünf (!) Prozent der Infizierten ausbricht. Lepra führt nicht (!) zum Tod, wie vielfach angenommen wird. Dazu kommt es durch Sekundärinfektion aufgrund des geschwächten Immunsystems und der geringen Hygiene in den Verbreitungsländern. Wenn heute Lepra rechtzeitig erkannt wird, kann sie mit Antibiotika behandelt werden.

Von Geburt an verkrüppelt – deutlich zu erkennen der kleine Unterleib.

## Ein Zwerg

Wie ein Lächeln ein Gesicht verändern kann.

Eines Tages spazierte ich in Kathmandu über den Platz am Bhimsen Tower, der aussieht wie ein Turm aus »Tausend und einer Nacht«. Mitten auf dem Platz gab es einen Auflauf. Das ist in Kathmandu wie überall auf der Welt ein Zeichen dafür, dass Menschen ihren Neugierigkeitstrieb befriedigen. Ich erkannte einen kleinen Krüppel auf dem Boden sitzend. Der hatte im Verhältnis zu seiner Kopfgröße und der Länge seiner Arme einen viel zu kurzen, schwächlichen Unterkörper mit viel zu kurzen, völlig verkrüppelten und gelähmten Beinen. Ich setzte mich zu ihm und begann ein Gespräch. Er hieß None Gopal, war neunzehn Jahre alt (wenn dies stimmte) und von Geburt an derart behindert. Er stützte sich mit seiner rechten Achsel auf eine winzige Krücke.

Im Gespräch erfuhr ich, dass er aus Siliguri nahe Kalimpong in Sikkim sei. Seine Geschwister seien normal groß. Er sagte dies mit einer Leichtigkeit, die vergessen ließ, dass er ein Krüppel ist. Da er auf seinen verkümmerten Beinen saß und es im Dezember auch in Kathmandu recht kalt sein kann, fragte ich ihn, ob er Schmerzen habe. »Nein«, meinte er und fügte hinzu, er sei halt nur etwas zu kurz geraten. Er lachte darüber so herzlich, dass man den Eindruck gewinnen konnte, es ginge ihm gut. Unwillkürlich musste ich an ein indisches Sprichwort denken: »Mein Äußeres ist nur der Behälter meines Inneren, meiner Seele – das Äußere ist unwichtig, wichtig ist nur das Innere, die Seele«.

## Ich habe mich immer wieder gefragt, …

… was es wohl sein kann, das die Asiaten ihr Schicksal so leicht ertragen lässt. Es dürfte mit ihrem Glauben zu tun haben. Sowohl im Hinduismus wie auch im Buddhismus wird der Mensch wiedergeboren, reinkarniert. Und im nächsten Leben wird wohl sicher alles besser sein. Auch der asiatische Mensch ist schließlich Optimist.

Es mag bei dem Zwerg – die Einheimischen nannten ihn »Purk« (= Zwerg) – und bei den anderen Gezeichneten noch etwas hinzukommen, das ihr Schicksal leichter ertragen lässt, als wir vermuten. Durch ihr erkennbares Gebrechen erregen sie das Mitleid ihrer Mitmenschen und können davon leben. Und nicht selten auch noch ein Teil ihrer Familie, aus der sie stammen.

Ich fragte den Zwerg, ob ich ihm irgendwie helfen könnte. Er lachte wieder frei und sorglos und meinte »Nein«. Es gehe ihm gut. Dann fragte ich, ob ich ihn fotografieren dürfte. Wieder lachte er herzerfrischend, bedeutete den Umstehenden energisch, dass sie mir Platz machen sollten und setzte sich in Pose. Aber da war dann das herzliche Lachen weg. Ich versuchte ihn zu animieren, noch einmal so schön zu lachen. Doch vom Augenblick an, da er

► Jeder fremde Arzt ist im Himalaya immer begehrt und viel gefragt.

wusste, dass er fotografiert wird, war es ein gekünsteltes Lachen. Das aber ist bei Menschen, die noch nie oder nur selten fotografiert wurden, immer so. Vor hundert Jahren, als das Fotografiertwerden auch bei uns noch etwas Besonderes war, war es nicht anders. Oder das berühmte Gipfelfoto von Herbert Tichy und Sherpa Pasang Dawa Lama auf dem Cho Oyu. Es war 1954, die erste Besteigung dieses Achttausenders. Pasang hatte Haltung angenommen und salutierte, als beide von Sepp Jöchler fotografiert wurden.

Am nächsten Tag war es kälter. Ende Dezember wird es in Kathmandu nur über Mittag warm, etwa von 11 bis 14 Uhr. Ich fragte den Zwerg, ob er nicht friere und ob er nicht eine warme Jacke brauchen könnte. Es kam keine Antwort. Weder ein »Ja« noch ein »Nein«. Da wusste ich, was er brauchte. Am nächsten Tag brachte ich ihm einen Anorak. Er führte diesen zur Stirn, zog ihn stolz an und lächelte mit einer Kopfverneigung. Dieses war das Dankeschön. Am nächsten Tag war sein Platz am Bhimsen Tower leer.

## Dank im Himalaya

Der Nepali kennt das Wort »Danke« zwar – es heißt »Danjabat« – doch er gebraucht es nicht. Wir Europäer gebrauchen das Danjabat in Nepal bei jeder Gelegenheit. Meist unpassend. Der Nepali dagegen lächelt als Danke nur bescheiden. Es vermittelt mehr als Worte tun können – wenn das Lächeln vom anderen verstanden wird.

Bei besonderer Dankbarkeit berührt der Nepali die Füße des anderen mit der Stirn. Ich habe dies erlebt. In Jomson, im oberen Kali-Gandaki-Tal, hatte ich mich von einem Träger, der mich vier Wochen lang begleitet hatte, verabschiedet und ihm meine Trekkingschuhe geschenkt. Aus Dankbarkeit berührte er mit der Stirn nacheinander beide meiner Füße – und meine Schuhe waren vom langen Trekking wahrlich nicht besonders sauber.

Der Dank ist immer herzlich. Anfang der 1970er-Jahre war ich mit einer Gruppe im Solo Khumbu. Am Ende des Trekkings schenkte eine wohlbetuchte Teilnehmerin einem unserer Träger in Lukla ihren Pullover. Sie hatte das kurz darauf schon vergessen. Was passierte am nächsten Tag, als wir ins Flugzeug stiegen? Da kam der tags zuvor Beschenkte und brachte ihr zwei warme Kartoffeln, um sich erkenntlich zu zeigen.

*◄ Ein Guru in Kathmandu, der sich in die mündliche Tradierung der essentiellen Lehre vertieft hat und zwischendurch den Blick zum Himmel richtet.*

*Ein winziger Teil des Tempelbezirks der Altstadt von Kathmandu – hier kann man stundenlang dem Treiben der Einheimischen zusehen, man wird dabei immer wieder etwas Interessantes entdecken.*

# Von den »heiligen« Kühen im Hinduismus

Unter den Hindus werden die Kühe als die »Mutter der Menschheit« verehrt. Es gibt viele Legenden um die heilige Kuh. Nahezu jede kleinere/größere Region hat ihre eigene Interpretation. Eine der kürzesten ist Folgende:

## Nach hinduistischer Mythologie …

… geht die heilige Stellung der Kuh auf den Gott Krishna zurück. Krishna – immer mit dunkelblauer Hautfarbe, geschmückt mit Pfauenfedern – ist der populärste hinduistische Gott. Er gilt als Inkarnation Vishnus und als zentrale Gestalt, die die Gottesliebe als Weg der Erlösung verkündet. Der Legende nach war Krishna von vornehmer Herkunft.

Ähnlich wie im Neuen Testament die Verfolgung des neugeborenen Jesus durch Kaiser Herodes stattgefunden hat, so war auch Krishnas junges Leben bedroht. Um Krishna vor einer möglichen Ermordung zu schützen, brachte man ihn zu einer Hirtenfamilie in Brindavana, wo er mit Kuhmilch aufgezogen wurde und mit den Tieren gemeinsam aufgewachsen ist (wobei sich dies gute 1500 Jahre vor Christus zugetragen haben soll). Soweit eine der vielen Legenden.

Die Kühe werden in Indien seit wenigstens 3500 Jahren verehrt. Den gläubigen Hindus bringt die Kuh Heil und Segen. Sie werden jedoch nicht angebetet. Profan ausgedrückt werden sie deshalb verehrt, weil sie durch die Milch und schließlich durch ihre Abfälle zum Überleben der Menschheit beitragen. Die Milch dient als Getränk, es wird Yoghurt und Butter daraus gemacht, der Mist dient als

*Mitten in Kathmandu – kein Hindu wird den geringsten Anstoß daran nehmen, dass eine Kuh einmal den Weg versperrt, dann muss die Kuh umgangen oder umfahren werden. Kühe haben immer Vortritt.*

*Kühe findet man in Kathmandu und sonst wo im hinduistischen Bereich überall in Eintracht mit den Menschen.*

Düngemittel, als Brennmaterial und vermischt mit Lehm als Mörtel, der Ungeziefer von den Häusern fernhält. Der Urin hat wie bekannt eine antiseptische und damit heilende Wirkung bei offenen Wunden. Dies dürfte einer der Hauptgründe für die heilige Stellung der Kuh sein, da alles, was in früheren Zeiten zur Heilung beigetragen hat, den Mythos der Heiligkeit zugesprochen bekam.

Die Kuh wird auch deshalb verehrt, weil die gläubigen Hindus in jeder Kreatur einen ihrer Götter sehen. Es gibt in ganz Indien sage und schreibe um die 33.000 Götter und Halbgötter. Manche Fachleute sprechen gar von noch mehr.

## Kühe nicht (!) töten

Wer eine Kuh tötet, gilt als Mörder. In den alten Schriften steht: »Wer eine Kuh tötet, muss so viele Jahre in der Hölle schmachten, wie die getötete Kuh Haare hat.« Für einen Hindu ist das Essen von Kuhfleisch gleichzusetzen mit Kannibalismus. Kühe gnädig zu behandeln gilt als verdienstvoll im Sinne eines guten Karmas, was in der Bilanz die Chancen auf ein besseres Leben nach einer Wiedergeburt erhöht.

Kühe gehören zum täglichen Straßenbild in Indien und in Nepal, überall dort, wo Hindus heimisch sind. Man findet die Kühe völlig unbehelligt vom lärmenden Verkehr, und – ganz wichtig – sie haben immer Vorrang vor jedem anderen Verkehrsmittel. Dies auch vor dem größten Bus oder Lkw.

Wer eine Kuh anfährt oder sie gar verletzt, kann sich einer Bestrafung sicher sein. Hat jemand aus Versehen eine Kuh angefahren, versucht er mittels eines altbekannten Rituals aus der Schusslinie zu kommen. Der Polizei und Neugierigen, die sofort die Bedürfnisse der Kuh vertreten, wird versucht klarzumachen, dass die Kuh absichtlich ins Auto, Motorrad oder Bus gelaufen sei, um Selbstmord zu begehen.

Dass die Kühe als heilig gelten, geht wahrscheinlich auf archaische Zeiten zurück. Die Kuh dürfte diesen Status erreicht haben, weil man schon sehr früh erkannt hatte, dass Neugeborene, wenn die Mutter im Kindbett stirbt, nur überleben können, wenn sie Kuhmilch zu trinken bekommen.

## Wenn eine Kuh …

… keine Milch mehr gibt, was bei der geringen Vegetation in den Großstädten kein Wunder ist, wird sie sich selbst überlassen. Um herrenlosen Kühen ein bescheidenes Gnadenbrot zu bieten – womit man gutes Karma erwirken kann – gibt es richtiggehende »Kuh-Ausgedinge« bzw. »Kuh-Altersheime«. In Delhi fand ich einen Shiva-Tempel im ersten Stock eines Hauses. Im Erdgeschoss war ein zur Straße hin offener Stall aus Marmor, in dem alte Kühe bis zum Tod gepflegt wurden.

Was geschieht mit verendeten Kühen? Diese Frage taucht unter Touristen immer wieder auf. – Aus der Haut wird Leder, aus den Knochen wird Leim gemacht, und das Fleisch holen sich die Geier und die Hunde. Wenn Knochen übrig bleiben, werden sie zermahlen und als Dünger verwendet. Den Kühen wird, wenn sie der Hilfe bedürfen, nicht geholfen.

*Ein Briefkasten in Kathmandu, doch sollte man hier keine (!) Post einwerfen, denn der Briefkasten wird höchst selten einmal geleert, wenn überhaupt. Man muss die Post mit einem angemessenen Trinkgeld (!) beim Postoffice aufgeben.*

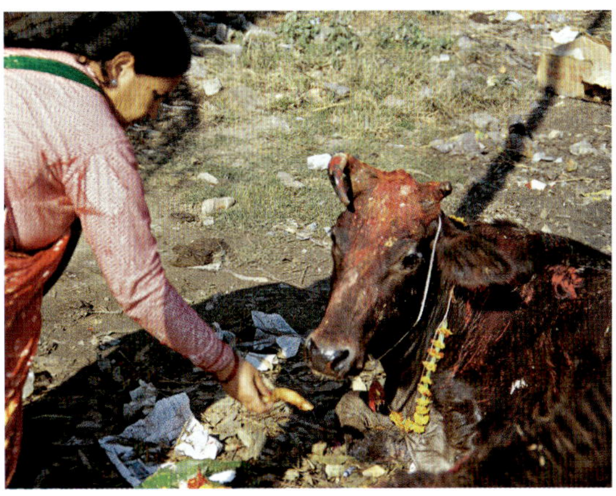

*Während das Dashain-Festes im Herbst, das fünf Tage lang dauert, werden die Kühe an einem Tag verehrt und mit Farben sowie mit Girlanden feierlich geschmückt.*

*Auch am heiligen Ganges, in Haridwar, spazieren Kühe friedlich zwischen den gläubigen Hindus herum, und niemand stört sich daran. In Haridwar, wo der Ganges aus dem Himalaya tritt, wird alle zwölf Jahre das größte Hindu-Fest, das »Kumbh Mela« gefeiert, das letzte Mal im März/April 2010. Dazu waren 40 Millionen (!) Gläubige erschienen, davon allein 10 Millionen am Haupttag, sie alle badeten und reinigten sich im Ganges.*

Wenn aber eine Kuh bei einem Verkehrsunfall verletzt oder gar getötet wird, riskiert der Unfallverursacher – siehe oben – gelyncht zu werden. Eine Prügelstrafe ist das wenigste. Eine Geldstrafe kommt noch hinzu. Doch keiner hilft dem verletzten Tier oder wird es von seinem Leiden erlösen.

Die Kühe laufen frei in den Städten herum, wo sie meist wenig zu fressen finden. Vielfach ernähren sie sich dann von Abfällen wie Kartons, Papier, Jutesäcken oder verfaultem Obst und Gemüse. Auch der Blumenschmuck an Tempeln ist ein beliebtes »Futter«.

## Ein Versuch

Der indische Autor Prof. Dr. Jeha versuchte vor einiger Zeit durch Publizistik die heiligen Kühe zu entmythologisieren. Das aber misslang völlig. Sein Buch wurde eingestampft, weil es sich nicht verkaufen ließ. Er musste zwei Jahre unter Polizeischutz gestellt werden. Andernfalls wäre sein Überleben nicht sicher gewesen. Im jahrhundertealten Hindu-Glauben gelten die Kühe nun einmal als heilig. Sie werden an bestimmten Feiertagen gewaschen, gereinigt und mit Blumen und farbigen Bändern geschmückt. Die Hörner werden bemalt. Die Verehrung einer Kuh bedeutet für Hindus die Anhäufung guter Taten.

In der Kuh wird schließlich auch Lakshmi verehrt, die Göttin des Reichtums. Jeder der eine Kuh tötet oder gar deren Fleisch ist, wird zum »Unberührbaren«, also der niedrigsten Kaste zugeordnet. Hindus essen Fleisch, aber kein Rindfleisch. Und Hindus trinken Kuhurin zur inneren Reinigung.

## Aber nicht immer …

… werden die Kühe liebevoll behandelt, besonders dann nicht, wenn sie aus Mangel an Fressbarem etwas unerlaubterweise an Gemüseständen oder sonst wo fressend entwenden. Dann werden sie lauthals weggejagt. Lauthals aber nur deshalb, weil sie sonst nicht vom Gemüse ließen. Gelegentlich wird auch schon mal ein Stock zu Hilfe genommen. Doch die damit verbundene Züchtigung fällt immer recht sanft und milde aus. Gerade so, dass die Kuh vom Gemüsestand lässt.

Die meisten Kühe in den Städten leben von Abfällen. Natürlich nicht immer nur von

*Wenn eine Nepali-Frau Wasser von der Wasserstelle holt, benutzt sie dazu ein sogenanntes »Gageri«. Dieses Gefäß wird verdeckt, wenn es leer ist, denn ein leeres Gageri bringt Unglück, während sie das volle Gageri gern herzeigt, weil ein volles Gageri Glück bringt.*

pflanzlichen. Nicht selten sieht man eine Kuh auf der Straße in stoischer Ruhe einen Karton zermalen oder gelegentlich auch eine Plastiktüte verschlingen.

## Genauso in Nepal

Hier sind um die 80% Hindus (Buddhisten leben überwiegend nur in den nördlichen Bereichen). Wie auch in Indien werden in Nepal menschliche Wunden mit Kuhurin behandelt. Dies aufgrund der bereits erwähnten antiseptischen Wirkung.

Ende der sechziger Jahre erlebte ich einmal, wie eine Kuh in den engen Gassen von Kathmandu liebevoll zu einem Haus getrieben wurde. Nach einigem Hin und Her band offensichtlich der Sohn des Hausherrn eine Schnur an den Schwanz der Kuh und führte die Schnur ins Haus. Mein Sherpa klärte mich auf. Der Hausherr dürfte erkrankt sein, liege im oberen Stock und könne nicht herabsteigen, um die heilige Kuh zwecks eigener Genesung zu berühren. So habe man das andere Ende der Schnur zu seiner Hand am Krankenbett geführt. Alsbald zog es an der Schnur, und der Kuhschwanz wurde in Richtung Hauseingang bewegt. Dann ließ der Zug wieder nach, und weil der Kuhschwanz nun einmal ein Gewicht hat, pendelte er wieder in die Senkrechte. Alsbald zog es wieder an der Schnur. Und so ging dies eine Zeit lang hin und her. Zwischendurch wedelte die Kuh auch selbst mit dem Schwanz, was die ganze Prozedur etwas durcheinander brachte.

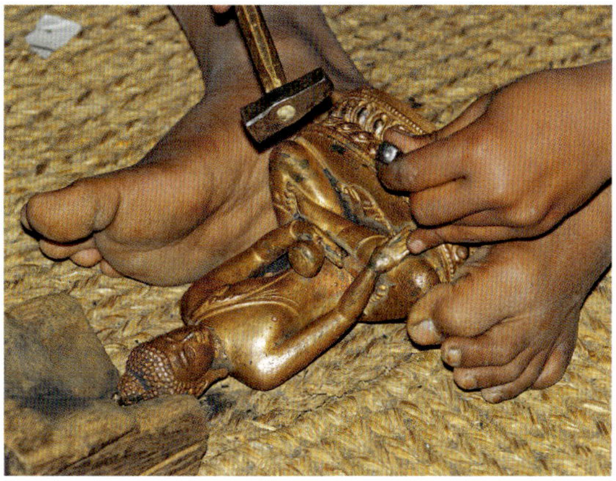

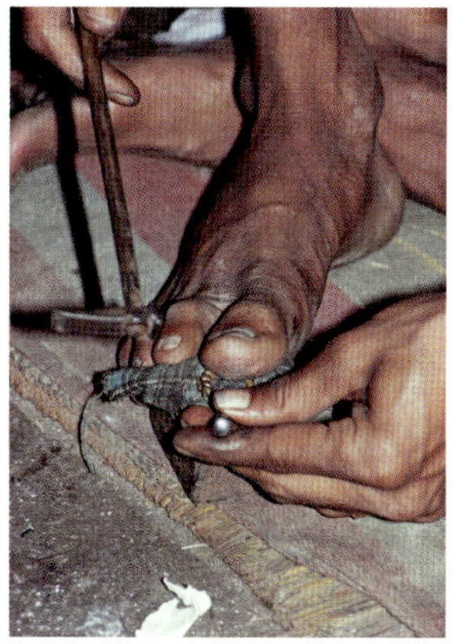

*Direkt dort, wo zwei Kühe hausten, waren mehrere Schmiede. Einer fertigte aus einer »verlorenen« Form eine Buddha-Figur, und zwar Buddha Shakyamuni, den historischen Buddha, und ein zweiter einen Armreif aus Messing – beide verwendeten als Schraubstock die Füße (!).*

## Und wie war es früher bei uns?

Wir mögen über die Heilbehandlungsmethoden in Nepal und Indien schmunzeln. Doch denken wir nur wenige Jahrzehnte zurück. Da hat man in Bayern und in Österreich auf dem Land bei Krankheiten noch gelegentlich kleine, dünne Papierstückchen, auf denen das Bild »der Mutter Gottes« abgedruckt war, zusammengeknüllt und im Glauben verschluckt, so wieder gesund zu werden. Dies geschah nachweislich gerade einmal vor rund fünfzig Jahren. Unter manchen älteren Menschen vielleicht noch später.

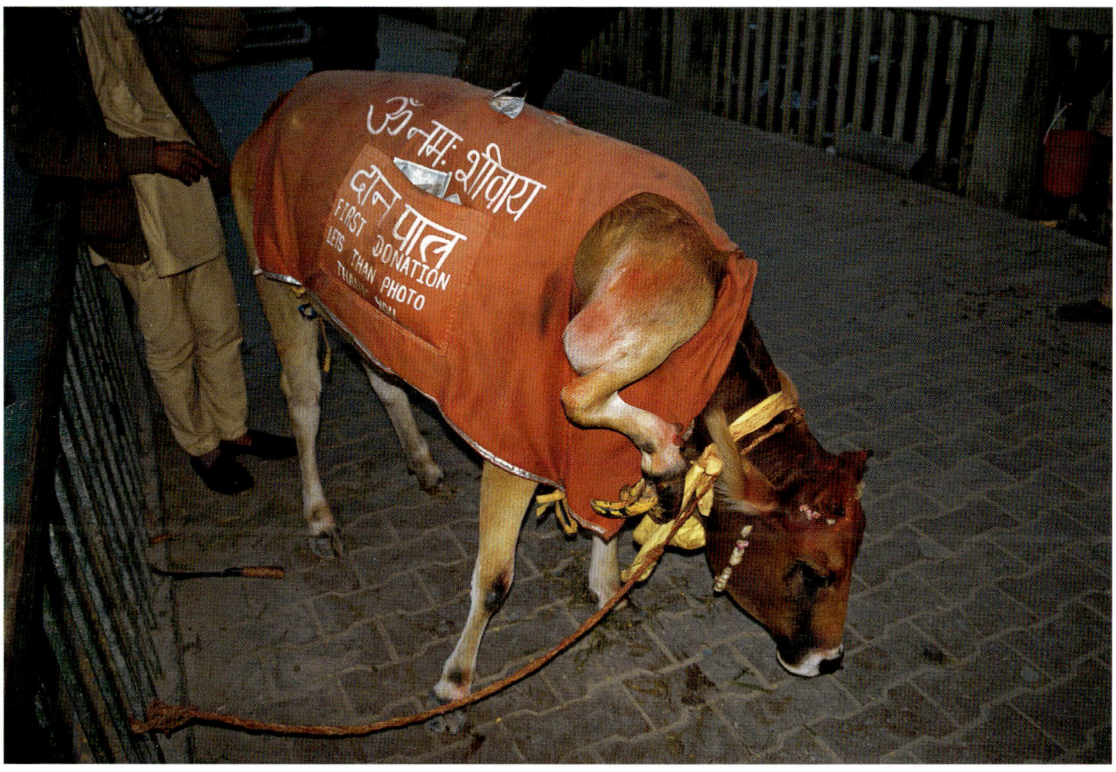


*Eine Kuh mit fünf (!) Beinen, kein Trick – der Autor hat das Tuch weggenommen und sich das Tier sehr genau angesehen. Das Tuch hatte nur den Sinn, die Aufmerksamkeit der Passanten auf das fünfte Bein zu lenken, wovon der Besitzer lebte. Der war von Indien nach Kathmandu gekommen und zog mit seiner Sehenswürdigkeit durch die Lande.*

# Von allerlei exotischen Tieren im Himalaya

► Bei der Begegnung mit einem wilden Yak sollte man eher etwas vorsichtig sein.

Im Himalaya ist vieles anders. Dies zeigt sich mitunter auch in der Tierwelt, die in diesem extremen Umfeld und im Laufe der Zeit besondere Anpassungen und Verhaltensweisen entwickeln konnte. Letztlich haben sich dies auch die Menschen, die hier leben, zunutze gemacht.

## Wie ein Krieg den Yak zum Hirschen machte

Im 18. Jahrhundert fielen die Nepali in Tibet ein. Da die tibetischen Hochebenen sehr dünn besiedelt waren (was sie auch heute noch sind), konnten die Nepali-Truppen recht schnell und weit vorstoßen. Sie fanden natürlich nicht viel, wovon sie satt werden konnten. Immerhin trafen sie auf Yaks. Doch Yaks durften als Verwandte der heiligen Kuh von den Nepali-Truppen nicht geschlachtet werden. Denn die Nepali waren und sind in der Mehrzahl auch heute noch Hindus (etwa 80%). Wie konnte dieses Problem schließlich gelöst werden?

In der Tsurphu Gompa, nordwestlich von Lhasa.

Die Nepali-Truppen sandten eine Depesche an den König in Kathmandu, was zu tun sei. Und der hat per königlichem Dekret den Yak kurzerhand der Familie der Hirsche zugeordnet – und das Problem war gelöst.

Der Begriff »Yak« stammt vom tibetischen

Die Trag- und Arbeitstiere sind berechenbarer, ein wenig Zurückhaltung kann aber nicht schaden.

Wort »Gyak«. Die Yaks sind sehr genügsame Tiere. Sie leben in Höhen über 3300 Meter und vertragen Kälte, Eis und Schnee ohne Probleme. Sie stehen nicht selten eine Stunde im eiskalten Wasser. Sie schlafen auch völlig eingeschneit seelenruhig. Bringt man Yaks erheblich unterhalb 3000 Meter, gehen sie ein. Ohne die Domestizierung des Yaks hätten sich die Menschen in Höhen über 3500 Meter nicht niederlassen können.

Die Mischung Yak–Rind nennt man Dzo, und ein weiblicher Dzo ist eine Dri, die weit mehr Milch gibt als eine Yak-Kuh.

## Die teuerste Wolle der Welt …

… ist bekannter Weise die Kaschmirwolle. Sie gilt als die feinste Wolle der Welt. Ein Schal von normaler Größe kostet für die, die nicht gerade im Geld schwimmen, nahezu ein halbes Vermögen. Und diese Kaschmir-Wolle ist eigentlich ein Beschiss. Nicht etwa die Wolle selbst, sondern die Bezeichnung »Kaschmir«-Wolle.

Denn die Wolle stammt gar nicht aus Kaschmir, sondern aus der Gegend von Ladakh, Ruptshu und Zanskar. Dort werden die Pashmina-Ziegen gezüchtet, von denen die Wolle ist. Die Ladakhis, die Zanskaris und die Leute aus dem Ruptshu hatten früher keine Möglichkeit, ihre feine Wolle in größerem Stil an den Mann zu bringen, weil diese Landstriche von Süden her nur sehr schwierig zugänglich waren. Lediglich mit Kaschmir gab es einen kleinen Handel. Und da nun einmal die Kaschmiris gute Händler sind – man spricht davon, dass es die raffiniertesten und gerissensten Händler auf der ganzen Welt seien – haben die die Pashmina-Wolle ganz einfach in Kaschmir-Wolle umbenannt und diese auf den Weltmarkt gebracht.

*Pashmina-Ziegen, von denen die beste Wolle der Welt ist.*

## Die Blauschafe wurden erst spät entdeckt

Es war Ernst Schäfer, der 1938–39 auf seiner Tibet-Expedition die allerletzte noch unbekannte Großtierart der Welt entdeckte: das Blauschaf (Pseudois schaeferi, hindi: Baral). Diese Tiere sind in idealer Weise der Umgebung in größerer Höhe – über der Baumgrenze – angepasst. Am ehesten sind sie noch zu erkennen, wenn sie sich bewegen. Sie besitzen stärkere Fellhaare, die hohl sind und folglich besser wärmen. Ferner besitzen sie mehr rote Blutkörperchen zur vermehrten Sauerstoffaufnahme und einen gummiartigen Belag an den Hufen, womit sie in steilem Felsgelände sicheren Halt finden. Man darf sich die Blauschafe nicht etwa blau vorstellen. Ihre Farbe ist der Fels- und Erdumgebung in den höheren Lagen des Himalaya bestens angepasst. Nur die Böcke haben am Rücken einen länglichen, bläulich schimmernden Streifen, woher der Name stammt.

*Blauschafe – von »blau« ist in der Praxis nie viel zu sehen.*

Im Himalaya werden auch Ziegen als Tragtiere verwendet. Die Lasten sind auffallend kleiner als die für die üblichen Tragtiere.

## Auch Ziegen als Tragtiere

Nicht nur Yaks und Pferde, Esel und Maultiere werden als Tragtiere im Himalaya genutzt. Auch Ziegen dienen zum Lastentransport.

Sie sind auffallend genügsam und im Gegensatz zu größeren Tieren auch auf schmalen Wegen bzw. an Felswänden entlang einsetzbar. Sie tragen Lasten zwischen 15 und 20 Kilogramm, diese in zwei flache Säckchen aufgeteilt, auf jeder Rückenseite eines.

Der Autor sah Herden von über hundert und mehr Exemplaren. Wenn sich diese Tiere bewegen, ohne Abstand voneinander zu halten, sieht es aus einiger Entfernung immer aus wie etwas Zusammenhängendes – etwa ein riesiger Bandwurm, der sich irgendwo hinauf- oder hinabwindet. Man glaubt gar nicht, welche Lasten auf diese Weise transportiert werden können. Bei hundert Tieren – das sind nicht einmal besonders viele – sind dies immerhin 2000 Kilogramm = 2 Tonnen. Meist machen solche Karawanen schon am frühen Nachmittag Rast, denn die Tiere müssen noch fressen. Sie werden ihrer Lasten entledigt und anschließend wird aus diesen ein Wall um den Lagerplatz gebaut. Mit Einbruch der Nacht endet für die Tiere die Zeit, in der sie Nahrung finden können und sie werden in den Wall getrieben, damit sie vor Wildtieren halbwegs geschützt sind.

## Wolfsfallen im Himalaya

Noch stößt man im Himalya gelegentlich auf Wölfe. Auf jeden Fall in den etwas abseits gelegenen Gebieten, meist nur nachts. Ihr ausdauerndes Geheul ist dann immer wieder einmal zu hören. Da sie sehr scheu sind, sieht man sie aber kaum. In der Dunkelheit schleichen sie gern um die Zeltlager auf der Suche nach irgendwelcher Beute. Gegenüber Menschen sind sie allerdings nicht gefährlich.

In Ladakh trafen wir auf Wolfsfallen. Es ist ein von Einheimischen errichteter runder Wall aus nach oben hin flacher werdenden Steinen, die so aufgeschichtet sind, dass sie nach innen überragen. In den Steinwall wird ein junges Kitz gesperrt, das, weil ohne Muttertier, schreit. Der Wolf wird dadurch angelockt, springt hinein, reißt das Kitz und kann über den überhängenden Steinwall nicht mehr heraus und wird getötet. Eine so einfache wie letztlich auch wirksame Fangmethode.

► Eine Wolfsfalle – da kommt kein Wolf mehr heraus.

## Kamele sind äußerst genügsam

Im Himalaya findet man Kamele nur noch im nordöstlichen Ladakh, im Nubra-Valley, in einer Höhe um 3500 Meter. Sie sind ein Relikt aus der Zeit, als Nubra noch keine Grenzregion war. Sie sind dort nach dem Einfall der Chinesen in Tibet in den 1950er-Jahren und wegen den seither unüberwindlichen Grenzen hängen geblieben. Nach Nubra gelangt man von Leh, der Hauptstadt von Ladakh, über den höchsten befahrbaren Pass der Welt, den Khardung La (5678 m). Auch im nordöstlichen Tibet trifft man noch auf Kamele.

Das zweihöckerige, baktrische Trampeltier gilt als »das Kamel« (im Gegensatz zum einhöckerigen Dromedar in den arabischen Gebieten). Das Kamel trägt bis zu 250 Kilogramm Lasten bei einer täglichen Gehleistung von etwa 30 Kilometern. Ohne Lasten können Kamele zwei Wochen ohne Wasseraufnahme auskommen. Sind schwere Lasten zu tragen, dann reduziert sich die angegebene Zeit auf die Hälfte. An Tränken und Wasserstellen können sie innerhalb von 15 Minuten etwa 150 (!) Liter Wasser zu sich nehmen. Auch salzhaltiges Wasser ist für Kamele bis zu einem bestimmten Grad durchaus genießbar.

Das Kamel hat etwas kürzere Beine als das Dromedar, es ist aber immer noch recht groß bzw. hoch, wenn man herunterfällt. Das Kamel ist den Wüstenverhältnissen in idealer Weise angepasst. Kamele können große Temperaturunterschiede ertragen, zwischen 50 °C plus am Tage und 40 °C minus in der Nacht. Sie können ihre normale Körpertemperatur auf 42 °C (!) erhöhen, um somit weniger (Kühl-)Wasser und Mineralsalze zu verlieren. Nachts senkt das Kamel seine Körpertemparatur auf 34 °C ab. Auf diese Weise kann es sozusagen einen Kältevorrat in den folgenden Tag mitnehmen und sich länger aufheizen lassen. Außerdem können die Kamele einen Wasserverlust bis zu 30% des Körpergewichts problemlos ertragen (der Mensch hat bereits bei 10% arge Probleme).

## Ein dichteres Fell

Das Fell ist im Winter dichter als im Sommer. Oben das raue Deckhaar, darunter die feine, weiche Wolle. Da das Kamel die Nasenlöcher, die Augen und die Ohren auf gleicher Höhe hat, nimmt man an, dass sie in vergangenen Jahrmillionen Wassertiere gewesen seien (ähnlich den Flusspferden, die Nasenlöcher, Augen und Ohren auch auf gleicher Höhe haben).

*Gezähmte Kamele sind immer recht handsam.*

Die Nüstern der Kamele sind verschließbar, was bei Sandsturm sinnvoll ist. Die Verdunstung von Wasserdampf im Nasenraum dient der Abkühlung des Blutstroms in der Nase. Über ein besonderes Adernetz gelangt das abgekühlte Blut ins Gehirn. Der Harn ist sehr konzentriert, um die Flüssigkeitsabgabe zu reduzieren: Sie verlieren auf diesem Weg gerade einmal einen Liter je Tag.

An den Augen haben die Kamele zum Schutz vor möglichen Sandstürmen zwei (!)

*Sage und schreibe 150 Liter Wasser pro Kamel – und das auf einmal.*

*An der Nase ist jedes Kamel besonders empfindlich.*

Reihen von Wimpern. An den Knien und am Brustbein weisen sie starke Hornschwielen auf, die beim Niederlegen vor dem heißen oder kalten Wüstensand schützen. Der Darm hat spezielle Zellen, die dem Kot noch einmal Wasser entziehen; so ist der Kot sehr trocken und dient als ideales Brennmaterial. Ein starker Tränenfluss befreit die Augen bei Bedarf von Staub und Sand. Das helle Bauchfell reflektiert die Hitzestrahlung vom Boden.

*Feuerzeug – der Feuerstein und Zunder werden an der Metallkante entlaggeschlagen, bis der Funke überspringt.*

## Auch das Blut ist anders

Die roten Blutkörperchen können sich auf das 200-fache ihres normalen Volumens aufblähen und so mehr Flüssigkeit aufnehmen. Auch die Ohren sind gegen Sandstürme ideal geschützt. Sie haben innen ein besonders dichtes Fell. Die Nieren können Wasser aus dem Urin entnehmen und in den Organismus zurückführen. Die beiden Höcker sind reine Fettreserven für Notzeiten. Denn der Abbau von Fett liefert Wasser. Die Milch ist auffallend süß und fett, also sehr nährreich von der Natur für den Nachwuchs vorgesehen.

Ein bekanntes Sprichwort sagt: Das Kamel ist in der Wüste sicherer als ein Auto, denn – es bleibt nicht im Sand stecken.

Die Kamele in Asien tragen kein Zaumzeug wie vergleichbare Tiere bei uns, sondern einen Nasenpflock, an dem das Zaumzeug befestigt ist. Das Tier reagiert immer recht schnell, weil der Nasenbereich recht empfindlich ist. Angetrieben wird das Kamel beim Reiten mit den Schenkeln des Reiters und mit der Stimme. Beim Verkauf eines Kamels reißt der Verkäufer dem Tier eine kleinere Wollsträhne aus, um so einen Hauch von dessen Seele zu behalten.

## Das Aufrichten der Kamele, …

… wenn aufgesessen wird, ist die gleiche Prozedur wie bei den Dromedaren. Erst hebt das Tier sein Hinterteil und der Reiter fällt nach vorn. Danach hebt das Tier sein Vorderteil und der Reiter fällt nach hinten. Man gewöhnt sich aber recht schnell daran.

Etwas gilt noch als rätselhaft. Kamele reagieren eigenartigerweise auf menschlichen Singsang. Wenn ein Muttertier ihr Neugeborenes durch den Zugriff von Wölfen verliert, ist das Muttertier unter dem Einfluss des erwähnten Singsangs, vorgetragen von Menschen, dazu bereit, ein anderes Jungtier anzunehmen. Mit dem Singsang werden wohl Muttergefühle geweckt. Eine genaue Erklärung dafür gibt es bis dato nicht (!).

Wenn jemand verabschiedet wird, sprenkelt die Nomadenfrau Kamelmilch mit den Fingern oder einem Löffel als Segen hinter dem Verabschiedeten her.

*Hintereinander an der Nase verbunden, folgen die Kamele hervorragend.*

*► Ein wildes Kamel – das kann sehr schnell sein.*

## Sprichwörter

Die Mongolen achten sehr darauf, dass es ihren Tieren gut geht. Ein Sprichwort lautet: »Wenn es den Tieren gut geht, geht es auch den Menschen gut.« Die Mongolen trinken Kamelmilch und essen das Kamelfleisch. Und der Kot dient auch noch als Brennmaterial. Die Tiere tragen beim Weiterziehen die Jurte und die übrigen Lasten. Die Kamele sind für das Leben in der Wüste unverzichtbar. Ein weiteres Sprichwort lautet: »Warum eilen? – Als der Himmel die Zeit erschuf, hat er genügend davon erschaffen.«

Unter den Mongolen ist es üblich, Kamelmilch in wenigen Tropfen vor der Jurtentür mit den Fingern in alle vier Himmelsrichtungen zu verteilen. Dies soll vor bösen Geistern schützen. Weiße Kamele gelten als Glücksbringer, weil sie relativ selten sind. Sie halten im Glauben der Mongolen die Häuser und Herden frei von bösen Geistern.

Schlaffe Höcker sind kein Zeichen für fehlendes Wasser. Die Höcker dienen als Fett- bzw. Nahrungsreserve. Wilde Kamele beißen und schlagen aus, gezähmte sind dagegen meist eher friedlich.

*Bergabgehen im Sand geht ja noch – aber bergauf.*

Ohne die Kamele wäre den Mongolen ein Überleben in der Wüste nicht möglich. Durch das Zusammenleben mit den Tieren taucht die Frage auf, ob die Kamele etwas von den Wesenszügen der Menschen angenommen haben oder umgekehrt. Bei den Beduinen im Oman dürfte es umgekehrt sein. In abgelegenen Gebieten begrüßen sich die Männer noch, indem sie sich mit der Nase berühren, so wie es die Dromedare und die Kamele tun.

*Das Kloster Badain Jilin in der Wüste Gobi – im Herbst 2006 war gerade einmal ein einziger Mönch anwesend.*

Die Wildgans-Pagode in Xian, erbaut nach der Rückkehr von Xuang-zang in den Jahren nach 649.

## Xuang-zang – ein chinesischer Gelehrter

Die ersten Aufzeichnungen von Reisen, die vom alten China aus westlich um den Himalaya herum nach Indien durchgeführt wurden, stammen von chinesischen Gelehrten, in der Regel von Mönchen. Diese reisten nach Indien, um im Geburtsland von Buddha die heiligen buddhistischen Schriften zu beschaffen. Einer dieser Reisenden war Xuang-zang (602–664 n.Chr.), der sich 631 in Xian, der alten Kaiserstadt des Reichs der Mitte, nach Indien aufmachte, um dort in den Besitz der begehrten Bände des »Kanjur« und des »Tanjur« zu gelangen. Der Kanjur ist die tibetische Bibel, der Tanjur enthält die Kommentare dazu.

Xuang-zang wählte den Weg nach Westen, über das heutige Xining, durch den Ganzu-Korridor – entlang der uralten, heute als Seidenstraße bezeichneten Route – dann südlich durch das heutige Afghanistan und Pakistan nach Indien. Der kürzere Weg über Lhasa, Gyantse und Kalimpong – also direkt über den Himalaya – dürfte den Chinesen damals noch nicht bekannt gewesen sein. Xuang-zang reiste auch kreuz und quer durch Indien und war schließlich bis zu seiner Rückkehr in Xian 18 (!) Jahre lang unterwegs.

Hier setzte Xuang-zang über – zur Erinnerung daran ist die Flussstelle mit in Stein gehauenen Hinweisen und einem Pavillon versehen.

Die buddhistischen Texte wurden in der im Stil der Tangzeit (618–907) allein zur Aufbewahrung der indischen Texte errichteten Wildgans-Pagode in Xian gelagert, die trotz einiger Erdbeben heute noch steht und als Wahrzeichen der Stadt gilt.

## Streifengänse in über 7000 Meter

Xuang-zang war nicht nur Mönch, sondern auch Gelehrter. Er berichtete in seinen Schriften sehr ausführlich über seine Reise. Auch darüber, was er unterwegs gehört hatte. So zum Beispiel von den »Rattenvögeln«. Dies seien die Nachkommen von Vögeln, die in den Höhlen hoher Berge mit Ratten im Konkubinat leben. Sie könnten über die höchsten Berge der Welt fliegen, was sonst kein anderer Vogel kann. Wir müssen uns in die Zeit des 7. Jahrhunderts versetzen, um dies nachvollziehen zu können. Dass uns dergleichen heute höchst mythisch anmutet, dürfte wohl außer Zweifel stehen.

In den 1970er-Jahren tauchte dann eine vergleichbare Story auf, die man – abgeklärt wie die Menschheit heute nun mal zu sein glaubt – sofort in das Reich der Fabeln und Legenden verwies. Während der holländischen Expedition zur Annapurna I im Oktober 1977, die erfolgreich war, bemerkten Teilnehmer, die sich in 7000 Meter Höhe befanden, das Quaken von Tieren. Zunächst dachten sie an Frösche. Doch war natürlich allen sofort klar, dass es in dieser Höhe keine Frösche geben kann. Die würden vor Kälte erstarren. Beim Blick zum Himmel entdeckten sie in einiger Entfernung eine riesige Schar größerer Vögel. Einer der Teilnehmer, Maarten Briet, zog geistesgegenwärtig seinen Fotoapparat hervor, um den für ihn so unerwarteten wie rätselhaften Vogelschwarm auf Film zu bannen und so für die Nachwelt festzuhalten.

Zurück in den Niederlanden wurde ein Buch über die Expedition veröffentlicht, »Annapurna I, 8091 m*«, verfasst von Xander Verrijn-Stuart. Kaum war das Buch erschienen, das auch das Bild mit den Vögeln in über 7000 Metern Höhe beinhaltete, wurde es angezweifelt. Man vertrat die Meinung, dass das

** Mathieu van Rijswick stand am 13. Oktober 1977 als erster Niederländer auf dem Gipfel eines Achttausenders. – Die Höhenangabe der meisten Achttausender ist uneinheitlich, andere Angaben für die Annapurna I lauten 8078 m.*

Bild nicht in dieser Höhe aufgenommen worden sein konnte, sondern etliche Tausend Meter tiefer. Denn kein Vogel könnte in solchen Höhen fliegen. Man mutmaßte, dass es entweder ein Irrtum sei, dass das Bild also in tieferen Regionen aufgenommen worden sein musste, oder gar ein Schwindel. Alle möglichen Leser meldeten sich zu Wort und ergriffen Partei gegen den Fotografen. Doch das Bild war tatsächlich echt. In über 7000 Meter Höhe aufgenommen.

## In der Tat …

… gibt es Vögel, genauer Gänse, die bis in Höhen von über 8000 Meter fliegen können. Es sind die Streifengänse, die weltweit den Höhenrekord halten. Sie überqueren jedes Jahr den Himalaya zweimal, einmal von Tibet nach Indien und schließlich wieder zurück, um in Tibet Eier zu legen und die Jungen aufzuziehen. Die Streifengänse – und nur diese – halten den Höhenrekord. Sie haben eine besondere Lunge, die solchen Vogelflug ermöglicht. Die Lunge ist dreimal so leistungsfähig wie die anderer Vögel. So ist das Bild mit den Vögeln in über 7000 Meter Meereshöhe keineswegs ein Schwindel, und der Fotograf wurde etliche Zeit später rehabilitiert.

*Das Bild, dessen Entstehung in 7000 m Höhe zunächst allseits angezweifelt wurde.*

*Streifengänse im Zoo von Nürnberg.*

Ein Schneeleopard – heutzutage im Himalaya nur noch eine ausgesprochene Seltenheit.

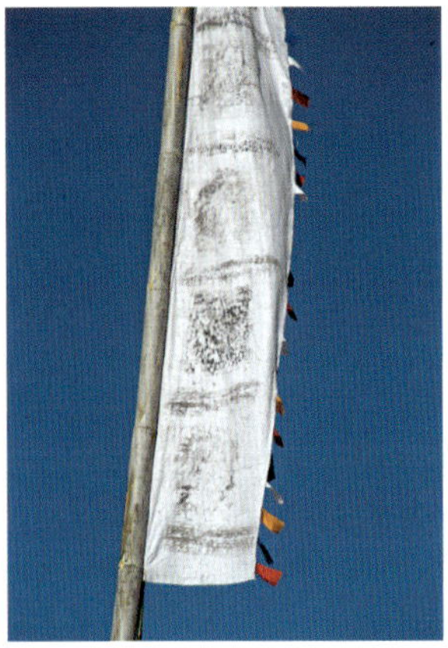

Gebetsfahnen (tib. »Darlog«) symbolisieren den Wunsch für das Glück aller Lebewesen, das vom Wind in alle Richtungen getragen wird.

Ihren Namen haben die Streifengänse von zwei dunklen Streifen am Hinterkopf. Ihr Pulsschlag ist zehnfach höher als der von Menschen. Ihre roten Blutkörperchen können mehr Sauerstoff aufnehmen. Neben der Lunge haben die Streifengänse mehrere zusätzliche Luftsäcke, zwischen denen die Luft mehrfach hin- und hergepumpt wird, was einen effektiveren Sauerstoffübertritt ins Blut bewirkt. Darüber hinaus können die Streifengänse schneller atmen und geraten nicht wie wir Menschen bei übersteigerter Atmung in Ohnmacht. Es gibt Anzeichen dafür, dass die Streifengänse die gesamte Strecke zwischen ihren Brutplätzen an den Seen im tibetischen Hochland (zwischen 3500 und 5000 Meter) und ihrem Überwinterungsquartier im indischen Tiefland ohne Rast, in ständigem Flug zurücklegen und Höhen von über 8000 Meter überfliegen. Sie brauchen dazu nur zwei Tage. Die Streifengänse gehören (noch) nicht zu den gefährdeten Arten.

In so manchem Fachbeitrag über die Streifengänse wird berichtet, dass diese über den Mount Everest fliegen. Gemeint sein dürfte, dass sie den Himalaya überfliegen, unabhängig von der jeweiligen Höhe. Denn dass sich die Streifengänse nur den Mount Everest zum direkten Überflug aussuchen, dürfte wohl recht unwahrscheinlich sein. Hinsichtlich der Flughöhe bleibt noch der Hinweis, dass die Streifengänse einige Hundert Meter über (!) dem Berg fliegen müssen.

Die Streifengänse wurden in den großen Höhen des Himalaya bereits in den dreißiger Jahren des letzten Jahrhunderts entdeckt. 1933 unternahmen zwei britische Piloten gemeinsam mit je einem Fotografen in je einem einmotorigen Flugzeug einen Flug von Indien zum Mount Everest. Bei diesem Flug entdeckten sie die Streifengänse in »riesiger« Höhe. Natürlich konnten sie die Streifengänse zu dieser Zeit noch nicht als solche identifizieren.

## Schneeleoparden und Tiger sind gefährdet

Im Garten des Norbulingka-Palastes in Tibet steht ein ausgestopfter Tiger, dem Geldscheine ins Maul gelegt werden und, wenn kein Platz mehr ist, werden diese auf sein Haupt oder zu dessen Füßen gelegt. Alles, was dem Dalai Lama gehörte und womit er sich umgab, wird von den Tibetern heute noch verehrt.

Alle Tiere, die selten sind, sind gefährdet. So auch Tiger und Schneeleoparden. Diese sind durch Wilderei, insbesondere in der

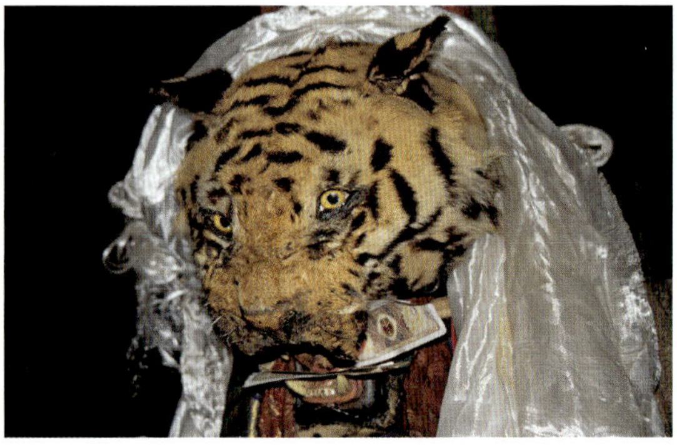

► Schneeleoparden und Tiger (im Bild) wurden früher – wenn erlegt – immer präpariert und im nächsten Kloster aufbewahrt. Ins Maul werden Geldscheine für das Kloster gesteckt.

Mongolei und in den Teilstaaten der ehemaligen Sowjetunion, gefährdet. Es gibt zwar Wildhüter zu deren Schutz, doch die leben gefährlich. Aufgrund dessen, dass Felle und auch die Knochen sehr gefragt sind, sind schon Wildhüter spurlos verschwunden. Der Stellenwert eines Menschenlebens ist in diesen Ländern nicht der wie in Europa.

Einen Schneeleoparden oder einen Tiger erlegt zu haben, entspricht unter den Mongolen nahezu einem Sechser im Lotto. Artenschutz ist deshalb dringend notwendig, doch für viele meist unverständlich, auf jeden Fall aber unerwünscht. Schließlich haben die Einheimischen immer gejagt, wenn auch oft erfolglos. Ein schönes Fell bringt bis zu 5000 Euro, in Indien das Drei- bis Vierfache.

Auf mongolisch heißt der Schneeleopard »Irbis«. Er lebt bis in Höhen von 5000 Meter. In der Mongolei blüht der Schwarzhandel, dies sogar auf offener Straße. Genauso auch im chinesischen Kashgar. Felle werden auf offener Straße angeboten. Polizei und Zoll sind häufig korrupt und käuflich.

Zu Beginn der 1970er-Jahre, bei einem meiner ersten Trekkings in Nepal, hatte sich ein Teilnehmer, von Beruf Pelzhändler, ein Leopardenfell aufschwätzen lassen. Es war ein echtes Fell. Er hatte damals viel Geld dafür bezahlt. Und er stopfte das Fell nicht etwa in einen Seesack, die gewöhnlich nicht vom Zoll geöffnet werden, sondern in seinen Koffer. Und Koffer werden, wenn sonst nur Seesäcke am Zoll zur Kontrolle liegen, natürlich geöffnet. Und das Leopardenfell wurde konfisziert.

Seit einigen Jahren sind Ranger auch auf den Märkten in der Mongolei tätig. Bei der Höhe der Preise wird von den Ganoven nahezu jedes Risiko in Kauf genommen. Besonders verwerflich sind die Fang- bzw. Schlageisen, die zu entsetzlichen Verletzungen der Tiere führen. Diese Fangweise ist für die Ganoven relativ gefahrlos, denn der Wildwechsel wird nur erkundet und die Fangeisen werden aufgestellt. Wird ein Tier gefangen, holt man es erst, wenn die Luft rein ist und immer ohne Schießeisen, das einen verraten könnte. Auch lebende Tiere werden gehandelt. In China und im Himalaya sind die Bestände überwiegend stark bedroht. Ihre Knochen sind sehr gefragt, da in der asiatischen Heilkunde, insbesondere in der TCM (Traditionelle Chinesische Medizin) sehr beliebt. Deshalb hat sich der Bestand der Großkatzen in Asien drastisch reduziert.

Das Knochenmehl hilft angeblich gegen Arthritis und bei Potenzschwierigkeiten. Nach den Erkenntnissen westlicher Medizin ist dies eine Sache des Glaubens bzw. des Irrglaubens. Da die asiatischen Apotheken die vielen Großkatzenknochen nicht herbeibringen, werden diese häufig mit stinknormalen Schaf- und Ziegenknochen vermischt. Derzeit werden in den asiatischen Apotheken angeblich 600 Millionen Euro mit solchen Knochen umgesetzt. In wenigen Jahren wird mit einem Anstieg auf bis zu 10 Milliarden gerechnet. Die staatlich aufgestellten Ranger, die man Irbis-Teams nennt, versuchen auf den Märkten mit einem Lockvogel an die Ganoven heranzukommen. Wenn der Handel perfekt, also Geld geflossen ist, können sie zugreifen.

Weitere Schutzprogramme stehen überwiegend nur auf dem Papier. Eine wirklich brauchbare Lösung ist nicht in Sicht. Der Glaube an die Heil- und Potenzwirkung ist noch zu sehr in der Volksseele verankert. Es bedarf noch einiger Mühe und einiger Zeit, bis die Einheimischen erkennen werden, dass es sinnvoll ist, die Großkatzen zu schützen und überleben zu lassen.

*Gläubige Buddhisten betreten den Norbulingka, den Sommerpalast des Dalai Lama, auch heute noch immer nur barfuß.*

*Ein »Mandala« in Stein gemeißelt, das zur Erfahrung transzendenter Wirklichkeit dient.*

*Im Norbulingka weilte der Dalai Lama im Februar 1959 das letzte Mal – von hier begann seine Flucht nach Indien.*

# Von Gebetsfahnen, Manisteinen und Gebetsmühlen

► *Ein »Gyodar«, ein senkrecht aufgestellter Stamm mit zahllosen Gebetsfahnen.*

Im tibetischen Kulturbereich werden gelegentlich buddhistische Kulturgüter zum Verkauf angeboten. Der Geschäftsgeist macht leider nirgendwo Halt. Wenigstens etwas über einige dieser Kulturgüter zu wissen, kann vorteilhaft sein.

## Gebetsfahnen

Dies sind bedruckte kleinere und größere Leinen-, seltener Seidenstücke. Dargestellt ist häufig das »Lungta«, das Windpferd, mit den drei Juwelen auf dem Rücken, die einmal Buddha darstellen, sowie »Dharma«, die buddhistische Lehre, und »Sangha«, die Mönchsgemeinschaft. Auch andere Buddha-Darstellungen sowie solche von Padmasambhava und anderen Bodhisattvas sind üblich, ebenso wie der sich vielfach wiederholende Schriftzug »Om mani padme hum«.

Platziert werden die Gebetsfahnen (tib. »Darlog«) überwiegend an Pässen und an Wegkreuzungen als Zeichen der Dankbarkeit, die Stelle erreicht zu haben. Auch an Häusern sind sie zu finden und an Stellen, die Buddhisten etwas bedeuten. Sie symbolisieren den Wunsch für das Glück aller Lebewesen, der vom Wind in alle Richtungen getragen wird.

Gebetsfahnen aus Seide sind wertvoller, folglich teurer. Die einfacheren und billigeren bleichen, wenn sie dem Sonnenlicht ausgesetzt werden, mit der Zeit aus. Die Darstellungen auf den Gebetsfahnen haben sich trotz des wirtschaftlichen Einflusses nicht geändert. Die Druckstöcke aus Holz sind immer noch die gleichen. Werden neue angefertigt, ändert sich an der Form, an der Darstellung und an der Schrift nichts. Bleibt zu wünschen, dass sich dies nicht ändert.

*An der Dankhar Gompa im Himachal Pradesh mit Blick nach Südosten.*

## Manisteine …

… waren in der Vergangenheit die einzige Möglichkeit, etwas Schriftliches – Gebete – für die Ewigkeit aufzubewahren. Die Anfertigung ist eine sehr langwierige Arbeit, weil den Tibetern meist korrekt gehärteter Stahl zur Steinbearbeitung fehlt. Durch die langwierige Anfertigung der Manisteine von Hand ist es möglich, sich dadurch Verdienste zu erwerben, um so ein besseres Karma zu erwirken. Tibetische Schriftzeichen sind nicht wie europäische Lettern auf eine Linie gesetzt, sondern sie hängen quasi an einer Linie.

Was ist zu lesen? – Das berühmte »Om mani padme hum« wiederholt sich immer wieder. Zu Deutsch: »Oh, Du Juwel in der Lotosblüte«. Es gilt als das Mantra des Avalokiteshvara, der von den Tibetern Tschenresi genannt wird. Es ist die meistgesprochene Gebetsformel der Welt, weil

◄ *Ein Manistein – wie man sie zu Hunderten finden kann.*

*Zwei der Frauen tragen an einer Halsschnur ein Muschelstück, das von der Gebetsmühle mehrfach (!) durchmahlen ist.*

es die Buddhisten immer wiederholen. Avalokiteshvara bzw. Tschenresi gelten als die Verkörperung des universellen Mitleids. Die Darstellung hat teils tausend Arme und elf Gesichter und gilt als die Nationalgottheit Tibets.

Gelegentlich trifft man auf Manisteinbehauer, so z.B. auf einem etwas versteckten Weg südwestlich des Potala. Dort kann man die Anfertigung von Manisteinen beobachten. Man wird erkennen, dass dergleichen – wenn es sich um einen größeren Stein mit kleiner Schrift handelt – tagelang dauern kann. Und wie bei den Gebetsfahnen ist auch bei den Manisteinen kein »Schmu« für Touristen üblich, sieht man von kleineren Manisteinchen ab, die es früher nicht gab. Doch auch die sind immer korrekt gefertigt.

## Gebetsmühlen

Gebetsmühlen (»mani tshö khor«) gibt es von Kinderhandtellergröße bis zu einem Durchmesser von ein oder gar zwei Metern. Beim Drehen der großen ertönt bei jeder Umdrehung ein Klingelzeichen. Nicht alle Gebetsmühlen sind rund. Große, insbesondere in Amdo und Kham, können auch vieleckig sein. Die Gebete – als »Mantras« bezeichnet – sind von Holzschnitten auf Papier gedruckt, zusammengerollt und in Stoff eingewickelt und vernäht. Sie müssen lang halten, gewöhnlich mehrere Generationen.

Bei Handgebetsmühlen befindet sich zwischen dem Drehzylinder und dem Griff eine Muschelschale, die als Gleitstück dient. Mit der Zeit, nach zigtausend Umdrehungen, ist das Muschelstück durchgemahlen und der Besitzer hängt es sich an einer Schnur um den Hals. Je mehr solche durchgemahlenen Muschelstücke er am Hals trägt, desto angesehener ist er im religiösen Sinn.

Den Touristen werden in Kathmandu meist schrecklich verzierte Gebetsmühlen angeboten. Um diese zu erkennen, muss man nur den Deckel abnehmen. Sind Papierstreifen sichtbar um die Stange gewickelt, dann ist es eine für Touristen angefertigte. Bei echten Gebetsmühlen – die Touristen gewöhnlich gar nicht angeboten werden – sind die Papiergebete eng zusammengewickelt und in Stoff eingenäht, folglich nicht sichtbar. Diese Gebetsmühlen haben meist nur wenig äußerliche Verzierung, und sie drehen sich völlig ruhig, ohne ein Geräusch von sich zu geben, weil eingelaufen. Die Preise der für Touristen angebotenen Gebetsmühlen sind relativ niedrig, woran zu erkennen ist, dass es sich um Produkte für Touristen handelt. Echte Gebetsmühlen, die auch immer an einem abgegriffenen Stiel und an einer eingelaufenen Muschelschale zu erkennen sind, werden gewöhnlich nicht angeboten oder sie sind auffallend teuer, was in dieser Größenordnung nicht erwartet wird.

*Doppelstöckige Gebetsmühle.*

◄ *Eine riesige Gebetsmühle, Durchmesser knappe zwei Meter.*

*Typische Gebetsmühlen für Touristen (links) und eine echte Gebetsmühle (rechts).*

# Im Kathmandu-Tal war einmal ein See

*Die berühmte Stupa von Swayambunath, oberhalb von Kathmandu.*

*Durch diese Engstelle wird das Kathmandu-Tal nach Süden hin entwässert.*

Der Legende nach bedeckte vor etlichen Hundert Jahren ein See das Kathmandu-Tal. Nur der Hügel von Swayambunath mit seiner Stupa, ein für Buddhisten wie auch für Hindus gleichermaßen heiliger Ort, schaute aus dem See heraus. Da die Nepali alle nicht schwimmen konnten (und heute auch meist noch nicht können) und man auch Boote noch nicht kannte, wusste man nicht wie man trockenen Fußes nach Swayambunath kommen sollte.

## Hilfe aus Tibet

Der buddhistische Heilige, der Bodhisattva Manjusri, ist aus Tibet gekommen. Er gilt als der Bodhisattva der Weisheit und ist ikonographisch an zwei Attributen zu erkennen. Einmal am Schwert, das er in der rechten Hand mit der Spitze über dem Kopf hält, und mit dem er die Unwissenheit der Dunkelheit zerstört. Zum anderen an dem tibetischen Buch, das sich auf der Lotosblüte zu seiner Linken befindet. Ein Buch galt früher, als viele weder lesen noch schreiben konnten, als Symbol für Weisheit.

Der Legende nach hat Manjusri mit seinem Schwert einen riesigen Hieb in den Bergrücken südlich des Kathmandu-Tales, bei Shobar Ganesh, getan. Dadurch ist der See abgeflossen. Seitdem können alle Gläubigen trockenen Fußes den Hügel von Swayambunath erreichen. Soweit die buddhistische Legende.

Eine weitere, im Prinzip sehr ähnliche Legende, finden wir in der hinduistischen Mythologie. Nach dieser habe Shiva den Hieb mit seinem Diskus getan und auf diese Weise dem See im Kathmandu-Tal zum Abfluss verholfen.

## Nun die Wirklichkeit

Die Geologen haben nachgewiesen, dass es im Kathmandu-Tal in vorgeschichtlicher Zeit in der Tat einen See gegeben hat. Nur dürfte der natürlich weder durch den Schwerthieb Manjusris noch durch Shivas Hieb mit dem Diskus in den Bergrücken bei Shobar Ganesh abgeflossen sein, sondern durch eine geologisch bedingte Hebung des Bergrückens, die zu einem Einriss führte.

Man kann dies nachempfinden, wenn man auf dem Weg nach Dakshin Kali in Chobar Ganesh vorbeikommt und sich den »Hiebeinschnitt« im Bergrücken, wenig links (östlich) der Straße ansieht. Die beiden Seiten des Bergrückens, die durch die bereits erwähnte geologische Hebung auseinander gerissen wurden, sind richtiggehend kongruent. Durch diesen Einriss fließt der Bagmati, der das Kathmandu-Tal entwässert, nach Süden. Könnte man die beiden Seiten des Bergrückens wieder zusammenfügen, sie passten exakt aneinander – und, das Kathmandu-Tal würde sich langsam wieder mit Wasser füllen. Legenden und Wirklichkeit stimmen manchmal in auffallender Weise überein.

*Manjusri – der mit dem Schwert über dem Kopf.*

*Die Thanka zeigt die bildliche Vorstellung der Nepali von Swayambunath.*

# Von den »Vier Freunden und einem Pfirsichbaum«

Die vier »tibetischen Stadtmusikanten« – gewöhnlich steht der Vogel auf dem Rücken des Hasen.

Diese tibetische Fabel wird im deutschen Sprachraum gern als »Die tibetischen Stadtmusikanten« bezeichnet. Vier Tiere übereinander, ganz so wie in der norddeutschen Fabel von den Bremer Stadmusikanten, das größte unten, das kleinste oben. Die tibetische Fabel zeigt, dass man sich zunächst zwar streiten, aber schließlich auch wieder einigen kann. Ebenso wie unsere westliche Fabel hat das buddhistische Equivalent einen belehrenden Sinn.

## Es waren einmal …

… vier Tiere. Ein Elefant, ein Affe, ein Hase und ein Goldfasan. Die hatten Freundschaft miteinander geschlossen. Eines Tages hörten sie von einem wundersamen, ewig Früchte tragenden Pfirsichbaum, der 10.000 Kilometer entfernt wachsen würde. Sie baten den Goldfasan, einen Schössling zu holen. Der Goldfasan machte sich auf den Weg und kehrte nach 333 Tagesreisen mit einem solchen Schössling zurück. Der Hase setzte den Schössling in den Boden, der Affe förderte dessen Wachstum durch Düngung und der Elefant brachte dem Schössling täglich mit seinem Rüssel ausreichend viel Wasser. Der Schössling wurde bald zu einem kleinen Bäumchen und trug herrliche Früchte. Alle vier Freunde wurden satt.

Später wurde der Pfirsichbaum immer größer und schließlich wurde aus ihm ein stattlicher Baum. So kamen nur noch der Goldfasan und der Affe an die goldgelben Früchte heran. Der Affe deshalb, weil er aufgrund seiner Kletterkunst bis in den Wipfel klettern konnte und der Goldfasan, weil er das Fliegen beherrschte. Beide waren die Nutznießer des Baumes. Sie taten sich an den Früchten gütlich.

Der Hase und der Elefant gingen leer aus. Beide waren darüber sehr traurig. So bestand schließlich die Gefahr, dass die Freundschaft der vier Tiere zerbrechen könnte.

Um es nicht dazu kommen zu lassen, gingen alle vier gemeinsam zu einem weisen Guru und legten ihm ihr Problem dar. Nachdem der Weise dies vernommen hatte, sagte er: »Streit ist immer das falscheste Mittel. Jeder von euch hat zum Wohle des Baumes beigetragen. Jedem stehen die Früchte zu. Ihr könnt euren Streit am schnellsten beenden, wenn ihr versucht, darüber nachzuden-

Die neu hergerichteten Tschorten und Gebetsmühlen in Khumbum.

ken, wie ihr alle vier, jeder von euch, an die Früchte herankommen könnt. Dann wird das Mistrauen unter euch verschwinden und die Brüderlichkeit wieder einkehren.«

Diese Worte gefielen allen vier Tieren. Sie berieten sich und fanden die richtige Lösung. Der Elefant diente unter dem Baum als Fundament, der Affe stieg auf dessen Rücken und der Hase auf den Rücken des Affen. Und der Goldfasan flog auf den Rücken des Hasen. So musste der Goldfasan nur noch die Pfirsiche pflücken und dem Hasen herabreichen, die dieser dem Affen weitergab und dieser schließlich dem Elefanten.

So lernten die vier Tiere in Eintracht die wundersamen Früchte des Pfirsichbaumes in Frieden zu ernten und gemeinsam zu genießen.

## Wo findet man diese Darstellung?

In so manchen Klöstern, und zwar im Eingangsbereich, also außerhalb der Klosterinnenräume. Gelegentlich auch an Tschorten. Der gläubige Buddhist soll durch die Darstellung an die Eintracht unter den Menschen erinnert werden. Offensichtlich ist die Eintracht auch im buddhistischen Bereich nicht immer besonders begehrt.

Im berühmten Kloster Khumbum in Amdo findet man außerhalb der Klostergebäude gar eine moderne Bronzestatue – die einzige die es wohl geben dürfte – die die vier Tiere etwas kleiner als im Maßstab 1:1 darstellt.

In Khumbum gibt es wohl die einzige Statue von den »Vier Freunden und einem Pfirsichbaum« – sonst gibt es nur gemalte Bilder, davon allerdings viele.

**In Amdo**

Im Nordosten Tibets, in der Provinz Amdo, hatten die Tibeter schon immer mehr Verbindung mit den Chinesen, weil es dort keine so strenge, landschaftliche Abgrenzung gibt wie in Zentraltibet. Der Buddhismus ist auffallend lebendiger geblieben, wovon eine Vielzahl von Klöstern, insbesondere auch einige der Groß-Klöster, zeugen. Auch die vorbuddhistischen Bön-Klöster sind dort noch in unerwartet intensiver Weise in Betrieb. Die chinesischen Sanktionen sind auch nicht so streng wie in Zentraltibet. In den buddhistischen Klöstern findet man dort auch immer wieder einmal ein Bild des Dalai Lama und gar nicht einmal ein besonders kleines, unscheinbares Bild oder dieses gar versteckt. Kein Chinese stört sich daran. – Der Autor hat bei einem Devotionalienhändler ganz in der Nähe des Labrang-Klosters ein gerahmtes Bild des Dalai Lama entdeckt, das dort auf einem geschnitzten Holzständer ausgestellt und zum Verkauf angeboten wurde. Die chinesische Polizei hat nicht im Entferntesten daran Anstoß genommen. Die ist dort auch nicht so auffällig und dominant wie in Zentraltibet. Dies auch nicht während des größten tibetischen Festes, des Losar-Festes, das Ende Januar / Anfang Februar stattfindet. Da wird der buddhistische Jahreswechsel gefeiert und dies sehr ausgiebig. Auch während dieses Festes ist die chinesische Polizei nicht derart dominant und provokant wie in Lhasa. Tibeter und Chinesen haben in Amdo schon immer mehr oder weniger zusammengelebt. Und dies durchaus friedlich.

# Etwas Buddhismus für Trekker

*Ein gläubiger Buddhist – und alle Buddhisten sind gläubig – berührt mit seinem Kopf ehrfurchtsvoll einen Schrein, in dem sich Götterstatuen befinden.*

Die Einführung in den Buddhismus lässt sich nicht mit wenigen Sätzen gestalten. Trotzdem soll dies hier wenigstens versucht werden.

Der Buddhismus ist letztlich eine atheistische Religion. Eine Religion ohne einen Gott und folglich ohne jegliche Vielfalt von Göttern. Dies auch, wenn es in jeder Gompa – in jedem buddhistischen Tempel – Götterstatuen gibt, die verehrt und angebetet werden. Buddha hat sich nicht (!) dahingehend geäußert, dass diese oder jene Götter zu verehren oder anzubeten seien, noch dass er gesagt hätte, man möge ihn gar selbst anbeten. Buddha hat sich nur als Lehrer betrachtet und wie folgt geäußert: »Wenn ihr jemanden verehren wollt, dann verehrt eure Mutter, die hat für euch am meisten getan.«

Buddha bedeutet »der Erwachte«. Er war der Sohn eines Fürsten des Shakya-Geschlechtes in Lumbini, nahe Kapilavastu, das heute zu Nepal gehört, ganz in der Nähe der indischen Grenze. Der Fürstensohn erhielt den Namen »Siddhartha Gautama«. Den Namen Buddha erhielt er erst später.

## Eigentlich gar keine Religion

Der Buddhismus ist streng genommen gar keine Religion, sondern »nur« eine Philosophie. Eine Philosophie dahingehend, dass sie dem Menschen einen Weg weist, wie er aus der Illusion des irdischen Lebens – im christ-

lichen Sinn: aus dem »irdischen Jammertal« – zu spiritueller Befreiung in das Nirwana gelangen kann.

Das Nirwana gilt als das Ende der Existenzen, als das Ende der empirischen Welt. Im Nirwana gilt alles als erloschen (»nirva« = verlöschen). Das Ende des Leidens gilt als erreicht. Kein weiteres Leiden folgt mehr.

Der Buddhismus zählt zu den fünf Weltreligionen. Trotzdem ist der Buddhismus – wie oben erwähnt – keine Glaubensreligion wie das Christentum und die anderen drei großen Religionen, sondern eine Erkenntnisreligion. Der Buddhismus ist eine »Religion ohne Götter«. Im Buddhismus geht es darum, die Dinge so einfach zu sehen, wie sie sind. Nichts ist von Dauer. Das Leben ist endlich. Höhlen sind ein Zeugnis dafür, dass nicht einmal der Fels ewig ist. Jedes Werden ist nicht denkbar ohne das Vergehen.

*In den Gompas ist es oft recht kalt, eine Heizung gibt es nicht – körperliche Bewegung hält immer warm.*

## Die Lehre

Der Buddhismus lehrt die Dinge zu betrachten, ohne sie zu beurteilen. Der Buddhismus lehrt das Leben zu achten, dem Leben aber keine besondere Bedeutung beizumessen. Leben und Tod sind untrennbar miteinander verbunden. Das eine kann nicht sein ohne das andere. Entstehen – Existenz – Vergehen. Überall auf der Welt geht es letztlich um das Gleiche.

Buddha gilt nicht als göttlicher Erlöser wie Jesus im christlichen Sinn. Buddha ist »nur« ein Wegweiser, ein Lehrer, der den Weg der Erkenntnis über Jahre gesucht, gefunden und gelehrt hat.

Das alles steht natürlich im Widerspruch zu dem was wir sehen, wenn wir im Bereich buddhistischer Kultur unterwegs sind. In jedem Kloster sieht man Gläubige das »Om mani padme hum« murmeln und sich vor den Heiligtümern und vor den Götterdarstellungen mehrfach verbeugen, meist niederlegen. Dies dreimal hintereinander. Es ist Ausdruck der Verehrung, der Anbetung.

## Von der vierfachen Wahrheit des Leidens

Buddha hat aufgrund einer vierjährigen extremen Askese, die ihn nicht (!) zum Erfolg führte, die extreme Askese aufgegeben und sich einer weniger extremen hingegeben, die aber jeden übermäßigen Genuss ausschließt. So fand Buddha, lange Zeit reglos unter einem Bodhi-Baum sitzend, angeblich bis zu einem Monat, die erlösende Erkenntnis: Die vierfache Wahrheit vom Leiden.

1.) Leben bedeutet Leiden. Ein Leben ohne Leiden ist nicht vorstellbar. Auch die Reichsten, die sich nicht um das tägliche Brot kümmern müssen, leiden immer wieder durch Dinge, die sie möglicherweise schlimmer treffen als jeder Hunger.

2.) Die Ursache des Leidens liegt in der Begierde, im Lebenswillen. So zum Beispiel in der Begierde, den Hunger zu stillen. Jeder Mensch will, sofern möglich, das Leben genießen, dies wenigstens teilweise.

3.) Die Leiden können überwunden werden durch die Abtötung der Begierden und der Leidenschaft.

4.) Abschließend hat Buddha als vierte Wahrheit den Weg gefunden, der zur Aufhebung der Ursache allen Leidens führt. Es ist der »Achtfache, tugendhafte Pfad«, der Regeln enthält, die durchaus vergleichbar sind mit unseren christlichen Zehn Geboten.

Ziel der Buddhisten ist die Aufhebung der »ich«-bezogenen Existenz, das Erlöschen aller Illusionen, der Eingang ins Nirwana.

*Das Schlagen der Trommel erfolgt meist durch Novizen, weil dazu weniger ausgereiftes Können erforderlich ist.*

*Lang gezogene Ohrläppchen sind auch heute noch üblich, unten Buddha Shakyamuni.*

*Immer langes Anstehen im Jokhang, um zum Jobo-Buddha zu gelangen.*

*► Der Jobo-Buddha, der »Edle Herr«, das bedeutendste Heiligtum im buddhistischen Tibet.*

## Der Achtfache, tugendhafte Pfad ...

... ist schließlich nichts anderes als eine Sammlung ethischer Regeln, wie wir sie in allen Religionen finden, so auch im Christentum.

»Bemühe dich um eine rechte Rede«. – Im Christentum: »Du sollst nicht lügen«.

»Bemühe dich um rechtes Handeln und Leben«. – Im Christentum: »Du sollst Vater und Mutter ehren ...« – »Du sollst nicht stehlen. – »Du sollst nicht die Ehe brechen«. – »Du sollst nicht ...«

Allein aus den unterschiedlichen Formulierungen – im Buddhismus »Bemühe dich ...«, im Christentum »Du sollst nicht ...« – ist herauszulesen, dass der Buddhismus eine im Grunde tolerantere Religion ist als das Christentum.

Es gibt im Buddhismus auch keinen Missionsauftrag. Wer sich dem Buddhismus anschließen möchte, kann dies tun. Wer dies nicht will, lässt es bleiben.

Im Buddhismus wird auch nicht behauptet, den einzig richtigen Weg zu wissen und zu weisen, sondern nur einen von vielen.

Buddha hat nach Erlangung seiner Erkenntnis seine erste Predigt im Gazellenhain von Benares gehalten. Von da an hat sich seine Lehre auffallend weit verbreitet. Obwohl Buddhas Geburts- und Todesjahr nicht eindeutig bekannt sind (siehe nachfolgend), wird sein erreichtes Alter mit einheitlich 80 Jahren angegeben.

## Wie sieht die Praxis aus?

Da der Großteil der Menschheit offensichtlich das Bedürfnis hat, etwas Höheres verehren und anbeten zu wollen, haben die Buddhisten in Tibet Götterdarstellungen teils auch aus der vorbuddhistischen Zeit, von der Bön-Religion, übernommen, die eine schamanistisch-animistische Naturreligion und wesentlich älter ist als der Buddhismus in Tibet. Die Bön-Religion gibt es heute noch, überwiegend im Nordosten Tibets und in abgelegenen tibetischen und kulturell von Tibet beeinflussten Gebieten, auch im Nordwesten Nepals. Die Bön-Anhänger drehen die Gebetsmühle und umrunden die Heiligtümer links herum, während die Buddhisten dies rechts herum tun, im Uhrzeigersinn.

*Ein 15 cm hohes Amulettkästchen (tib. »Gau«), das am Hals getragen wird und worin u.a. Reliquien aufbewahrt werden. Größere Amulettkästchen dieser Art werden auch an der Schulter hängend getragen.*

*In den Gompas Nordost-Tibets ist das Aufstellen von Bildern des Dalai Lama gang und gäbe.*

In den zweieinhalbtausend Jahren – Buddha lebte von 560 bis 480 v.Chr., auch 563 bis 483 v.Ch. wird angegeben – hat sich in der buddhistischen Lehre viel verändert (genauso wie in den zweitausend Jahren Christentum).

Die vier Hauptrichtungen der Lehrtraditionen (auch »Schulen« genannt) im tibetischen Buddhismus sind:

Nyingmapa – »die Alten«, orthodoxe Rotmützen: Padmasambhava (8. Jahrhundert) gilt als der Hauptguru, später mangels einer einigenden Hand teilweise Zersplitterung der Schule; Ausbreitung besonders in Ost-Tibet.

Kargyüpa – weiter entwickelte Rotmützen: als der bekannteste Vertreter gilt Milarepa (1040–1123), dessen Darstellung immer mit der rechten Hand am Ohr erfolgt, um dem Widerhall seiner Gesänge zu lauschen. Das Schrifttum Milarepas ist zum literarischen Allgemeingut geworden.

Sakyapa – ebenfalls Rotmützen: gelten als Vorläufer der Gelbmützen, die ihren Namen vom Stammkloster Sakya im westlichen Zentraltibet haben, ihre größte Bedeutung erlangten sie im 13 Jahrhundert.

Gelugpa – Gelbmützen oder Tugendhafte: bald nach der Gründung durch Tsongkhapa (1357–1419) und schließlich auch heute noch die größte und fortschrittlichste Schule, Ziel war

*Drei Gesichter des zehngesichtigen »Rahul«.*

seinerzeit eine intensive Reform der teilweise verkommenen Ordenszucht und ein Sich-Besinnen auf die Lehre Atishas (982–1054). Der Dalai Lama gehört den Gelbmützen an.

Einer der Grundsätze der buddhistischen Lehre ist die Erkenntnis, dass das Leben eine ständige Veränderung bedeutet, dass alles nur eine Form der Erscheinung ist – nicht anders als in der Relativitäts- und in der Quantentheorie.

Die Historie des Buddha wurde vereinzelt angezweifelt, dies insbesondere im Westen. Der Gestalt des Buddha wurde ein Mythos zugeschrieben. Durchsetzen konnte sich dies bis heute aber nicht. Weder im Osten, noch im Westen. Die historischen Hinweise sind zu zahlreich und zu deutlich.

*In Spiti fahren sogar die Fahrzeuge im Uhrzeigersinn um Manimauern herum.*

**Auch im Christentum**

Es gibt auch bei uns – sehr vereinzelt zwar – göttliche Darstellungen mit drei Gesichtern. Es ist die der Dreifaltigkeit. Von der Natur keineswegs inspiriert, hat man auch bei uns in der Vergangenheit nach Möglichkeiten zur Darstellung gesucht, wenn diese auch etwas anders gelungen sind als im Buddhismus üblich.

Obwohl diese Darstellung der Dreifaltigkeit von Papst Urban VIII.* (Amtszeit 1623–1644) bereits im Jahr 1628 per kirchlichem Dekret verboten wurde, hat sich der christliche »Dreikopf« oder das »Dreigesicht«, wie diese Darstellungen bei uns genannt werden, vereinzelt bis heute erhalten. Sie sind zu besichtigen im Südtiroler Landesmuseum für Völkerkunde in Dietenheim, im Augustiner Museum in Rattenberg, in der Pestkapelle in St. Leonhard im Pitztal und im Tirol-Panorama-Museum in Innsbruck.

Das hier gezeigte Bild wurde im Völkerkundemuseum in Dietenheim auf-

genommen, wo es zwei geringfügig unterschiedliche Darstellungen des »Dreikopfes« bzw. des »Dreigesichtes« gibt. – Dreigesichtige Gottheiten gab es auch schon bei den Kelten.

** Während des Pontifikats Urbans VIII., gebürtiger Maffeo Barberini (1568–1644), fielen weitreichende Entscheidungen. Aus heutiger Sicht aber keineswegs nur positive. Zum einen war es seine Unterstützung des mit Schweden verbündeten Frankreichs im Dreißigjährigen Krieg gegen das katholische Habsburg und damit die Unterstützung der schwedischen Protestanten (!), zum anderen war es der beispiellose Nepotismus, den Urban VIII. zu seinem Nutzen rigoros angewandt hat, sowie seine grandiose Bautätigkeit. Schließlich war es noch der gegen Galileo Galilei angestrengte Prozess, wodurch Galilei seine Erkenntnis, die Erde drehe sich um die Sonne und folglich stehe nicht die Erde im Mittelpunkt, sondern die Sonne, öffentlich widerrufen musste.*

# Höhenkrankheit und wie man sie vermeiden kann

von Prof. Dr. Franz Berghold

Aufstieg an der Annapurna I (8078 m) von Osten, in einer Höhe von etwa 7300 Meter – im Hintergrund der Ostgipfel. Die folgenden drei Bilder stammen vom gleichen Aufstieg.

Blick nach Süden, Höhe etwa 7350 Meter.

Lager III (6840 m) an der Ostseite, unterhalb des 7500 Meter hohen Ostgrates.

## Höhenbereiche (sog. »Schlafhöhen«)

**Moderate Höhen (1500–2500 m)**
Diese werden üblicherweise automatisch gut vertragen, eine Akklimatisation ist in diesem Bereich nicht erforderlich.

**Größere Höhen (2500–5300 m)**
Ab 2500 Meter Schlafhöhe muss man sich an die Höhe akklimatisieren. Misslingt die Akklimatisation, wird man höhenkrank.
Klappt die Akklimatisation, ist man auf dieser Höhe unbegrenzt lebens- und leistungsfähig.

**Extreme Höhen (5300–8848 m)**
Hier ist Leben auf Dauer nicht möglich, daher sollte man sich in diesem Bereich immer nur so kurz wie möglich aufhalten – je höher, desto wichtiger ist dieser Grundsatz. Ein Basislager zur Regeneration des Körpers muss daher unterhalb von 5300 m liegen, je tiefer, desto besser.

**Mit zunehmender Höhe verringert sich die Leistungsfähigkeit**
(gut erkennbar am Rückgang der sogenannten Steigleistung, das sind Höhenmeter pro Stunde Aufstieg:)

| | |
|---|---|
| bis 2500 m | etwa 400 m / Std. |
| 2500 bis 5300 m | etwa 300 m / Std. |
| 5300 bis 7000 m | etwa 200 m / Std. |
| >7000 m | etwa 100 m / Std. |

**Je 1000 Höhenmeter**
nimmt die Temperatur um etwa 6 °C ab, die Luftfeuchtfeuchtigkeit nimmt um etwa 25% ab, der Luftdruck wird geringer und damit nimmt der Sauerstoffdruck um etwa 17 mm Hg (Quecksilber) ab, dagegen nimmt der UV-Strahleneinfluss um etwa 20% zu.

**Marathonläufer**
Man muss kein Marathonläufer sein, um den Mount Everest besteigen zu können. Mit zunehmender Höhe ist immer weniger die Ausdauerleistungsfähigkeit leistungsbegrenzend, sondern zunehmend die Höhenakklimatisation. Der langsam, gemütlich Aufsteigende akklimatisiert sich besser als der hektische Bergläufer. Auf hohen Bergen gilt daher stets das »Prinzip der Unterforderung«:
»Wer schneller geht als ein Ochse, der ist ein Ochse!«

**Im Basislager**
Je höher der Gipfel, desto wichtiger ist der taktische Grundsatz:
Erst an einen Gipfelgang denken, wenn man verlässlich auf der Basislager-Höhe akklimatisiert ist. Das kann (z.B. am Mount Everest) unter Umständen mehrere (!) Wochen dauern.

**In größeren und extremen Höhen**
Im Notfall »Höhenkrankheit« ist meist weder Flaschensauerstoff noch ein mobiler Überdrucksack vorhanden. Daher sollte man stets mögliche »Fluchtwege« in tiefere Höhenlagen ins Auge fassen, denn die wichtigste Erste Hilfe bei ersten Anzeichen von Höhenkrankheit lautet:

»Hinunter – hinunter – hinunter!«

**Oft ist das Scheitern vorprogrammiert**
In Nepal werden pro Jahr über 100.000 Höhenbergsteiger und Höhentrekker registriert. Auch wenn keine verlässlichen Zahlen exis-

tieren, weiß man, dass nicht wenige von ihnen Konditions- und Höhenprobleme haben. Viele leiden unter starkem Durchfall und anderen typischen Erkrankungen.

### Erste Anzeichen für Höhenkrankheit

Das Hauptsymptom ist der Kopfschmerz. Dazu gesellen sich typischerweise Atemnot bei nur geringen Anstrengungen, Appetitlosigkeit, Müdigkeit am Tag und Schlaflosigkeit in der Nacht, Leistungsabfall und Trittunsicherheit. Wenn aufgrund solcher Symptome der Verdacht auf Höhenkrankheit besteht:
Nicht abwarten, sondern so rasch wie möglich in tiefere Lagen absteigen, idealerweise in Höhen unter 2500 m.
Dabei ist getragen werden (am Rücken eines Trägers oder eines »Emergency horse«) wesentlich besser als der Abstieg aus eigener Kraft.
Nicht auf fremde Hilfe hoffen – im gesamten Himalaya gibt es keinerlei (!) Bergrettungsdienste.

### Aufenthalt in Höhen oberhalb von 5300 m

Man sollte sich oberhalb von 5300 m immer nur so kurz wie möglich aufhalten. Grundsätzlich sollte immer etwas tiefer geschlafen werden als die an diesem Tag erreichte höchste Höhe.

### Grundsätzlich gilt

Der Mensch ist evolutionär nicht für das Leben und Überleben in extremen Höhen bestimmt.
Steigt man dennoch dort hinauf, »wo die Luft so dünn ist« und versagt der menschliche Anpassungsmechanismus, wird man höhenkrank und kann daran durchaus auch sterben (!).
Die Höhenkrankheit ist nämlich der Preis, den man dafür zahlen muss, dass man dort hinauf geht, wo der Mensch eigentlich nichts verloren hat, wo der Mensch grundsätzlich überhaupt nicht (!) hingehört.

### Erfahrungswerte und Hinweise

Wenn Trekker zu Fuß (von Jiri) nach Lukla (2840 m) und weiter zum Everest-Basecamp gehen, dann liegt die Quote der Höhenkranken bei etwa 7%.
Wenn dagegen Lukla per Flugzeug erreicht und weiter wie oben aufgestiegen wird, dann liegt die Quote der Höhenkranken bereits bei etwa 30%.
In größeren Höhen wird das Gehirn weniger gut mit Sauerstoff versorgt als die Muskeln, weshalb das Denkvermögen in größeren Höhen nicht besser, sondern grundsätzlich schlechter (!) wird.

### Was tun in der Höhe, wenn es einem schlecht geht?

Nicht in der Höhe abwarten, sondern unbedingt absteigen!
Der Zustand wird in der Höhe nicht (!) besser, sondern immer nur schlechter!

### Medikamente bei Höhenkrankheit

Rasch in tiefere Höhenlagen – dieser Grundsatz der Soforthilfe bei Höhenkrankheit kann durch nichts ersetzt werden.
Als zusätzliche (!) Maßnahmen können zwei Medikamente sehr hilfreich sein: Ibuprofen (Höhenkopfschmerz) und Dexamethason (Höhenödeme). Beide Medikamente bzw. deren Einnahme muss man sich zu Hause vom verschreibenden Höhenarzt genau erklären lassen, denn sie sind grundsätzlich nicht (!) ganz ungefährlich.
Das früher weit verbreitete Diamox sollte zur Notfalltherapie der Höhenkrankheit nicht mehr verwendet werden.
Merke: Kein Medikament kann den Abtransport in tiefere Lagen ersetzen!

### Morgendlicher Ruhepuls

Dies ist ein einfacher, aber deutlicher Hinweis auf den persönlichen Akklimatisationszustand:

- Wenn der morgendliche Ruhepuls (noch im Liegen gemessen) 20% und mehr über dem persönlich bekannten Wert im Tal liegt, befindet man sich in der kritischen Akklimatisationsphase, in der man höhenkrank werden kann.
- Ist die Ruhepulserhöhung wieder vorbei, das individuelle Pulsniveau vom Tal wieder ungefähr erreicht, heißt das, dass auf dieser Höhe (!) die Akklimatisation abgeschlossen ist und das Auftreten der Höhenkrankheit unwahrscheinlich wird. Jetzt ist man wieder voll belastbar!

Diese Methode funktioniert allerdings nur, wenn man gesund ist und genug trinkt.

*Blick zurück zum 6997 Meter hohen Machhapuchhare.*

*Kurz unterhalb des Gipfels des Yala Peaks im Langtang.*

*Auf dem Gipfel des Yala Peak (5520 m).*

## Bildlegenden

### Titelbild

Der Shivling in der Gangotri-Gruppe des Garhwal Himal ist einer der eindrucksvollsten Berge Indiens. Er befindet sich einen halben Tag zu Fuß oberhalb des berühmten »Gaumukh«, des sogenannten »Kuhmauls«, wo der Gangotri aus dem Gletscher herausfließt. Der Begriff »Shivling« ist die Kurzform von »Shiva lingam«, dem Phallus der hinduistischen Gottheit Shiva.

Der Shivling ist, gemessen an Himalaya-Verhältnissen, »nur« 6543 Meter hoch, doch sein markantes Erscheinungsbild hat für alle Inder eine besondere Anziehungskraft. Erstbestiegen wurde der Shivling am 3. Juni 1974 vom Inder Laxman Singh mit den vier Sherpas Ang Dorje, Pemba Tharkay, Pasang Tsering und Ang Tharbay über die Westwand und den Westgrat.

### Schmutztitel (Seite 1)

Das Hindu-Heiligtum in Kedernath im oberen Mandakini-Tal mit dem Kedernath Peak (6970 m).

### Innentitel (Seite 3)

Ein Teil des Ortes Purang (nepalisch Taklakot) in Tibet, südlich des Kailash und des Manasarowar-Sees, nahe der nepalischen und der indischen Grenze – hier müssen alle Pilger von Süden auf dem Weg zum Kailash hindurch.


## Dank

Der Autor ist allen, die ihn bei der Erstellung dieses Buches unterstützt haben, dankbar. Werner Bauer hat mich auf über zwanzig Himalaya-Reisen begleitet und mir immer weiter geholfen, wenn mir das eine oder andere abhanden gekommen ist, ebenso mit einigen Bildern. Martin Biock und Lothar Büttner unterstützten mich mit ihren Bildern von der ersten Skibesteigung des Trisul im Jahr 1975, die das Kapitel »Die Geschichte der Nanda Devi« illustrieren. Auch Dr. Stefan Gatt bin ich zu Dank verpflichtet. Als Expeditionsleiter ist es ihm und seinem Vater gelungen, einen Schwerverletzten herunterzubringen, der sich oberhalb des höchsten Lagers am Cho Oyu, in 7500 Meter, einen doppelten Beinbruch zugezogen hatte; von beiden stammen die entscheidenden Bilder zum Kapitel »Licht und Schatten beim Höhenbergsteigen«. Ebenso bin ich Dr. Ulrich Gruber dankbar, dem ich mich bei einem Trekking von Jumla nach Kagbeni im Kali-Gandaki-Tal anschließen durfte, als dieser Teil Nepals für Fremde noch völlig unzugänglich war. Ulrich Gruber war bereits zu Beginn der 1960er-Jahre in Nepal, als es dort noch keine Touristen gab. Dr. Beatrice und Dr. Karel van Sambeek begleiteten mich auf mehreren Reisen; ihre Himalaya- und Buddhismusbibliothek durfte ich nutzen und erhielt auch einige Bilder von beiden. Schließlich steuerte Prof. Dr. Franz Berghold das letzte Kapitel »Höhenkrankheit und wie man sie vermeiden kann« bei. Allen ist der Autor zu besonderem Dank verbunden, insbesondere auch Georg Sojer, der alle Zeichnungen erstellte und der es besonders gut versteht, das, worauf es ankommt, in nüchterner Einfachheit darzustellen.


# Impressum

## Bildnachweis

(Seitenzahlen)

Allenbach, Robert, Archiv: 29

Annapurna-IV-Expedition, 1976, Heinrich Baumann, Dr. Werner Glotzsche (stellvertr. Leiter), Ernst Mahner, Udo Pohlke, Pit Schubert (Leiter), Dr. Karel van Sambeek (Arzt), Rüdiger Steuer: alle Bilder auf den Seiten 86–93, ausgenommen Seite 92 oben Herbert Karasek, und Seite 92 unten, beide Bilder Fotograf unbekannt.

Bauer, Werner: 111 oben, links und unten

Biock, Martin und Büttner, Lothar: 30 drei – 31 oben – 32 oben beide und unten – 33 beide – 34 drei – 35 beide

Briet, Maarten: 209 oben

Gatt, Erich und Dr. Stefan: 132 – 133 oben und unten – 134 beide – 135 oben – 136 oben

Gruber, Dr. Ulrich, Archiv: 41 unten

Hupfauer, Sigi: Seite 26 oben und unten

Kaltenbrunner, Gerlinde, Archiv: 137 oben

Kampmann, Wolf-Dieter: 16 unten – 144 Rand

Karasek, Herbert: 92 oben

Kullmann, Bernd: 28 links unten

Mack, Sepp: 28 rechts unten

Mägdefrau, Dr. Helmut: 209 unten – 210 oben

Odenthal, Willi: 31 unten – 49 oben – 61 unten

Sambeek, Dr. Beatrice und Dr. Karel van: 85 unten – 117 oben rechts

Sturm, Manfred: 23 oben

Thukten Sherpa: 192 oben rechts

Unbekannt: 92 unten, beide Bilder – 142 Rand

Alle anderen Bilder stammen vom Autor.

## Zeichnungen und Skizzen

Sojer, Georg: 25 oben links – 27 oben – 32 Rand – 73 Rand – 74 Rand – 76 Rand – 80 Rand – 82 Rand – 177 oben – Kartenskizze im Vorsatz


Lektorat und Herstellung: Edwin Schmitt

Schlussredaktion: Barbara Wickenburg

Reproduktionen: Artilitho snc, Lavis – Trento, Italien

Druck und Bindung: GorenjskiTisk – Kranj, Slowenien

1. Auflage 2013



ISBN 978-3-7633-7032-0

△ = Achttausender
1 = Mount Everest, 8848 m
2 = Kanchenjunga, abgekürzt Kantsch, 8598 m
3 = Lhotse, 8511 m
4 = Makalu, 8481 m
5 = Cho Oyu, 8203 m
6 = Dhaulagiri I, 8167 m
7 = Manaslu, 8156 m
8 = Annapurna I, 8078 m
9 = Shisha Pangma, 8013 m

a = Manasarowar-See
b = Rakas-Tal (nepalisch Tal = See)

= Hauptstadt

= Städte, Orte und Klöster (unabhängig von der Größe)
= Tagtser, Geburtsort des Dalai Lama
•••• = Großteil der Treckingreisen des Autors

0 100 200 300 km

Tibet ist in seinen Grenzen dargestellt wie zu Beginn der 1950er-Jahre, also vor der Aufteilung des östlichen und nordöstlichen Teils (Kham und Amdo) auf die chinesischen Provinzen Qinghai, Gansu, Sichuan und Yünnan.
Zeichnung: Georg Sojer

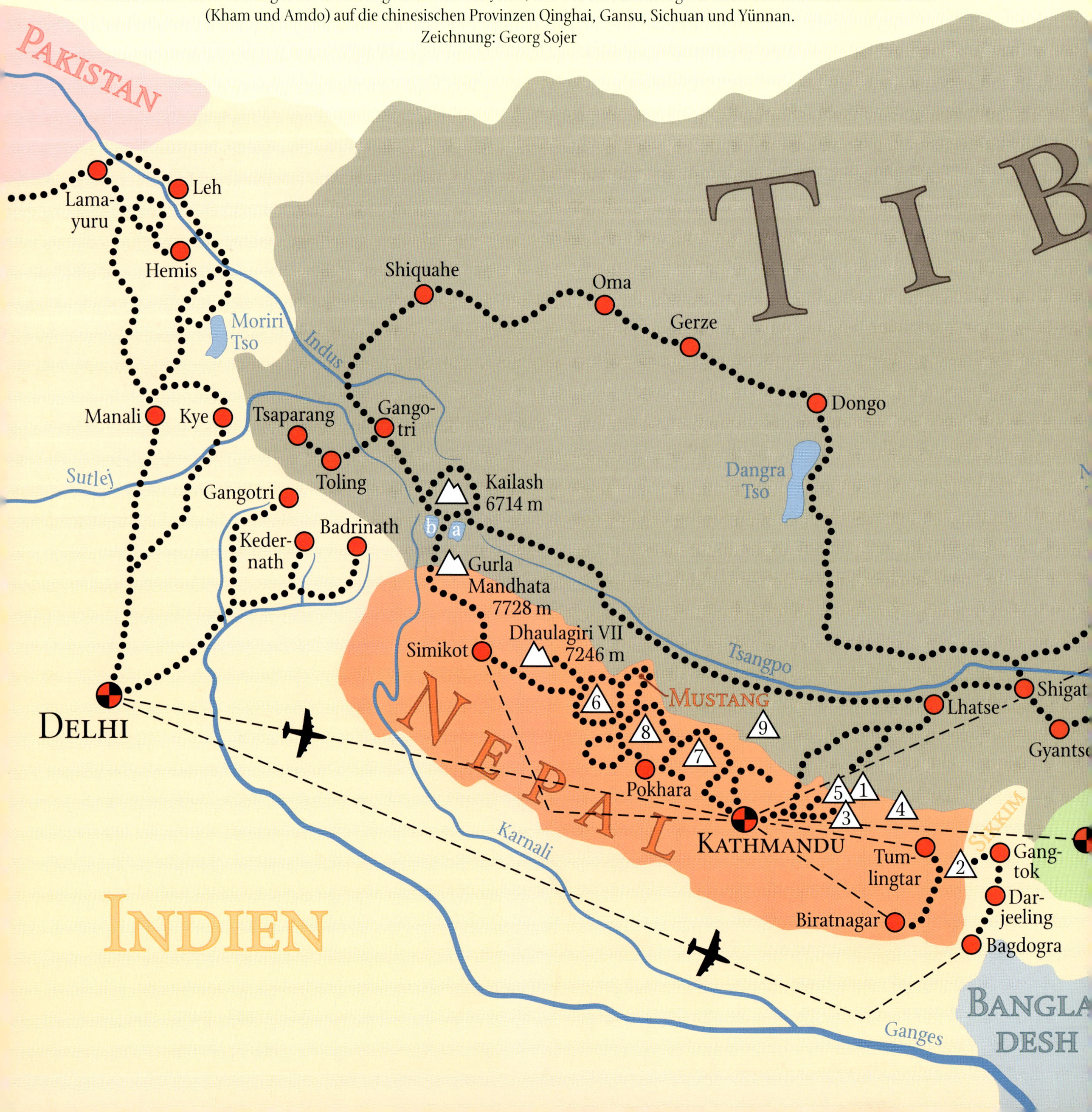